\ きょうみを広げる・深める! /

地図記号カード

3年

漢字の「文」の形がもとになっているよ。

何の地図記号かな?

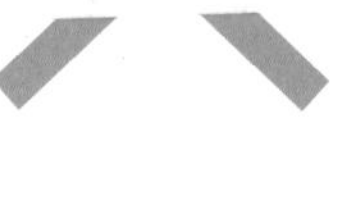

けいぼうが２本交わった形がもとになっているよ。

何の地図記号かな?

けいぼうを２本交わらせて○でかこんだ形がもとになっているよ。

何の地図記号かな?

火事の広がりをふせぐのに使われた道具の形がもとになっているよ。

何の地図記号かな?

一重の丸。じつは、もとになった形はないよ。

何の地図記号かな?

太さのちがう二重丸。じつは、もとになった形はないよ。

何の地図記号かな?

開いた本の形がもとになっているよ。

何の地図記号かな?

あるたて物の形がもとになっているよ。

何の地図記号かな?

昔、あった役所の「ていしん省」のかしら文字「テ」がもとになっているよ。

何の地図記号かな?

昔、ぐんたいにあった「えいせいたい」のマークがもとになっているよ。

何の地図記号かな?

たて物の中につえがある様子を表しているよ。

何の地図記号かな?

文 小・中学校

使い方

●切り取り線にそって切りはなしましょう。

説明

●表面には問題とヒント、うら面には答え、地図記号に関係する絵や事がらなどがかいてあります。

⊗ けいさつしょ

〇でかこんでいない記号は「交番」だよ。

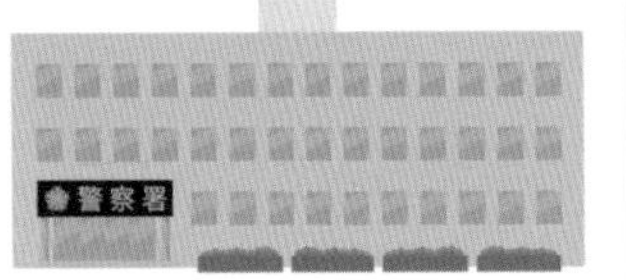

X 交番

X 交番

〇でかこんだ記号は「けいさつしょ」だよ。

⊗ けいさつしょ

〇 町村役場

二重丸は「市役所」だよ。

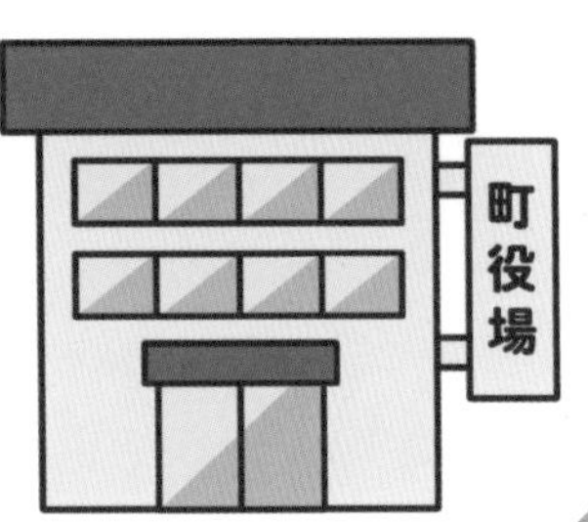

◎ 市役所

Y 消防しょ

もとになった形

さすまた

図書館

もとになった形

◎ 市役所

一重丸は「町村役場」だよ。

〇 町村役場

〒 ゆうびん局

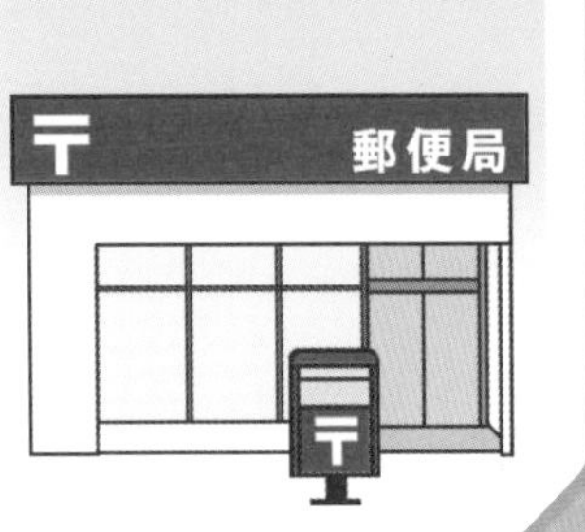

はくぶつ館 びじゅつ館

老人ホーム

もとになった形

病院

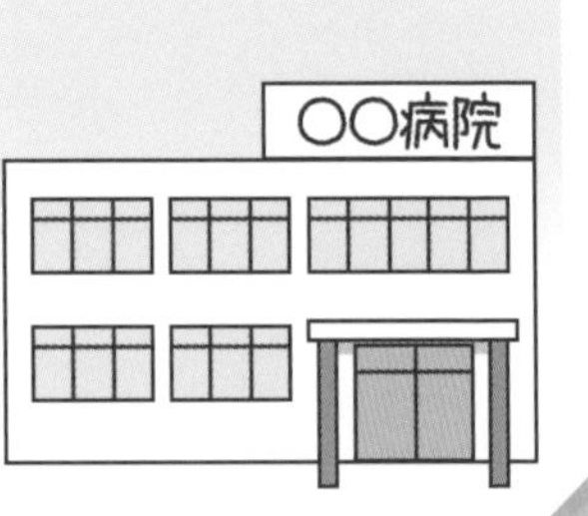

「鳥居」という門の形が
もとになっているよ。

何の地図記号かな?

あるしせつで見かける
「まんじ」を表しているよ。

何の地図記号かな?

あるものをつくるときに、
使った「なわばり」の形が
もとになっているよ。

何の地図記号かな?

湯つぼと湯けむりを
組み合わせた形が
もとになっているよ。

何の地図記号かな?

きかいを動かすのに
使われる歯車の形が
もとになっているよ。

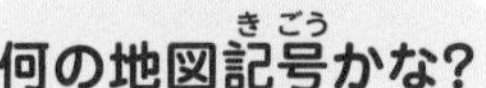

歯車と電気を送る線の形が
もとになっているよ。

何の地図記号かな?

船のおもりの役目を
する「いかり」の形が
もとになっているよ。

何の地図記号かな?

石でできたあるものを前から
見た形と、そのかげの様子が
もとになっているよ。

何の地図記号かな?

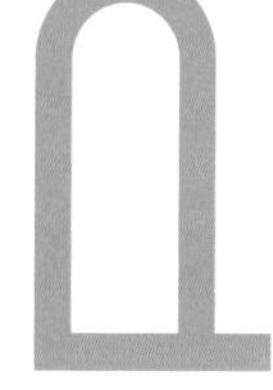

ある乗り物が通るところを、
上から見た様子を
表しているよ。

何の地図記号かな?

いねをかり取った
あとの様子を
表しているよ。

何の地図記号かな?

植物のふた葉の形が
もとになっているよ。

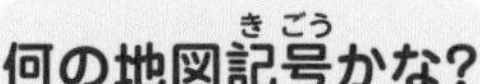

くだものの実を
横から見た形が
もとになっているよ。

何の地図記号かな?

卍 **寺**

もとになった形

神社(じんじゃ)

もとになった形

温泉(おんせん)

城あと(しろ)

関係がある記号(かんけい きごう)

∴ 史跡・名勝(しせき めいしょう)

れきしに登場する所など。(とうじょう ところ)

発電所(はつでんしょ)

変電所も同じ記号で表すよ。(へんでんしょ きごう あらわ)

工場

形がにている記号(きごう)

発電所(はつでんしょ)

灯台(とうだい)

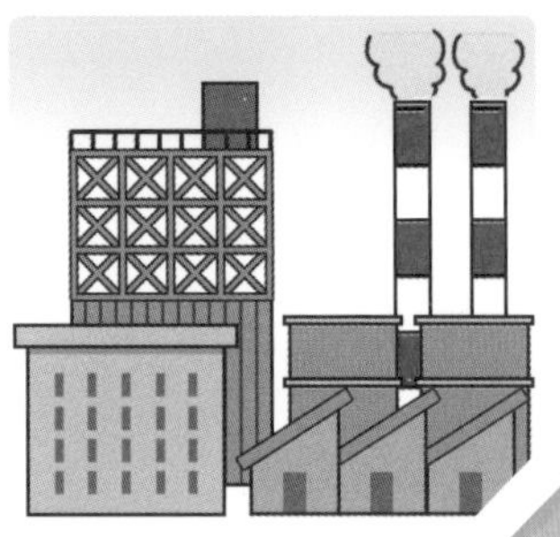

きねんひ

中に | がある記号は「自然さいがいひ」だよ。(きごう しぜん)

自然さいがいひ

港(みなと)

もとになった形

田

形がにている記号(きごう)

橋(はし)

鉄道と駅(てつどう えき)

かじゅ園

畑(はたけ)

関係がある記号(かんけい きごう)

∴ 茶畑(ちゃばたけ)

教科書ぴったりトレーニング

社会３年 がんばり表

いつも見えるところに、この「がんばり表」をはっておこう。
この「ぴたトレ」を学習したら、シールをはろう！
どこまでがんばったかわかるよ。

せんたく がついているところでは、教科書の選択教材を扱っています。学校での学習状況に応じて、ご利用ください。

1. わたしたちの住んでいるところ

20～21ページ	18～19ページ	16～17ページ
ぴったり3	ぴったり1 2	ぴったり1 2
できたらシールをはろう	できたらシールをはろう	できたらシールをはろう

2. わたしたちのくらしとまちではたらく人びと せんたく

22～23ページ	24～25ページ	26～27ページ	28～29ページ	30～31ページ	32～33ページ	34～35ページ
ぴったり1 2	ぴったり1 2	ぴったり3	ぴったり1 2	ぴったり1 2	ぴったり3	ぴったり1 2
できたらシールをはろう	できたらシールをはろう	できたらシールをはろう	できたらシールをはろう	できたらシールをはろう	できたらシールをはろう	できたらシールをはろう

3. 安全なくらしを守る

62～63ページ	60～61ページ	58～59ページ	56～57ページ	54～55ページ
ぴったり3	ぴったり1 2	ぴったり1 2	ぴったり1 2	ぴったり3
できたらシールをはろう	できたらシールをはろう	できたらシールをはろう	できたらシールをはろう	できたらシールをはろう

4. 市のようすとくらしのうつりかわり

64～65ページ	66～67ページ	68～69ページ	70～71ページ	72～73ページ	74～75ページ	76～77ページ
ぴったり1 2	ぴったり1 2	ぴったり1 2	ぴったり3	ぴったり1 2	ぴったり1 2	ぴったり1 2
できたらシールをはろう	できたらシールをはろう	できたらシールをはろう	できたらシールをはろう	できたらシールをはろう	できたらシールをはろう	できたらシールをはろう

（キリトリ線）
教科書ぴったりトレーニング　社会　3年　日本文教版　折込①（オモテ）

シールの中からすきなぴた犬をえらぼう。

がんばり表のデジタル版「デジタルがんばり表」では、デジタル端末でも学習の進捗記録をつけることができます。1 冊やり終えると、抽選でプレゼントが当たります。「ぴたサポシステム」にご登録いただき、「デジタルがんばり表」をお使いください。LINE または PC・ブラウザを利用する方法があります。

ぴたサポシステムご利用ガイドはこちら
https://www.shinko-keirin.co.jp/shinko/news/pittari-support-system

スタート

2～3ページ	4～5ページ	6～7ページ	8～9ページ	10～11ページ	12～13ページ	14～15ページ
ぴったり12	ぴったり12	ぴったり3	ぴったり12	ぴったり12	ぴったり3	ぴったり12
できたらシールをはろう	できたらシールをはろう	できたらシールをはろう	できたらシールをはろう	できたらシールをはろう	できたらシールをはろう	できたらシールをはろう

36～37ページ	38～39ページ	40～41ページ	42～43ページ	44～45ページ
ぴったり12	ぴったり3	ぴったり12	ぴったり12	ぴったり3
できたらシールをはろう	できたらシールをはろう	できたらシールをはろう	できたらシールをはろう	できたらシールをはろう

46～47ページ	48～49ページ	50～51ページ	52～53ページ
ぴったり12	ぴったり12	ぴったり12	ぴったり12
できたらシールをはろう	できたらシールをはろう	できたらシールをはろう	できたらシールをはろう

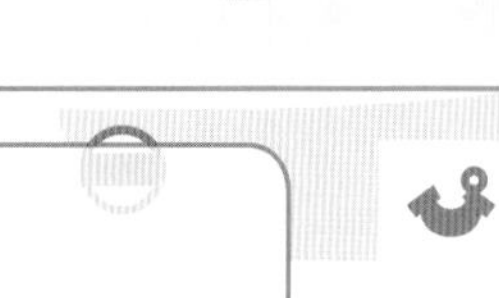

78～79ページ
ぴったり3
できたらシールをはろう

ゴール

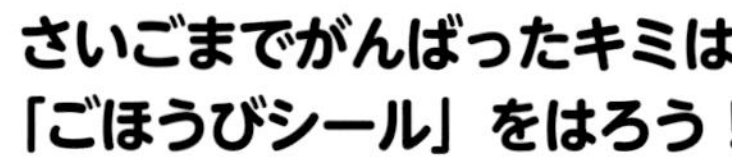

さいごまでがんばったキミは「ごほうびシール」をはろう！

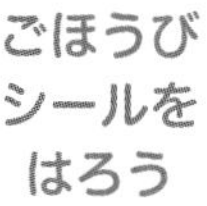

ごほうびシールをはろう

（キリトリ線）

防災・安全マップ

急な災害にはどのようにそなえておけばよいかな？
次の３つのワークに取り組みながら考えてみよう。

災害が起こったときのひなん場所やきんきゅうれんらく先をおうちの人といっしょにかくにんしておこう。

ひなん場所

れんらく先①

れんらく先②

災害にそなえて、防災グッズをじゅんびしておこう。

- ひなんするときにどのようなものがひつようか、おうちの人といっしょにかくにんしよう。
- ひつようなものを下のリストに書き出して、リュックなどにまとめよう。
- １年に１回は、防災グッズの点検や見直しをしよう。

チェック	じゅんびするもの
☐	
☐	
☐	
☐	
☐	
☐	
☐	
☐	
☐	

⬆じゅんびができたら☑をつけよう

右のれいも参考にしてみてね！

家からひなん場所へのひなん経路をかくにんしておこう。

ステップ1
住んでいる地いきの地図とハザードマップをじゅんびして、地図は下のわくの中にはろう。

ステップ2
災害が起こったときに家のまわりではどのようなひがいが考えられるか、ハザードマップを見てかくにんしよう。

ステップ3
じっさいに家からひなん場所まで歩いてみて、災害が起こったときにきけんな場所があれば、下の地図に書きこもう。

ステップ4
きけんな場所をさけて、家からひなん場所までの経路を、下の地図に書きこもう。

住んでいる地いきの地図を
このわくの中にはろう

ハザードマップとは、自然災害のひがいが想定される区いきや、ひなん場所などをしめした地図のことだよ。
ハザードマップは地いきのHPなどからダウンロードできるよ！

防災グッズのれい

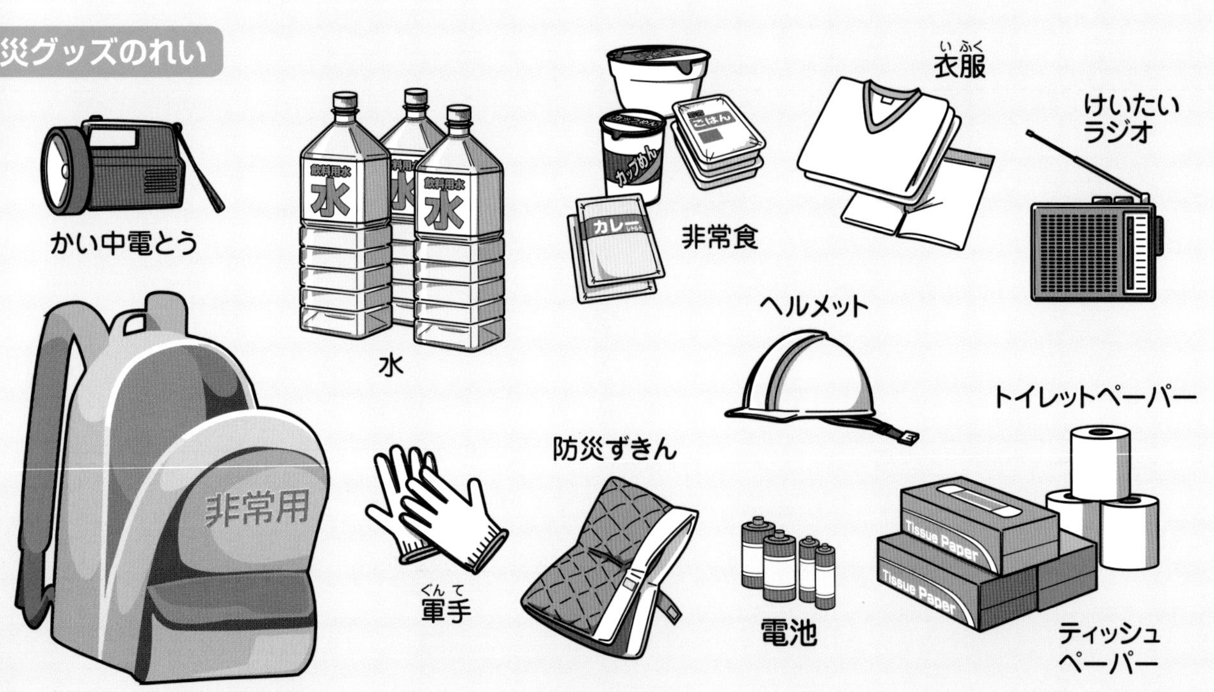

もくじ

社会3年
日本文教版
小学社会

教科書ぴったりトレーニング
3分でまとめ動画

せんたく がついているところでは、教科書の選択教材を扱っています。学校での学習状況に応じて、ご利用ください。

【写真提供】
アマナイメージズ/川越市立博物館/コーベット・フォトエージェンシー/PIXTA/ヤマサ蒲鉾

学習日　　月　　日

1　わたしたちの住んでいる市のようす①

めあて
姫路市の場所やようすの調べかたをおさえよう。

教科書　8〜17ページ　答え　2ページ

次の（　　）に入る言葉を、下からえらびましょう。

1　姫路市のようすを調べる／姫路市を調べる計画を立てる　教科書　10〜15ページ

学習計画の立て方

- みんなの（①　　　　　）をもとに、調べたいことを決める。
- 調べたいことを、どんな（②　　　　　）で調べればよいかを、みんなで考える。
- 調べる方法を考えたり、調べるための（③　　　　　）をさがしたりする。
- 調べたことをどのように（④　　　　　）のかを考える。

地図
調べたい場所の地図を見つけるときには、地図帳のさくいんやインターネットの地図を使います。

学習計画では、調べたいこと、調べ方、まとめ方を決めることが大切だね。

方向を方位であらわす方法

- （⑤　　　　　）をさすしるしを見つける。
  →北を前にしたとき、左の方向を（⑥　　　　　）、右の方向を東、後ろの方向を南とする。
  →四つの方位は合わせて「**4方位**」とよばれる。
- 「東西南北」の方位について、朝、（⑦　　　　　）がのぼる方向を東、夕方、太陽がしずむ方向を西とあらわすことができる。

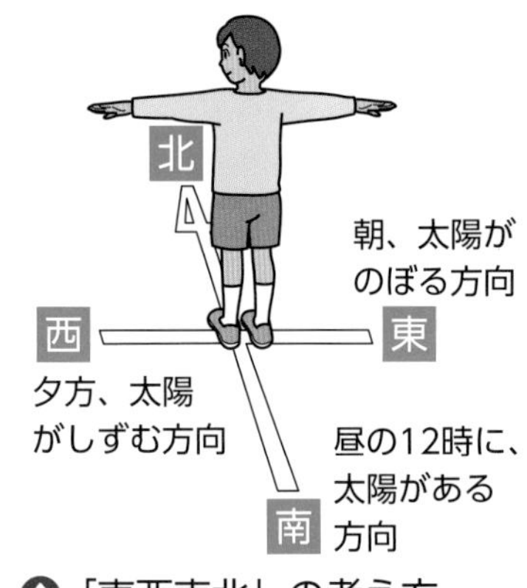

「東西南北」の考え方

2　学校のまわり〜見学の計画を立てる〜　教科書　16〜17ページ

ワンポイント　きょりや方位をたしかめる方法

- 地図の中にある（⑧　　　　　）は、じっさいのきょりをどのくらいちぢめたかをあらわしている。
- 右の図のような方位をたしかめるためのじしゃくを（⑨　　　　　）という。
- **方位じしん**を（⑩　　　　　）ところにおいたとき、色のついたはりは北の方を向いている。

方位じしん　　しゃくしゃく

えらんだ言葉に✓				
□北	□西	□方位じしん	□じゅん	□しゅくしゃく
□平らな	□ぎもん	□まとめる	□しりょう	□太陽

ぴったり2

練習

「右」と「左」を辞書（じしょ）で調べてみると、右は「南を向いたときの西」、左は「東に向いたときの北」など、方位を使（つか）って説明（せつめい）しているものもあります。

学習日　　月　　日

教科書　8～17ページ　答え　2ページ

1 次の文で正しいものには○を、まちがっているものには×をつけましょう。

① （　　　）先生から調べるようにしじされたことだけを調べる。

② （　　　）調べたいことは、みんなと話し合わないで一人で決める。

③ （　　　）調べ方を決めたり、調べるためのしりょうをさがしたりする。

④ （　　　）調べたことは、白地図にかきこんだり、カードにまとめたりする。

2 右の地図を見て、次の問（と）いに答えましょう。

学校のまわりにあるもの

(1) 地図にある目もりは、じっさいのきょりをどのくらいちぢめたかをあらわしたものです。何とよばれていますか。

（　　　　　　）

(2) 次の①、②は、学校から見て、どの方位にありますか。４方位で答えましょう。

① スーパーマーケット

（　　　　　　）

② たくさんの人が集（あつ）まるたてもの

（　　　　　　）

(3) 次の道具（どうぐ）について、①～③の問いに答えましょう。

① この道具は、方位をたしかめるために使います。この道具を何といいますか。

（　　　　　　）

② ①は何の力で方位をあらわしますか。次の［　　］から正しいものを１つえらびましょう。

（　　　　　　）の力

太陽	じしゃく	ねつ	水

③ ①を平らなところへおいたとき、色のついたはりはどの方位をさしますか。

（　　　　　　）

ヒント　2 (2)朝、太陽がのぼる方向が東で、夕方、太陽がしずむ方向が西です。

ぴったり1 じゅんび

1．わたしたちの住んでいるところ

1 わたしたちの住んでいる市のようす②

学習日　月　日

めあて
地図へのまとめ方と地図の読み方をおさえよう。

教科書 18～21ページ　答え 3ページ

次の（　）に入る言葉を、下からえらびましょう。

1 学校のまわり～見学

教科書 18～19ページ

学校のまわりにあるもの

- 図書館や公園などの（①　　　）があった。

公共しせつ
市などによってつくられた、学校や公民館、図書館や公園などのみんなのためのたてものや場所。

見学カードのかき方

- 今まで知らなかったことなどを、（②　　　）にとったり、絵にかいたりして、見学カードの「たてものや土地のようす」にまとめる。
- 見学の（③　　　）の「調べたいこと」を思い出しながら、見学カードの「もっと知りたいこと」にかきこむ。

見学カード（学校の西がわ）
名前（○○△△）
◎たてものや土地のようす
◎見つけたこと
家がならんでいた。
山の近くの土地が高いところにも、いくつか見えた。
◎もっと知りたいこと
ほかにも家があつまっているところがあるのか。

見学カード

2 学校のまわり～調べたことを整理する～

教科書 20～21ページ

白地図への記入のしかた

- 白地図は（④　　　）を上にしてかく。北をさすしるしをかきこむ。

ワンポイント　地図の読み方

- 地図の中には、土地の使われ方やたてもの、鉄道などが、それぞれ決まった記号であらわされている。この記号を（⑤　　　）という。

記号	意味
文	（⑥　　　）
⛩	（⑦　　　）

色分けした地図と、地図記号や色分けの説明

- 土地のようすを見て、同じものが集まるところに決まった色をぬり（⑧　　　）すると、その土地が何にりようされているかが一目でわかる。

えらんだ言葉に ✓

□地図記号　□公共しせつ　□学校　□写真
□色分け　□神社　□計画　□北

学習日　　月　　日

ぴたトリビア
公民館は、工作や料理教室などで、多くの人に使ってもらうためのしせつで、日本ではじめての公民館は1941年に岩手県にたてられました。

教科書 18〜21ページ　答え 3ページ

1 次の文を読んで、下の問いに答えましょう。

このたてものは、市に住む人のためにつくられた（　　　　　）である。市の人たちがひつようなしょるいをつくったり、市へのおねがいを市役所へとどけたりしている。

(1) （　　）にあてはまる言葉を書きましょう。

(2) この文が説明しているたてものを、㋐〜㋒からえらびましょう。（　　）

2 右の地図を見て、次の問いに答えましょう。

(1) 次の文の（　　）にあてはまる方位や数字を書きましょう。

地図でたてものなどの場所をあらわすときは、方位を使う。たとえば、図書館の場所は、線路の南がわにある神社の（①　　　　　）にあると説明できる。また、線路の北がわには、病院が（②　　　）かしょあることが読み取れる。

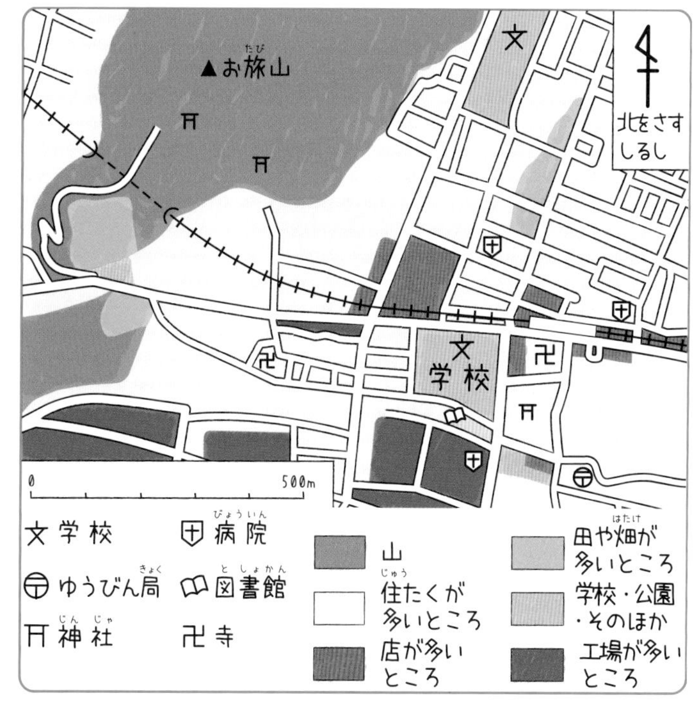

色分けした地図と、記号や色分けの説明

(2) 次の文にあてはまる言葉を〇でかこみましょう。

① 地図の色分けによって、この地いきでは、住たくよりも店の方が｛ 少ない ・ 多い ｝ことがわかる。

② 線路の南がわにある、学校の南には、｛ 山 ・ 工場が多いところ ｝が広がる。

ヒント ② 地図の中で線路は┼┼┼┼┼であらわされています。

1 わたしたちの住んでいる市のようす

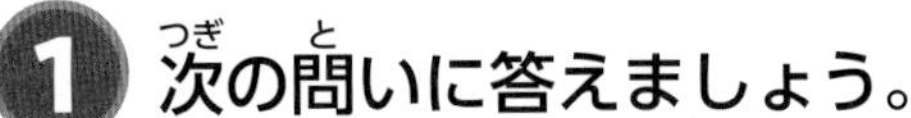

1 次の問いに答えましょう。

1つ5点（20点）

(1) よく出る 方位じしんを平らなところへおいたとき、色のついたはりがさす方位を正しくあらわしているものを、㋐～㋓からえらびましょう。（　　）

㋐ 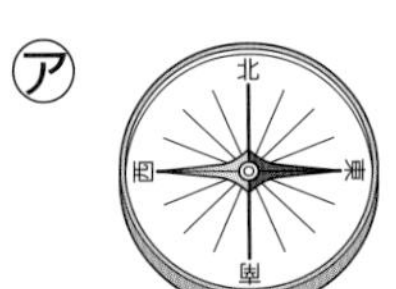
㋑ 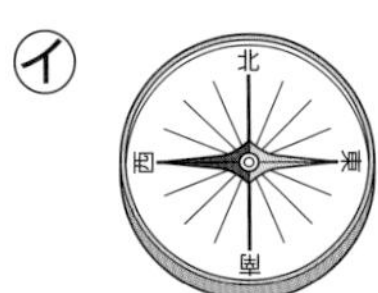
㋒ 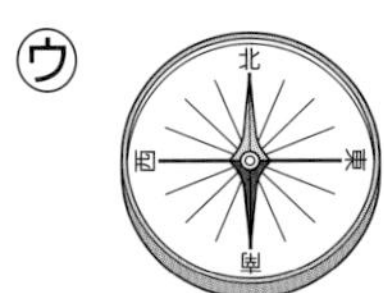
㋓ 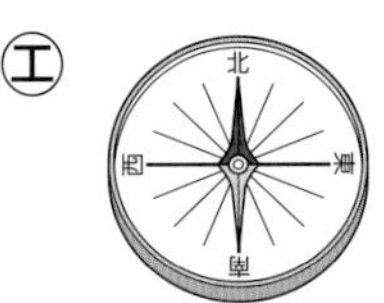

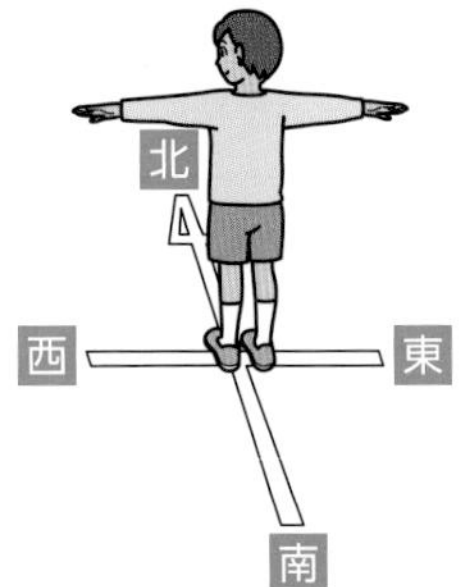

(2) 右の図を見て、次の文の①、②にあてはまる言葉を書きましょう。また、③にあてはまる言葉を、下の㋐～㋓からえらびましょう。

朝、太陽が（①）方向が東で、夕方、太陽が（②）方向が西である。また、（③）に太陽がある方向が南である。

㋐ 午前10時　㋑ 昼の12時　㋒ 午後２時　㋓ 午後６時

①（　　）②（　　）③（　　）

2 次の①～③は、見学カードにかかれた土地のようすをあらわしています。これを見て、問いに答えましょう。

1つ5点（20点）

① 
② 
③ 

(1) ①～③から読み取れることとしてあてはまるものを、㋐～㋒からそれぞれえらびましょう。

①（　　）②（　　）③（　　）

㋐ 大ぜいのお年よりがたてものを出入りしていた。
㋑ 広いちゅう車場に車がたくさんとまっていた。
㋒ 学校の西がわは、小高いおかになっていて、家が集まっていた。

(2) 市などによってつくられた、みんなのためのたてものや場所を何といいますか。

（　　）

3 右の地図から読み取れることとして、正しいものには○を、まちがっているものには×をつけましょう。 技能

1つ5点（20点）

れんさんがつくった地図

りこさんがつくった地図

① （　　　）２人の地図では、学校・ようち園は同じマークであらわされている。
② （　　　）住たくは、１つの地図でのみあらわされている。
③ （　　　）しゅくしゃくは、どちらも同じである。
④ （　　　）１つは道路に注目してかかれている。

4 右の地図を見て、次の問いに答えましょう。

1つ5点、(4)は10点（40点）

(1) 地図に入れる北をさすしるしを□にかきましょう。

(2) できたらスゴイ！ あといで、土地が高いのはどちらですか。記号で答えましょう。（　　　）

(3) 地図から読み取れることとして、正しいものには○を、まちがっているものには×をつけましょう。 技能

① （　　　）線路の南にある学校の西に図書館がある。
② （　　　）駅のまわりには店が多い。
③ （　　　）土地のりようによって、色分けされている。
④ （　　　）神社よりも寺のほうが多い。

色分けした地図と、記号や色分けの説明

記述 (4) 右上の地図の特ちょうについて、次の文の（　　）にあてはまるないようを書きましょう。 思考・判断・表現

地図記号のようなきまりがあるため、

（　　　　　　　　　　　　　　　　　　　　）。

ふりかえり 4(4)がわからないときは、４ページの2にもどってかくにんしてみよう。

1．わたしたちの住んでいるところ

1 わたしたちの住んでいる市のようす③

学習日　月　日

めあて
地図や写真から姫路駅のまわりのようすや特ちょうをりかいしよう。

教科書 22〜23ページ　答え 5ページ

次の(　　)に入る言葉を、下からえらびましょう。

1 姫路駅のまわり

教科書 22〜23ページ

姫路駅のまわりのようす

- 駅から姫路城までつづいている、まっすぐな(①　　　　)道路の両がわには(②　　　　)たてものが多くたっている。
- 店が多く、たくさんの人が来る。
- **世界いさん**に登ろくされている(③　　　　)は有名な場所で、(④　　　　)に来る人が多い。

姫路駅前のようす

世界いさん
これからもみんなでたいせつにのこしていくべきだとして、世界でみとめられた場所やたてものなど。

姫路市の交通

- 姫路駅には電車や(⑤　　　　)などに乗ってたくさんの人がおとずれる。
- 姫路市を横切るように、2本の(⑥　　　　)がはしっている。
- 姫路市は(⑦　　　　)の便がよいため、多くの人が集まる。

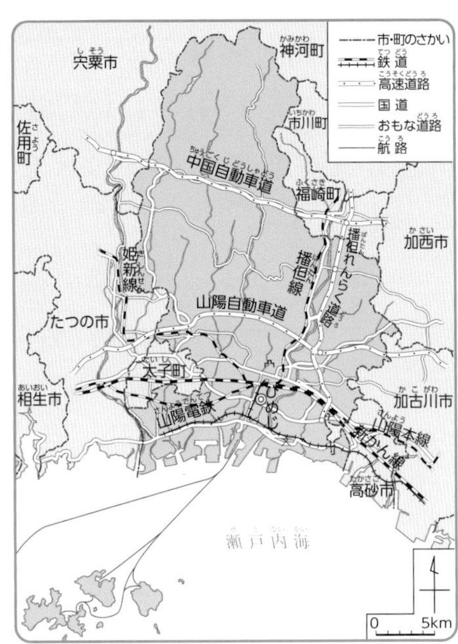

姫路市の交通の地図

ワンポイント　観光と交通

- **観光**…自分が住んでいる地いきとはちがう地いきに行き、その土地ならではのけしきや自然、(⑧　　　　)などを楽しむこと。
- **交通**…人や乗り物がゆききすること。鉄道や道路などがたくさん集まっている場所は、交通の便がよく、人が多く集まる。

交通の便がよいと、よりたくさんの人がその土地をおとずれるんだね。

えらんだ言葉に✓

□観光	□バス	□広い	□食べ物
□高い	□交通	□姫路城	□高速道路

学習日　　月　　日

ぴたトリビア

世界いさんに登ろくされているさまざまな城のほとんどは、石やレンガなどでつくられていますが、姫路城は木材を使ってつくられています。

教科書　22～23ページ　答え　5ページ

1 右の地図を見て、次の問いに答えましょう。

姫路駅のまわりの地図

(1) 右の地図から読み取れることとして、正しいものには◯を、まちがっているものには×をつけましょう。

① ひめじ駅から姫路城までつづいているまっすぐな広い道路のまわりには、家が多くたっている。

② 姫路城の近くには、博物館・美じゅつ館がある。

③ さんようひめじ駅の西にはゆうびん局がある。

④ 姫路城の東がわには神社が多くいちしている。

⑤ ひめじ駅を通る線路の数は１本だけである。

①（　　）②（　　）③（　　）
④（　　）⑤（　　）

(2) 姫路城について答えましょう。

① ひめじ駅からみると、姫路城はどの方位にありますか。４方位で答えましょう。（　　）

② 姫路城について説明した次の文の（　）にあてはまる言葉を書きましょう。

> 姫路城は、これからもたいせつにのこしていかなければならないたてものとして（①）に登ろくされているので、（②）でおとずれる人がたくさんいる。

①（　　）②（　　）

(3) 姫路市に多くの人が集まってくる理由としてあてはまるものを、㋐～㋒からえらびましょう。（　　）

㋐ 交通の便がよいため。　㋑ 山が近くにあるため。
㋒ 海が近くにあるため。

ヒント 1 地図はふつう「北」を上にすることから考えましょう。

1 わたしたちの住んでいる市のようす④

学習日　　月　　日

めあて
地図や写真から姫路市内のようすや特ちょうをりかいしよう。

教科書 24～27ページ　答え 6ページ

次の（　　）に入る言葉を、下からえらびましょう。

1 市役所やみんながりようするしせつがあるところ

教科書 24～25ページ

市役所のまわりのようす

- 市役所は姫路駅の（①　　　　）の方向にある。
- 市役所や手柄山のまわりには、ぼうさいセンター、平和しりょう館、体育館などの（②　　　　）がある。

市役所の仕事

- 市民がおさめる（③　　　　）を使っていろいろな仕事をする。
- 市民センターや水族館、図書館など、たくさんの公共しせつを管理する。
- 地しんや大雨などの（④　　　　）にそなえて、ぼうさいについてのしりょうをつくる。
- 世界中で取り組んでいる（⑤　　　　）という目標にむけた話し合いもしている。

◎市役所　Y消ぼうしょ　X交番　〒ゆうびん局　文学校　病院　神社　卍寺　工場　鉄道　森林・緑地
さんようひめじ　ひめじ　手柄山中央公園　水族館　体育館　平和しりょう館　てがら　姫路球場　武道館　手柄山温室植物園　りくじょうきょうぎ場　ぼうさいセンター　0　300m

公共しせつが集まるところ

SDGs
2030年までに世界中が達成するべき目標のこと。

2 古い町なみがのこるところ

教科書 26～27ページ

古い町なみがのこるところ

- 姫路市は（⑥　　　　）を中心にまちがつくられ、同じような（⑦　　　　）をする人たちは、同じ町に集められた。
- てきから城を守るために（⑧　　　　）のようにぎざぎざにつくられた道などが、昔のままのこされている。

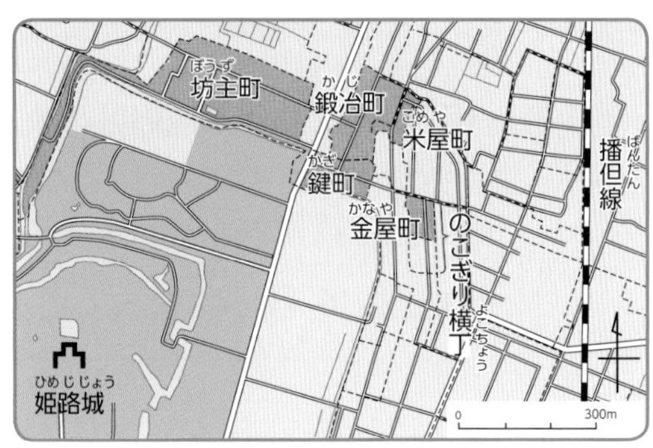

古い町なみがのこるところ

古くからつづく行事

- 松原八幡神社の「灘のけんか（⑨　　　　）」は、およそ1000年前からたいせつに受けつがれている。

たとえば米屋が集まっていた町は米屋町と名づけられたそうだよ。

えらんだ言葉に✓	□さいがい　□ぜい金　□仕事　□のこぎり横丁　□城 □祭り　□公共しせつ　□南　□SDGs

学習日　　月　　日

ぴたトリビア

平和しりょう館は、せんそうによるひがいや、平和にかんするしりょうを集めているところです。

教科書　24〜27ページ　　答え　6ページ

1 右の地図を見て、次の問いに答えましょう。

⑴ ㋐のたてものについて説明した次の文の（　）にあてはまる言葉を、下の［　］からえらびましょう。

> ㋐のたてものは、
> （①　　　　）の近くにあり、さいがいを体けんできる、（②　　　　）であると考えられる。

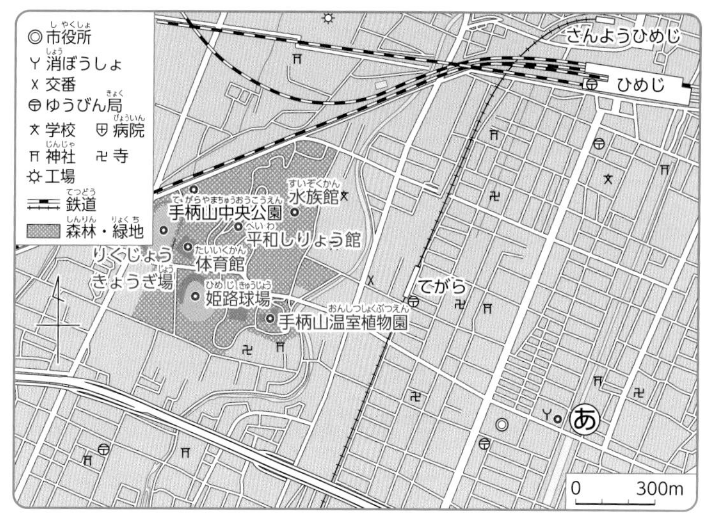

公共しせつが集まるところ

交番　　消ぼうしょ　　ぼうさいセンター　　武道館

⑵ ㋐のたてものは（　）が管理する公共しせつです。（　）にあてはまるしせつの名前を書きましょう。（　　　　）

⑶ 地図から読み取れることとして正しいものを、㋐〜㋒からえらびましょう。（　　）

㋐ 市役所の南にひめじ駅がある。

㋑ てがら駅の東がわのほうが西がわより、公共しせつが多い。

㋒ ひめじ駅前の広い通りぞいには、ゆうびん局がある。

2 次の問いに答えましょう。

⑴ 電話のしかたとして、正しいものには○を、まちがっているものには×をつけましょう。

①（　　）聞きたいことは、電話をする前に書き出しておく。

②（　　）まずあいさつをして、学校名と自分の名前を言う。

③（　　）メモは電話を切ったあとでまとめて取る。

⑵ 次の①、②の説明としてあてはまるものを、下の㋐〜㋒からえらびましょう。

①（　　）のこぎり横丁　　②（　　）金屋町

㋐ なべやかまをつくるところが集まっていた。

㋑ 城をてきから守るためのくふうがされていた。

㋒ 米屋が集まっていた。

ヒント　2 ⑵①のこぎり横丁では、ぎざぎざにつくられた道などが、昔のままのこされています。

1．わたしたちの住んでいるところ

1 わたしたちの住んでいる市のようす

教科書 22〜27ページ　答え 7ページ

1 姫路駅前のようすについて、次の文から読み取れるものには○を、読み取れないものには×をつけましょう。

技能 1つ5点（25点）

姫路駅前には姫路城までつづく、広い道路があり、自動車のほか、バスやタクシーなどが走っている。また、その道路の両がわには高いたてものが多くたてられていて、多くの人が集まっている。

① （　　）姫路駅前には、高いたてものがならんでいる。
② （　　）姫路駅前には、古い町なみがならんでいる。
③ （　　）姫路駅前には、たてものが多いが、人は集まっていない。
④ （　　）姫路駅前には、広い道路はない。
⑤ （　　）姫路駅前の道路には、自動車やバス、タクシーが走っている。

2 次の文を読んで、問いに答えましょう。

1つ5点（20点）

これからあ姫路城に行きます。今はい姫路駅の近くにいます。

(1) よく出る 下線部あについて、姫路城の場所を、右の地図中のア〜ウからえらびましょう。（　　）

(2) 姫路城について、次の文の①、②にあてはまる言葉を書きましょう。

（①）（たいせつにのこしていくべき場所やたてもの）に登ろくされているので、ちがう地いきからも（②）でおとずれる人が多い。

姫路駅のまわりの地図

①（　　）　②（　　）

記述 (3) 下線部いについて、人が集まる理由を、「交通」という言葉を使って書きましょう。

思考・判断・表現

（　　）

3 右の地図を見て、問いに答えましょう。

1つ5点（40点）

(1) 地図からわかることとして、正しいものには○を、まちがっているものには×をつけましょう。　技能

① 市役所が管理するしせつは、てがら駅の西に多い。

② 武道館までは、てがら駅よりひめじ駅のほうが近い。

③ ひめじ駅前の広い通りを南に行くと、市役所がある。

④ さいがいを体けんするたてものは公園の中にある。

⑤ ゆうびん局は駅の近くにはない。

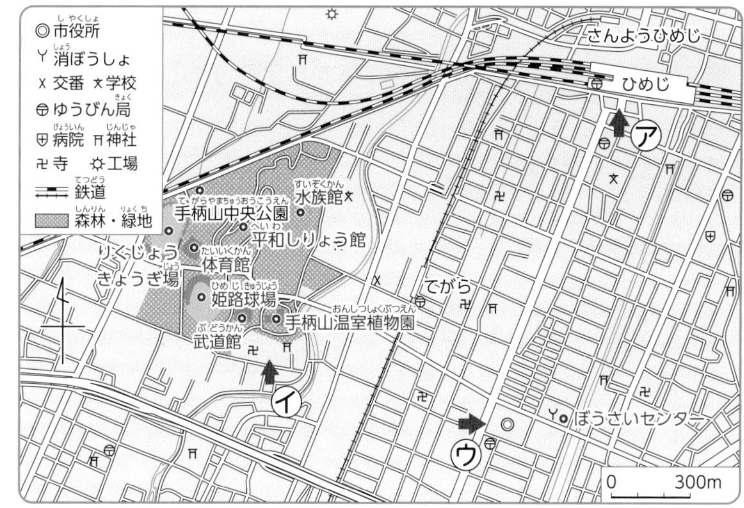

公共しせつが集まるところ

①（　　）②（　　）③（　　）④（　　）⑤（　　）

(2) できたらスゴイ! 右の絵がかかれた方向を、地図中のア～ウからえらびましょう。（　　）

(3) 公共しせつを管理する市役所の仕事について、あてはまるものを2つえらびましょう。（　　）（　　）

①市民がおさめるぜい金を使っていろいろな仕事をしているよ。

②市民をバスやタクシーに乗せて目的地まで運んでいるよ。

③さいがいにそなえて、ひなん場所の決定や注意のよびかけをしているよ。

④けがをした人や病気の人を手当てしたり、しんさつしたりするよ。

4 古い町なみや町、たてものの名前について、①～③の説明にあうものを線でむすびましょう。

1つ5点（15点）

① のこぎり横丁 •	• ア同じような仕事をする人が集まった。
② 固寧倉 •	• イてきから城を守るためにくふうした。
③ 米屋町 •	• ウさいがいにそなえて食べ物をほかんした。

ふりかえり　2(3)がわからないときは、8ページの1にもどってかくにんしてみよう。

1 わたしたちの住んでいる市のようす⑤

学習日　　月　　日

めあて
地図や写真から田や畑、山にかこまれた土地のようすや特ちょうをりかいしよう。

教科書 28～31ページ　答え 8ページ

次の（　　）に入る言葉を、下からえらびましょう。

1 田や畑の多いところ

教科書 28～29ページ

土地のようす

- 姫路市には森林や緑地、家のほかに、（①　　　　）が多く広がっている。
- ２本の大きな川が流れていて、その近くには水不足にそなえた（②　　　　）がある。

わかったこと

- （③　　　　）土地と、川やため池の水を生かした（④　　　　）がさかんで、米や野菜などの（⑤　　　　）が作られている。

田や畑が多いところの地図

2 山にかこまれたところ

教科書 30～31ページ

土地のようす

- 姫路市の北の方は、ほとんど（⑥　　　　）にかこまれていて、たてものや店は少ない。
- 山おくまで（⑦　　　　）道がつづいている。

わかったこと

- ゆたかな自然を生かした（⑧　　　　）がさかんで、なかには**村おこし**をしているところもある。

木を切り出すようす

ワンポイント 農業と林業

- **農業**…田や畑で、米や野菜、くだものなどの農作物を作る仕事。ぶたや牛などをしいくすることも農業にふくまれる。
- **林業**…木を植えて育てたり、木を切って材木にしたりする仕事。

どちらも地いきの土地のようすや自然のよさを生かした仕事だね。

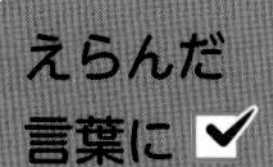

□農作物	□森林	□細い	□林業
□ため池	□田や畑	□平らな	□農業

学習日　　月　　日

ぴたトリビア

日本は国土のおよそ3分の2が森林である自然豊かな国です。日本でいちばん森林の面積が広いのは北海道です。

教科書　28～31ページ　　答え　8ページ

1 右の地図を見て、次の問いに答えましょう。

(1) 地図の中にある姫路市農業しんこうセンターについて説明した次の文の（　　）にあてはまる言葉を、下の［　　］からえらびましょう。

> このたてものは、まわりを多くの（①　　　　）にかこまれているところに立っており、新しく（②　　　　）をはじめたい人に（③　　　　）の育て方を教えたりしている。

［ 神社や寺　　農業　　ため池　　田や畑　　村おこし　　農作物 ］

田や畑が多いところのようす

(2) 次の文にあてはまる言葉を◯でかこみましょう。

① この地図の場所の多くは｛ 山がちな ・ 平たい ｝土地になっている。

② 2本の川のあいだには｛ 道路 ・ 鉄道 ｝が通っている。

2 次の問いに答えましょう。

(1) 地図から読み取れることとして、正しいものには◯を、まちがっているものには×をつけましょう。

①（　　　）湖から2本の川が流れている。

②（　　　）学校の北には神社、南には交番がある。

③（　　　）広くて長い道路が、山のおくまでつづいている。

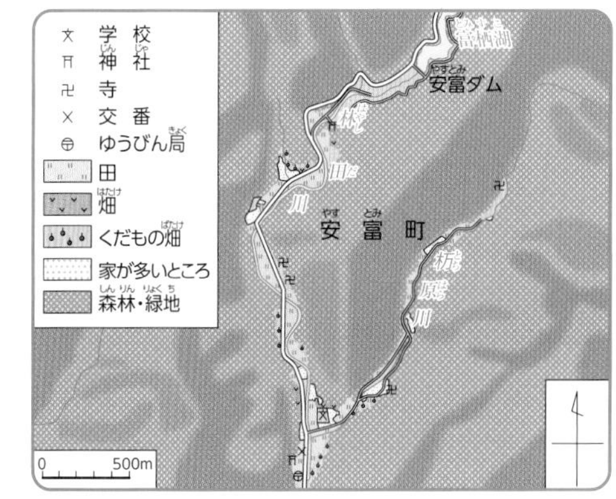

山にかこまれたところの地図

(2) 木を植えて育てたり、木を切って材木にして売ったりする仕事を何といいますか。

（　　　　　　）

ヒント　1 (2)②西には「市川」、東には「平田川」が流れています。

学習日 月 日

1．わたしたちの住んでいるところ

1 わたしたちの住んでいる市のようす⑥

めあて
地図や写真から海に近い土地のようすや特ちょうをりかいしよう。

教科書 32〜35ページ 答え 9ページ

次の（　　）に入る言葉を、下からえらびましょう。

1 海に近いところ

教科書 32〜33ページ

海の近くのようす

- 姫路市の南には、海を（①　　　　）てできた場所に大きな（②　　　　）が多く立地している。
- 海岸線は（③　　　　）なのが特ちょうで、近くに港があることから、大きな（④　　　　）を使って原料やせい品を運ぶことができる。
- 広い道路があり、（⑤　　　　）でものを運ぶのにもべんりである。

海に近いところの地図

2 まわりを海にかこまれているところ

教科書 34〜35ページ

海にかこまれている島

- 海にかこまれた家島諸島には大きな（⑥　　　　）が少ないため、島の人の飲み水は、同じ兵庫県の赤穂市から（⑦　　　　）で送られてくる。
- たてものの材料などに使う石を切り出して運ぶ仕事や、（⑧　　　　）の仕事をしている。
- およそ200年前からつづく家島天神祭では、**海**の安全とほうさくをいのっておこなわれる。

家島諸島の地図

ワンポイント 漁業

- 魚や貝、海そうなどの海産物をとったり育てたりする仕事。

漁業のほかにも、船で買い物に出かけることもあるから、家島諸島の人にとって、船はくらしにかかせないものだね。

えらんだ言葉に✔

□トラック　□まっすぐ　□船　□工場
□漁業　□池や川　□うめ立て　□海底送水管

学習日　　月　　日

ぴたトリビア

兵庫県の赤穂市と家島をむすび、水をとどける配管である海底送水管はぜんぶでおよそ17.6kmあり、これは日本一の長さです。

教科書 32〜35ページ　答え 9ページ

1 次の問いに答えましょう。

(1) 右の地図で、多くの工場があるところの説明として正しいものを、㋐〜㋒からえらびましょう。

（　　）

㋐ 海をうめ立てたところにある。

㋑ 家が多いところにある。

㋒ 鉄道ぞいにある。

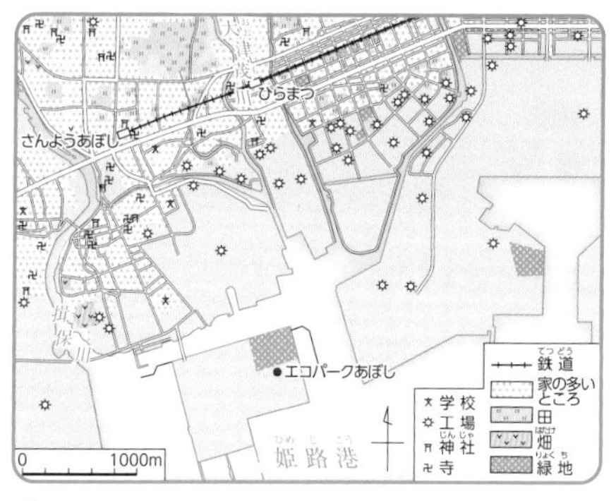

海に近いところの地図

(2) 次の文の（　　）にあてはまる言葉を書きましょう。

工場が港の近くにあるのは、大きな船を使って原料や（　　　　）を運ぶのにべんりだからである。

(3) 右の図から、いちばん数が多い工場のしゅるいをえらびましょう。

（　　）

(4) 図中の［　　］にあてはまる食りょう品の工場の数を、㋐〜㋒からえらびましょう。

（　　）

㋐ 75　㋑ 125　㋒ 170

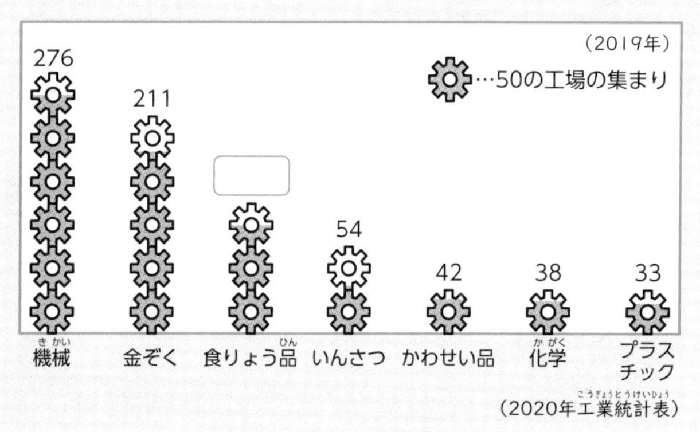

(2019年)

⚙…50の工場の集まり

機械	金ぞく	食りょう品	いんさつ	かわせい品	化学	プラスチック
276	211	［　　］	54	42	38	33

(2020年工業統計表)

姫路市のしゅるい別の工場の数

2 右の地図を見て、次の問いに答えましょう。

(1) 地図から読み取れることとして、正しいものには○を、まちがっているものには×をつけましょう。

①（　　）坊勢島には神社・病院・ゆうびん局・学校がある。

②（　　）地図にある島のうち、交番があるのは家島だけである。

③（　　）西島は坊勢島とつながっており、家が多くいちしている。

家島諸島の地図

(2) 家島諸島でさかんにおこなわれている、魚や貝、海そうなどをとったり育てたりする仕事を何といいますか。

（　　　　）

ヒント 1 (1)工場がたっている場所の海岸線がまっすぐになっているのはなぜか思い出しましょう。(4) マーク1つは50の工場の集まりであることに注目しましょう。

1．わたしたちの住んでいるところ

1 わたしたちの住んでいる市のようす⑦

学習日　　月　　日

◎めあて
姫路市のようすを、白地図とガイドマップにまとめてみよう。

教科書 36〜41ページ　答え 10ページ

次の（　　）に入る言葉を、下からえらびましょう。

1 姫路市を地図にまとめる／姫路市のようすについて話し合う

教科書 36〜41ページ

色分けしてわかったこと

- 北の方は（①　　　　）が多い。
- わたしたちの学校の北がわには（②　　　　）や畑が多い。
- 姫路駅のまわりには（③　　　　）や店が多い。
- 海ぞいには（④　　　　）が集まっている。

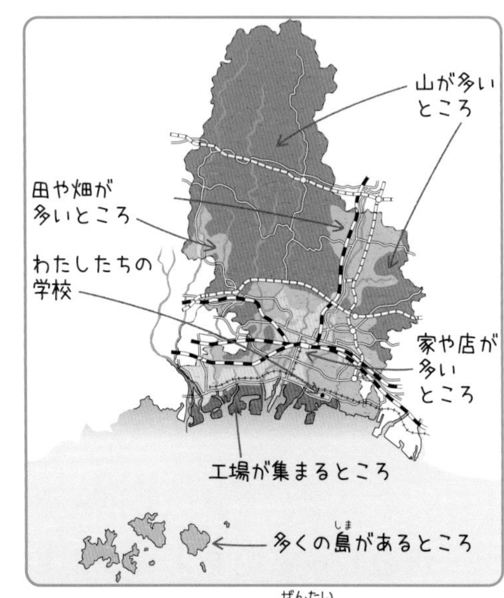

色分けした姫路市全体の地図

うちゅうから見た兵庫県

- 姫路市は兵庫県の（⑤　　　　）の方にいちする。西にはたつの市、東には加西市や加古川市がある。

兵庫県のようす

- 北にも南にも海があり、姫路市は南の海に面している。
- 県全体が（⑥　　　　）にめぐまれている。
- 瀬戸内海の（⑦　　　　）には、人が住む四つの島とたくさんの（⑧　　　　）がある。

うちゅうから見た兵庫県

ワンポイント ガイドマップのつくり方

- 地いきのようすをしょうかいするときには、（⑨　　　　）を使う。
- 調べたことを白地図に書きこんだり、色分けをしたりする。
- 地いきのようすをみじかい言葉でまとめる。

えらんだ言葉に✔
□無人島　□家　□田　□自然　□ガイドマップ
□家島諸島　□工場　□山　□南

ぴったり2

練習

学習日　　月　　日

ぴたトリビア

兵庫県明石市には日本の時刻の基準となる標準時子午線が通っています。

教科書 36〜41ページ　答え 10ページ

1 右の地図と絵を見て、正しいものには○を、まちがっているものには×をつけましょう。

① （　　　）絵の㋐の部分は、土地が高い。

② （　　　）絵の㋑の部分は、おもに畑にりようされている。

③ （　　　）絵の㋒の部分には、工場が多い。

④ （　　　）夢前川は北から流れている。

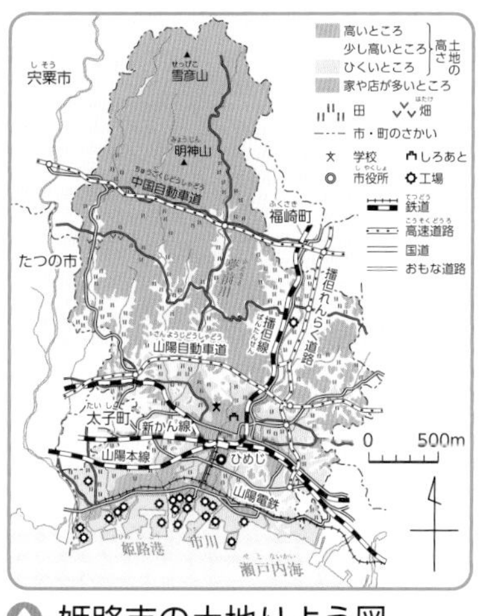

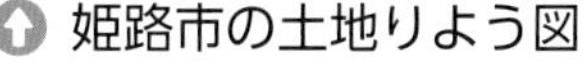
姫路市の土地りよう図

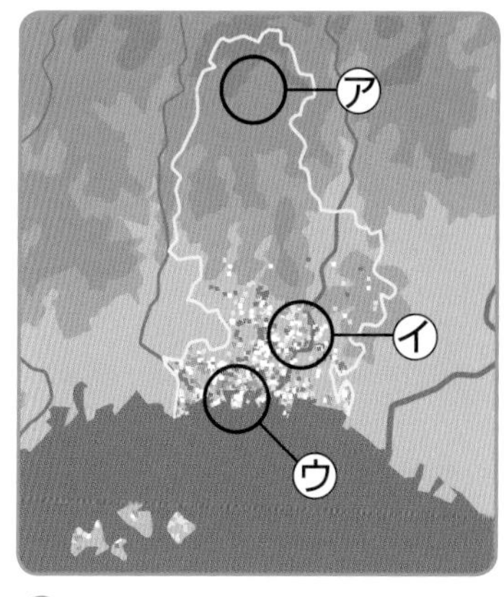

うちゅうからさつえいした姫路市

2 右の地図を見て、次の問いに答えましょう。

(1) 次の㋐〜㋒のようすを、地図のあ〜うからえらびましょう。

㋐ 
㋑ 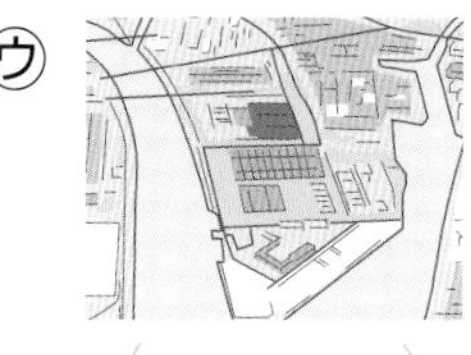
㋒

（　　　）（　　　）（　　　）

(2) 次の文の（　　）にあてはまる言葉を、下の［　　］からえらびましょう。

地図のえのあたりは、（①　　　　）がいで買い物をする人、仕事をする人、姫路城へ（②　　　　）に行く人たちでにぎわっている。

［観光　　交通　　商店］

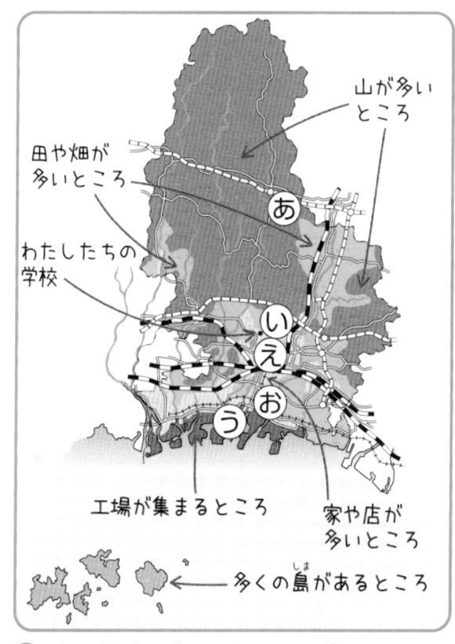

姫路市ガイドマップ

(3) 地図のおのふきんにある市役所について説明した次の文の（　　）にあてはまる言葉を書きましょう。

市役所は、市民センターや図書館などの（　　　　　　）を管理している。

ヒント

1 ②㋑がしめす場所の土地りよう図をかくにんしましょう。

2 (3)市民がゆたかにくらすことができるようにいろいろな仕事をしています。

1．わたしたちの住んでいるところ

1 わたしたちの住んでいる市のようす

教科書 28～41ページ　答え 11ページ

1 地図と写真などを見て、次の問いに答えましょう。

1つ5点（25点）

(1) 次の①～③は、地図のどのあたりをうつしたものですか。地図中の㋐～㋒からえらびましょう。 技能

（　　）（　　）（　　）

田や畑が多いところの地図

(2) 姫路市農業しんこうセンターから見て、西の方向のようすを説明したものを、次の㋐～㋒からえらびましょう。（　　）

㋐ 福崎町があり、寺や神社がいくつかいちしている。

㋑ 播但れんらく道路が南北にはしっている。

㋒ 平田川が流れていて、川のまわりには発電所などがある。

(3) 米や野菜、くだものなどの農作物を田や畑で作る仕事を何といいますか。

（　　　　）

2 次の問いに答えましょう。

1つ5点（30点）

(1) よく出る 次の文を読んで、①～④にあてはまる言葉を書きましょう。

> 工場があるあたりは、海を（ ① ）てつくられたため、海岸線が（ ② ）である。工場の近くに、港があり、（ ③ ）で原料やせい品を運ぶことができる。また、広い道路も通っているため、（ ④ ）でものを運ぶのにも便利である。

①（　　　　）　②（　　　　）

③（　　　　）　④（　　　　）

(2) 姫路市の海に近いところに多く見られる、地図記号で「☼」とあらわすたてものは何ですか。（　　　　）

(3) 次の文にあてはまる言葉を○でかこみましょう。

姫路市には、｛ プラスチック ・ 食りょう品 ・ 機械 ｝をつくる工場が多い。

3 右の地図を見て読み取れることとして、正しいものには○を、まちがっているものには×をつけましょう。

1つ5点（25点）

① (　　　) 田としてりようされているのは、土地が高いところだけである。

② (　　　) 姫路市のまわりには、いくつかの市や町があり、そのうちたつの市は、姫路市の東にいちしている。

③ (　　　) 土地がひくいところには、家や店が集まっている。

④ (　　　) 鉄道の線路が通っているところよりも南の場所に、工場がたくさん集まっている。

⑤ (　　　) 中国自動車道は、土地がひくく、家や店が多いところを中心に通っている。

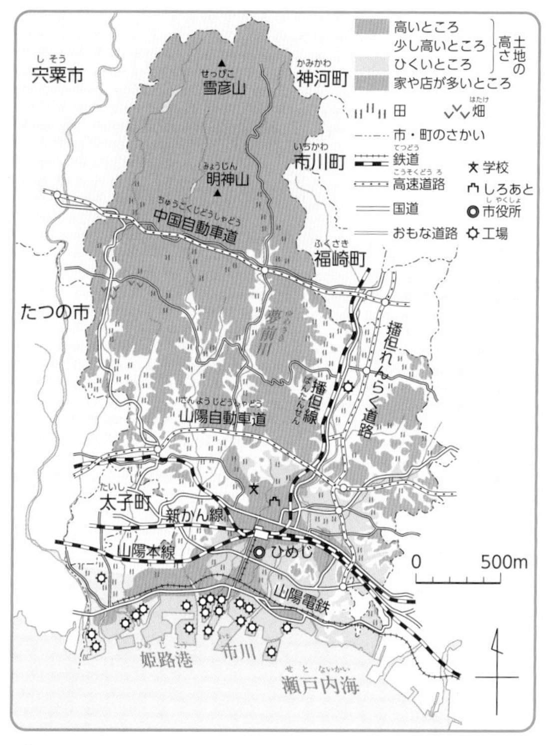

姫路市の土地りよう図

4 右の①、②を見て、次の問いに答えましょう。

1つ5点（20点）

(1) ①をもとに、姫路市のいちを、②の写真中の㋐～㋓からえらびましょう。(　　　)

(2) 兵庫県について説明した次の文の(　　)にあてはまる方位を、4方位で答えましょう。　技能

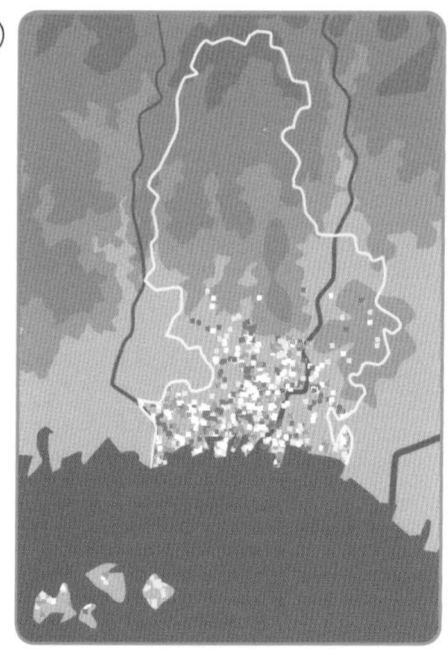

① うちゅうからさつえいした姫路市

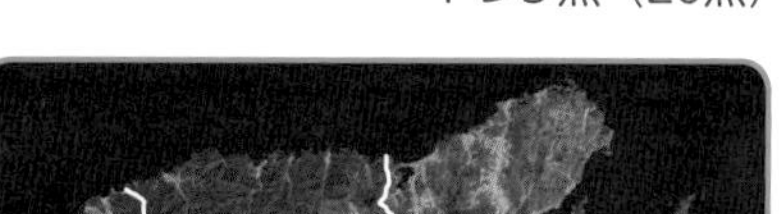

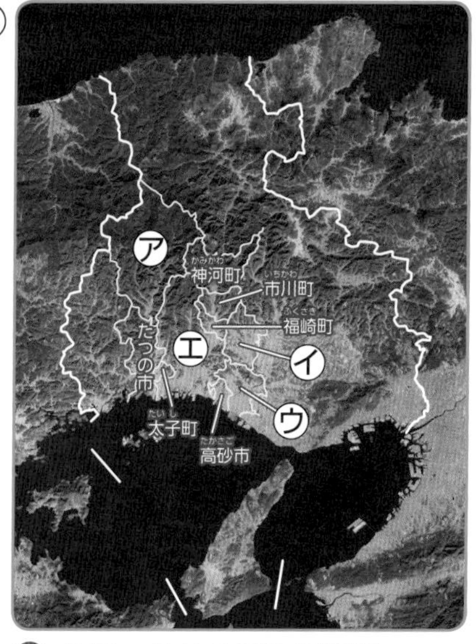

② うちゅうから見た兵庫県

・②の写真を見ると、兵庫県は(あ　　　)と(い　　　)の2方向で海に面していることがわかる。

記述 (3) 姫路市の土地の特色について、色に注目して書きましょう。　思考・判断・表現

(　　　　　　　　　　　　　　　　)

ふりかえり ❹(3)がわからないときは、18ページの❶にもどってかくにんしてみよう。

学習日　月　日

1 工場ではたらく人びとの仕事①

めあて
かまぼこ工場の見学のしかたやかまぼこができるまでの流れを学ぼう。

教科書 44～51ページ　答え 12ページ

次の（　　）に入る言葉を、下からえらびましょう。

1 わたしたちの市でつくられているもの／かまぼこづくりの調べ方を話し合う

教科書 46～49ページ

見学して調べること

- 工場のせつび、はたらく人の（①　　　　）や仕事のようす、１日でつくられるかまぼこの（②　　　　）などについて見て調べる。
- かまぼこが何からできているのか、かまぼこはどこへ運ばれるのかなどは（③　　　　）をして調べる。**インタビュー**をするときは、前もって聞きたいことをまとめておく。

かまぼこ

2 かまぼこができるまで

教科書 50～51ページ

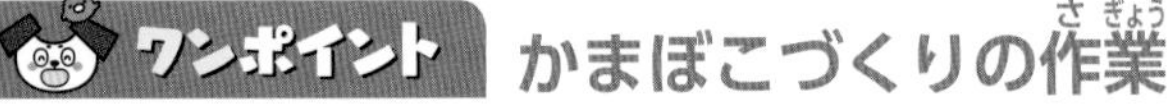

ワンポイント　かまぼこづくりの作業

1 魚をすり身にする
すり身は（④　　　　）から送られてくる。
↓
2 原料（すり身）がとどく
↓
3 （⑤　　　　）をする
↓
4 **形をととのえる**
↓
5 （⑥　　　　）をくわえる
↓
6 **ひやす・けんさする**
↓
7 （⑦　　　　）する
一日におよそ１万2500個のかまぼこがつくられる。
↓
8 （⑧　　　　）する

原料
ものをつくるときのもとになる材料。かまぼこの原料は魚の身をすりつぶしたすり身。

かまぼこは人と機械の力を使ってつくられているね。

1 魚をすり身にする。

5 やいたり、むしたりする。

7 ほうそうして箱につめる。

えらんだ言葉に✓

□ねつ	□出荷	□味つけ	□インタビュー
□ほうそう	□外国	□服そう	□数

ぴったり2

練習

学習日　　月　　日

ぴたトリビア

かまぼこの原料には、ハモやアジ、トビウオ、ヒラメ、イワシなどさまざまな魚が使われます。

教科書　44〜51ページ　答え　12ページ

1 次の問(と)いに答えましょう。

(1) 次の㋐〜㋔の文を、インタビューの流れになるようにならべかえましょう。

インタビューのしかた

㋐ インタビューをしながら、聞いた話をすぐに書きとめていく。
㋑ 聞きたいことをかならず前もってまとめ、聞く練習(れんしゅう)をしておく。
㋒ インタビューが終(お)わったあとは、かならずお礼(れい)を言う。
㋓ あいさつをし、インタビューをしてもよいかどうかを、かならずたずねてからインタビューをはじめる。
㋔ 工場の人にインタビューをさせてもらえるかどうか、先生に聞いていただく。

①(　　)→②(　　)→③(　　)→④(　　)→⑤(　　)

(2) 次の①〜④の文のうち、かまぼこ工場ではたらいている人にインタビューをして調べることをすべてえらび、○をつけましょう。

① (　　)工場の中はどんなようすなのか。
② (　　)かまぼこは何からできているのか。
③ (　　)はたらいている人がどんなことに気をつけているのか。
④ (　　)はたらいている人はどんな服そうか。

2 次の①〜③をかまぼこ作りの作業の流れになるように、(　　)に番号(ばんごう)を書きましょう。

① ほうそうする

② 形をととのえる

③ 魚をすり身にする

(　　) → 原料がとどく → 味つけをする → (　　)
→ ねつをくわえる → ひやす・けんさする → (　　)
→ 出荷する

ヒント ❷ 原料とは、魚のすり身をさしています。

1 工場ではたらく人びとの仕事②

学習日　　月　　日

めあて
工場ではたらく人のようすや工場がある場所をおさえよう。

教科書 52～57ページ　答え 13ページ

次の(　　)に入る言葉を、下からえらびましょう。

1 はたらく人のようす　教科書 52～53ページ

作業する人が気をつけていること

- よごれが目立つように(①　　　　)服を着ている。
- 強い風で(②　　　　)を落とし、せんようのブラシで手をあらう。
- 体調を毎日チェックし、しょうどくをするなど(③　　　　)に気を配っている。
- ちょくせつせい品にさわらないように、作業中は(④　　　　)をはめている。

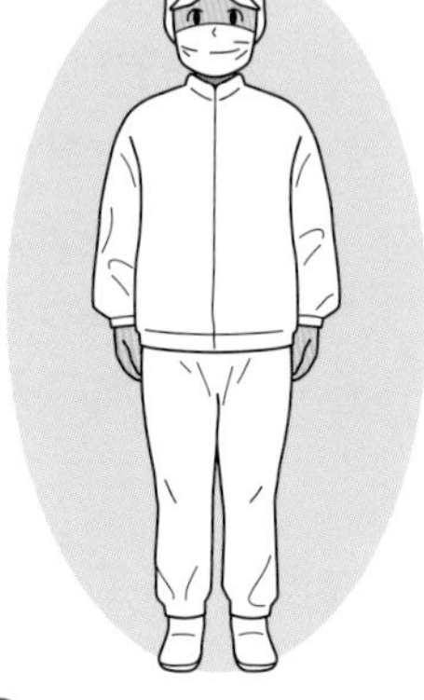

工場ではたらく人の服そう

そのほかの仕事

- (⑤　　　　)の開発やお客さんの(⑥　　　　)の受けつけなどをしている。
- 工場でつくりたてのせい品をはん売している。

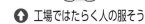

工場の人たちはせいけつさをたもつことで安全な食品をつくっているんだね。

新しいせい品の開発をするための話し合い

2 山の中にあるかまぼこ工場／かまぼこはどこへ　教科書 54～57ページ

かまぼこ工場が山の中にある理由

- およそ70年前の工場は(⑦　　　　)の近くにあったが、今は山の中の(⑧　　　　)の入り口近くにある。

ワンポイント　工場と高速道路

- トラックで原料やせい品を運ぶのにべんりなため、高速道路の近くに工場がたてられることが多い。

かまぼこのゆくえ

- 工場からスーパーマーケットや駅前の(⑨　　　　)のほか、外国にも運ばれている。

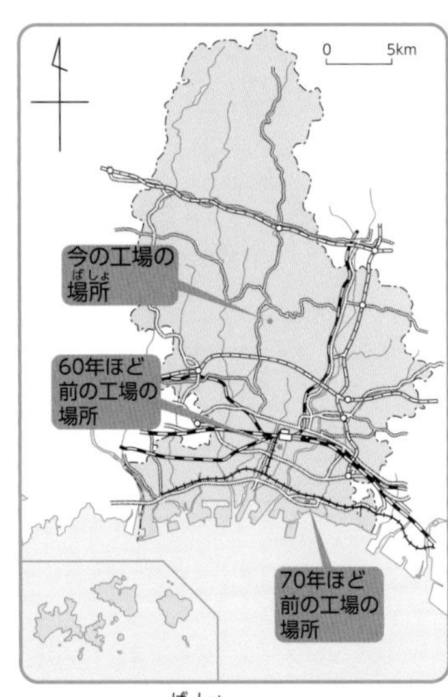

工場の場所のうつりかわり

えらんだ言葉に ✓					
	□せんもん店	□新しいせい品	□白い	□海	□ほこり
	□高速道路	□手ぶくろ	□注文	□えいせい	

学習日　月　日

ぴたトリビア

かまぼこ工場をはじめとする食品工場は、とくにえいせい管理(かんり)をてっていしていて、「サニタリールーム」とよばれる部屋(へや)がもうけられています。

教科書 52〜57ページ　答え 13ページ

1 工場ではたらく人について、次の問(と)いに答えましょう。

(1) 右の①、②であらわした作業について説明(せつめい)しているものを、㋐〜㋒から１つずつえらびましょう。

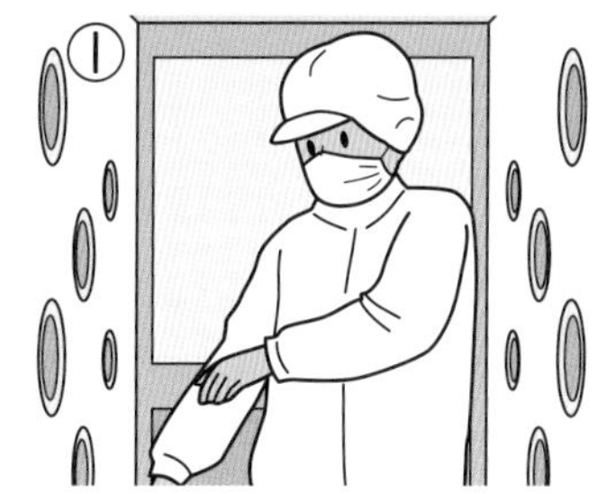

①(　　　)　②(　　　)

㋐ せんようのブラシで手をあらっている。
㋑ 体調チェック表に自分の体調を書きこんでいる。
㋒ 強い風でほこりを落としている。

(2) 次の文は、工場ではたらく人が①、②のようなことをおこなう理由を説明(せつめい)しています。(　　)にあてはまる言葉を書きましょう。

> 工場ではたらく人は、かまぼこを安心して食べてもらうために、(　　　　　)さをたもつことに力をいれているから。

2 次の問いに答えましょう。

(1) 次の①〜③の工場のあった場所、ある場所を、右の地図の㋐〜㋒から１つずつえらびましょう。

① 70年ほど前の工場　② 60年ほど前の工場　③ 今の工場

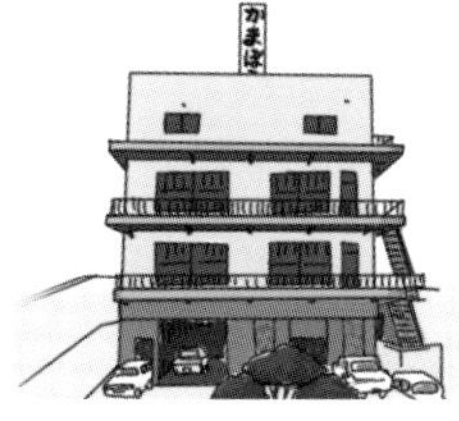

(　　　)　(　　　)　(　　　)

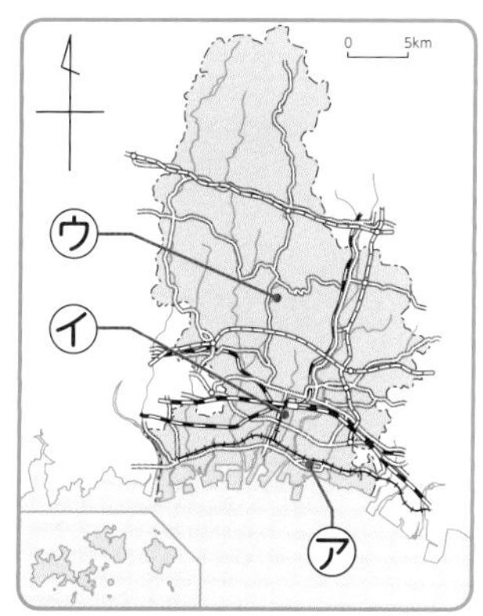

工場の場所のうつりかわり

(2) かまぼこの出荷(しゅっか)のようすについて説明した次の文の(　　)にあてはまる言葉を、右の□からえらびましょう。

> 工場でつくられたかまぼこは、トラックでスーパーマーケットなどに運ばれたり、(①　　　　)を通って市外に運ばれたりする。また、(②　　　　)でも売られている。

飛行機(ひこうき)
外国
高速道路

ヒント ２ (1) 今の工場は、広い土地ときれいな地下水が手に入る場所にあります。

1 工場ではたらく人びとの仕事

時間 30分

／100

ごうかく 80点

教科書 48〜57ページ　答え 14ページ

1 かまぼこ工場の見学のしかたやインタビューのしかたとして正しいものには○を、まちがっているものには×をつけましょう。

技能 1つ5点（20点）

①（　　）聞きたいことなどはかならず前もって整理しておく。

②（　　）写真をとる場合は、工場の人にかならずきょかをもらう。

③（　　）工場ではたらく人に会ったら、あいさつをせずに、すぐにインタビューをはじめる。

④（　　）見学してわかったことは、その場で絵や言葉を使ってくわしく、時間をかけてメモをする。

2 次の問いに答えましょう。

1つ5点（25点）

(1) よく出る　かまぼこの原料は、□をすり身にしたものです。□にあてはまる言葉を、㋐〜㋓からえらびましょう。

㋐ 大豆　㋑ 米　㋒ 牛肉　㋓ 魚　（　　）

(2) 次のかまぼこがつくられる作業の流れを見て、下の問いに答えましょう。

原料（すり身）がとどく → ㋕味つけをする → ㋑形をととのえる → ねつをくわえる → ㋒ひやす・けんさする → ㋓ほうそうする → 出荷する

① 右の㋐、㋑は、下線部㋕〜㋓のどの作業をあらわしたものですか。1つずつえらびましょう。

㋐（　　）　㋑（　　）

② できたらスゴイ！　すり身に調味料やたまごの白身をくわえるのは、下線部㋕〜㋓のどの作業ですか。（　　）

(3) 一度にたくさんのおいしいかまぼこをつくることができる理由として正しいものを、㋐〜㋒からえらびましょう。

思考・判断・表現　（　　）

㋐ 人間の力だけでかまぼこをつくっているから。

㋑ 機械の力だけでかまぼこをつくっているから。

㋒ 人間と機械が協力し合って、かまぼこをつくっているから。

3 次の問いに答えましょう。

1つ5点（35点）

(1) 工場ではたらく人の服そうとしてあてはまるものを、㋐～㋒から1つずつえらびましょう。

【服の色】㋐ 黒　㋑ 白　㋒ 決まっていない　（　　）

【はく物】㋐ 長ぐつ　㋑ サンダル　㋒ スニーカー　（　　）

【身につける物】㋐ マスクとぼうし　㋑ マスク　㋒ ぼうし　（　　）

(2) 工場ではたらく人のようすについて、正しいものには○を、まちがっているものには×をつけましょう。

①（　　）自分のその日の体調チェックをおこなうようにしている。

②（　　）ついたほこりは、手ではらうようにしている。

③（　　）せいけつさをたもつことに力を入れている。

記述 (3) 右の絵は、できあがったかまぼこなどをはん売しているときのようすです。絵の中の人が、手ぶくろを使って作業をしている理由を書きましょう。

思考・判断・表現

（　　　　　　　　　　　　）

4 右の地図を見て、次の問いに答えましょう。

1つ5点（20点）

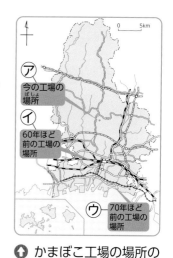

(1) 今のかまぼこ工場は、60年ほど前の工場の場所とくらべて、どの方向にうつりましたか。4方位で答えましょう。

技能

（　　）

(2) 今のかまぼこ工場が、山の中にある理由を、㋐～㋒からえらびましょう。

（　　）

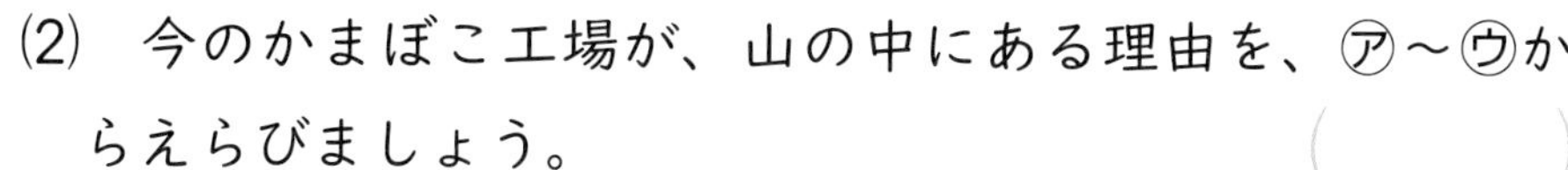

㋐ 工場ではたらく人のために、鉄道が近くにあるから。

㋑ 工場ではたらく人が住んでいる町に近いから。

㋒ 広い土地やきれいな地下水が手に入るから。

0　5km

㋐ 今の工場の場所

㋑ 60年ほど前の工場の場所

㋒ 70年ほど前の工場の場所

かまぼこ工場の場所のうつりかわり

(3) 今のかまぼこ工場の場所についてまとめた次の（　　）にあてはまる言葉を書きましょう。

（　　　　　　）が近いので、トラックを使って、かまぼこの原料を運び入れたり、つくったせい品を出荷したりするのにべんりである。

(4) よごれた水をきれいにするせつびがととのった工場の場所を、地図の㋐～㋒から1つえらびましょう。

（　　）

ふりかえり 3(3)がわからないときは、24ページの1にもどってかくにんしてみよう。

せんたく

2. わたしたちのくらしとまちではたらく人びと

1 畑ではたらく人びとの仕事①

学習日　月　日

めあて
れんこん作りの仕事について知ろう。

教科書 60〜65ページ　答え 15ページ

次の（　）に入る言葉を、下からえらびましょう。

1 わたしたちの市で作られているもの／れんこん作りの調べ方を話し合う

教科書 60〜63ページ

市で作られているれんこんを調べる

- 姫路市でいちばん多く作られている農作物は（①　　　　）である。「（②　　　　）の日」には、（③　　　　）でとれた野菜を使って給食をつくる、**地産地消**の取り組みが行われている。

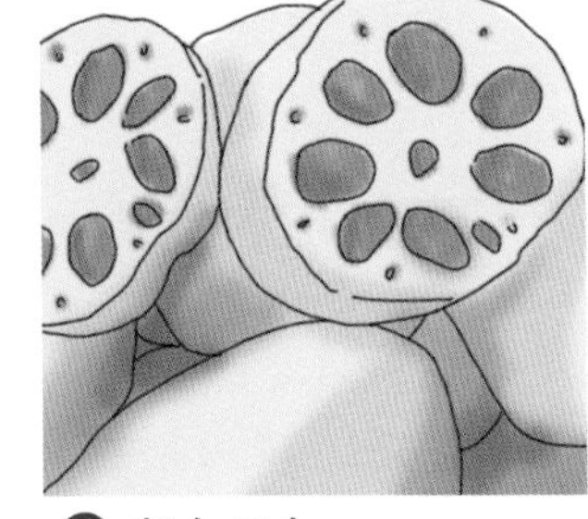
れんこん

見学して調べること

- れんこんの畑や（④　　　　）人のようす。
- 使っている道具。
- れんこんの作り方や作ったれんこんの運ばれ方。

2 れんこん作りの仕事を見学する

教科書 64〜65ページ

ワンポイント れんこん作りの仕事

2月〜4月
1 土づくり
- （⑤　　　　）をまいて土をやわらかくしてせんようの（⑥　　　　）で畑をすく。

4月〜5月
2 植えつけ
- 水をためた畑に、たねれんこんを植えつける。

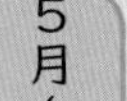
5月〜6月
3 （⑦　　　　）をまく
- 農薬を入れたポンプをせおって、歩きながらまく。

8月〜4月
4 れんこんを（⑧　　　　）する
- れんこんは土の中にうまっているため、（⑨　　　　）を使って土からほり出す。

1

2

3

えらんだ言葉に✔
□ひりょう　□れんこん　□農薬　□しゅうかく　□地元
□食育　□トラクター　□ポンプ　□はたらいている

学習日　　月　　日

ぴたトリビア

れんこんは、漢字で「蓮根」と書きますが、わたしたちが食べているのは「根」ではなく、地下茎という「くき」の部分にあたります。

教科書 60〜65ページ　答え 15ページ

1 右のグラフを見て、次の問いに答えましょう。

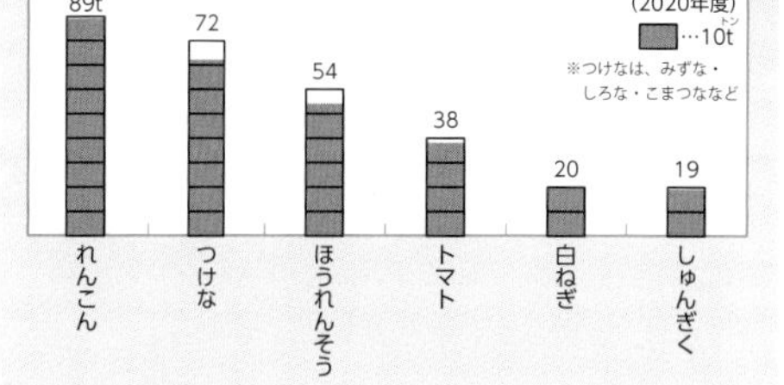

姫路市内の市場に入荷した姫路市産の農作物のりょう

(1) 姫路市内の市場に入荷された姫路市産の農作物のりょうは合わせて何tですか。

(　　　　)t

(2) グラフからわかることをまとめた次の文の①〜③にあてはまる言葉や数字を書きましょう。

グラフの姫路市産の農作物のうち、いちばん多く入荷された農作物は(①　　　　)で、そのりょうは(②　　　　)tだとわかる。また、ほうれんそうとトマトのりょうをくらべると、(③　　　　)のほうが多い。

2 れんこん作りのおもな仕事について、次の問いに答えましょう。

(1) 右の絵を見て、あてはまる言葉に○をつけましょう。

- れんこん作りをするときに、①{ 長い ・ 短い }てぶくろをして、長ぐつとズボンがつながった作業服を着るのは、②{ 水の中 ・ 畑 }で作業をするためです。

れんこん作りをするときの服そう

(2) 土づくりについて説明した次の①〜③にあてはまる言葉を、下の⋯⋯からそれぞれえらびましょう。

① (　　　　)だと、白く、見た目がよいれんこんができます。

② (　　　　)が多いと、れんこんにすじがついてしまいます。

③ (　　　　)をまいて、土をやわらかくしたあとにせんようのトラクターを使って、畑をすきます。

小石　　ひりょう　　ねんど質の土

(3) 次の①〜③の作業を、れんこん作りの流れになるように、(　)にあてはまる番号を書きましょう。

① 農薬をまく。　② しゅうかくしたれんこんをあらう。

③ たねれんこんを植えつける。

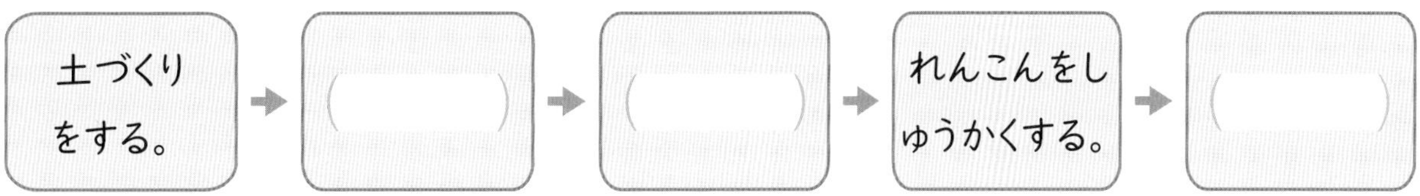

ヒント ❶ (1) グラフにある農作物のりょうをすべてたしてみましょう。

せんたく

学習日　月　日

2．わたしたちのくらしとまちではたらく人びと

1 畑ではたらく人びとの仕事②

めあて
れんこん作りのくふうとさかんな地いきの特ちょう、出荷についてりかいしよう。

教科書 66〜73ページ　答え 16ページ

次の（　　）に入る言葉を、下からえらびましょう。

1 れんこん作りのくふう

教科書 66〜67ページ

れんこん作りのさまざまなくふう

植えるときのくふう	●たねれんこんどうしを近くに植えないよう、（①　　　　）を立てて、かんかくを考えながら植えつけをする。
畑を守るくふう	●畑の上にネットをはり、（②　　　　）がれんこんを食べるのをふせぐ。 ●畑を毎日見回ることで、れんこんが（③　　　　）になっていないかかくにんしたり、（④　　　　）をふせぐための農薬をまいたりしている。

2 れんこん作りのさかんな大津区／れんこんはどこへ

教科書 68〜73ページ

大津区でれんこん作りがさかんな理由

- れんこんは、あたたかくて（⑤　　　　）がよくあたる場所で育つ。
- 大津区の海ぞいの地いきは、ほとんどがもともと海だった（⑥　　　　）である。また、かんたく地は、土地がひくく、近くに川が流れていることから、れんこん作りにてきしている。

おろし売り市場
野菜や魚などの品物を仕入れ、八百屋や魚屋などの店に売るところ。

しゅうかくされたれんこんが家にとどくまで

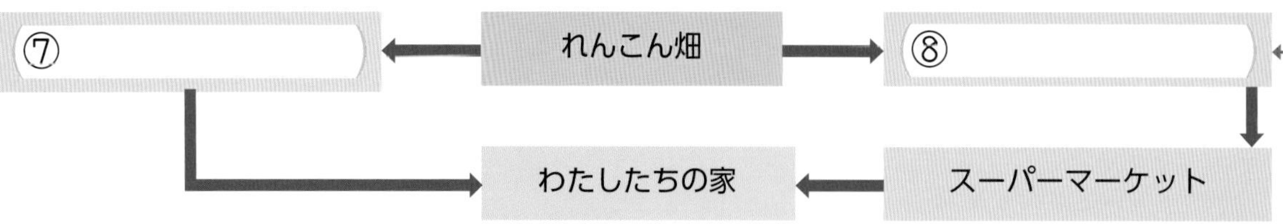

ワンポイント かんたく

- 海の中に**ていぼう**をつくり、もともとあった海水を外に出して土地をつくること。

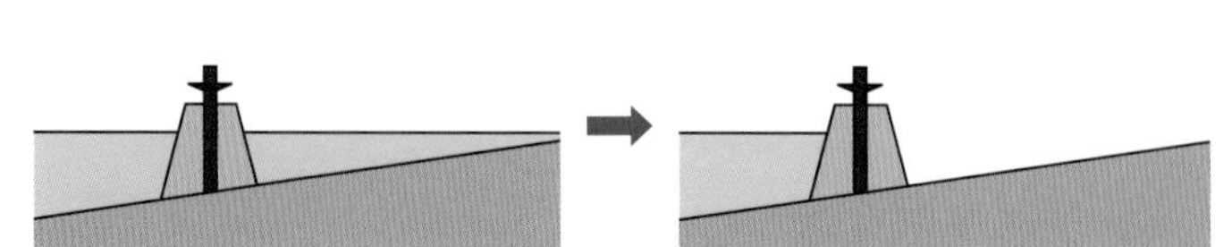

えらんだ言葉に✔

□日光	□目じるしのぼう	□病気	□おろし売り市場
□直売所	□害虫	□かんたく地	□カモ

学習日　　月　　日

ぴたトリビア
れんこん畑の代表的な害虫にはアブラムシがいます。アブラムシのひがいをうけると、れんこんの葉の形がかわり、成長が止まってしまいます。

教科書 66～73ページ　答え 16ページ

1 れんこん作りのくふうや特ちょうについて、次のしつもんへの答えとして合うものを、線でむすびましょう。

① 
れんこんを植えるときに、ぼうを立てているのはなぜですか？ ・　・ ㋐れんこん畑にやってくるカモがれんこんを食べることがあり、それをふせぐためです。

② 
畑によって、葉の高さや大きさがちがうのはなぜですか？ ・　・ ㋑植えつけるれんこんのしゅるいを畑ごとにかえているので、葉の育ち方にちがいがうまれることがあるからです。

③ 
れんこんを手作業でしゅうかくするのはなぜですか？ ・　・ ㋒たねれんこんどうしのかんかくが近くならないように、植えるときの目じるしにしているからです。

④ 
れんこん畑の上にネットがはってあるのはなぜですか？ ・　・ ㋓れんこんが土にあたってきずがつかないよう、注意がひつようだからです。

2 次の問いに答えましょう。

(1) 地図からわかることをまとめた次の①、②にあてはまる言葉を書きましょう。ただし、①には４方位のいずれかがあてはまります。

① 地図に□であらわした地いきは、姫路市の（　　　　）がわにいちしています。

② 地図に□であらわした地いきの近くには、（　　　　）という海が広がっています。

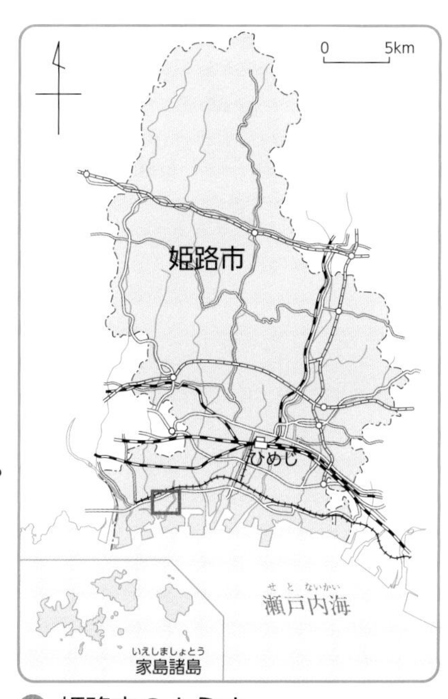

姫路市のようす

(2) 次の文の（　）にあてはまる言葉を書きましょう。

野菜や魚などを作ったり、とったりする人から品物を多く仕入れ、やお屋や魚屋などの店に売るところを（　　　　）市場という。

ヒント ２(1) ②地図の中に、海をあらわす言葉が書かれています。

せんたく

2．わたしたちのくらしとまちではたらく人びと

1 畑(はたけ)ではたらく人びとの仕事(しごと)

教科書 62～73ページ　答え 17ページ

1 右の１年間におけるれんこん作りの流(なが)れを見て、次(つぎ)の問(と)いに答えましょう。

1つ5点、(4)は10点（50点）

(1) よく出る 次の①、②の文は、右のれんこん作りの流れのうちのどの作業(さぎょう)のときにおこなうものですか。㋐～㋓から１つずつえらびましょう。

月	1月	2月	3月	4月	5月	6月	7月	8月	9月	10月	11月	12月
おもな作業	㋒しゅうかく（1月～4月）	あ土づくり（2月～3月）		植(う)えつけ（4月～5月）	農薬(のうやく)などをまく ㋑（5月～6月）			㋒しゅうかく（8月～12月）				

① ひりょうをまいて、土をやわらかくする。（　　）

② たねれんこんを植(う)える。（　　）

㋐ しゅうかく　㋑ 植えつけ　㋒ 土づくり　㋓ 農薬(のうやく)などをまく

(2) 土づくりと植えつけ、しゅうかくの作業がすべて同時におこなわれている月は何月ですか。（　　）月

(3) 下線部(かせんぶ)あの土づくりについて、次の①、②の問いに答えましょう。

① 土づくりをおこなうときに使(つか)われる右の機械(きかい)を何といいますか。（　　）

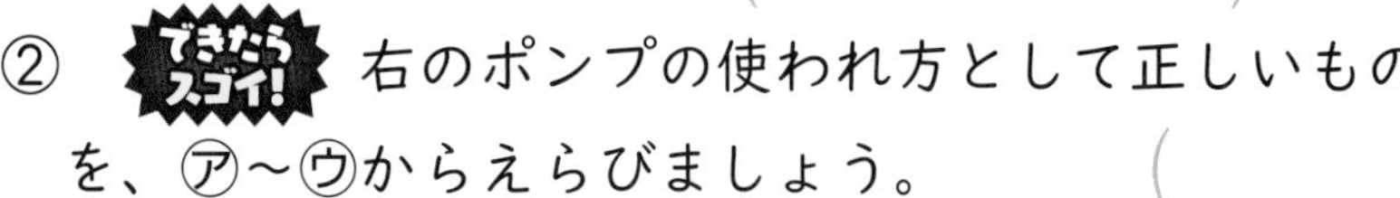

② できたらスゴイ！ 右のポンプの使われ方として正しいものを、㋐～㋒からえらびましょう。（　　）

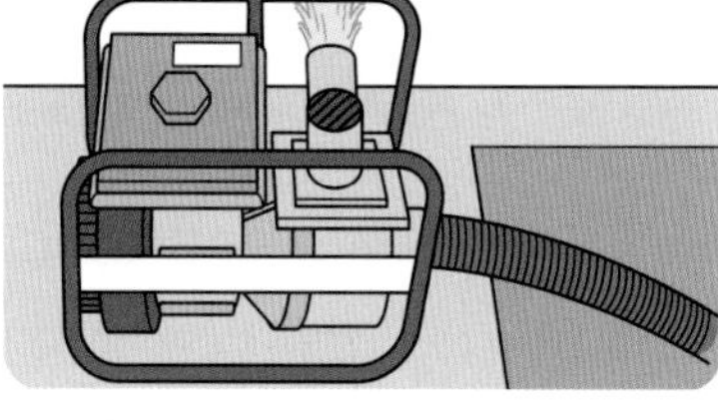

㋐ 畑の水をぬく　㋑ 畑に水を入れる

㋒ 水温(すいおん)をちょうせいする

記述 (4) 下線部㋑の農薬について、畑に農薬をまく理由(りゆう)を、（　　）にあてはまるように書きましょう。 思考・判断・表現

（　　　　　　　　　　）するため。

(5) 下線部㋒のしゅうかくについて、れんこんのしゅうかくの説明として正しいものには○を、まちがっているものには×をつけましょう。 技能

①（　　）しゅうかくは１年間ずっとおこなわれている。

②（　　）冬は水がつめたいので、しゅうかくはしない。

③（　　）１本ずつ手作業で、しゅうかくしている。

学習日　　月　　日

❷ れんこん農家の人の話を読んで、下の問いに答えましょう。　1つ5点（25点）

れんこんはあたたかくて（①）がよく当たる場所で育ちます。また、育つのに多くの水がひつようでれんこん作りがさかんな②大津区の海ぞいの地いきのほとんどが③かんたく地です。

(1)（①）にあてはまる言葉を書きましょう。（　　　）

(2) 下線部②について、この地いきがれんこん作りにてきしている理由をまとめた次の文の（　）にあてはまる言葉を書きましょう。

大津区の海ぞいの地いきは、（あ）がひくく、近くを（い）が流れており、（う）にめぐまれているから。

（　　　）　い（　　　）　（　　　）

(3) 下線部③について、かんたく地のようすをあらわした絵として正しいものを、㋐〜㋒からえらびましょう。（　　　）

㋐ 
㋑ 
㋒ 

❸ しゅうかくされたれんこんがわたしたちの家にとどくまでをあらわした図を見て、下の問いに答えましょう。　1つ5点（25点）

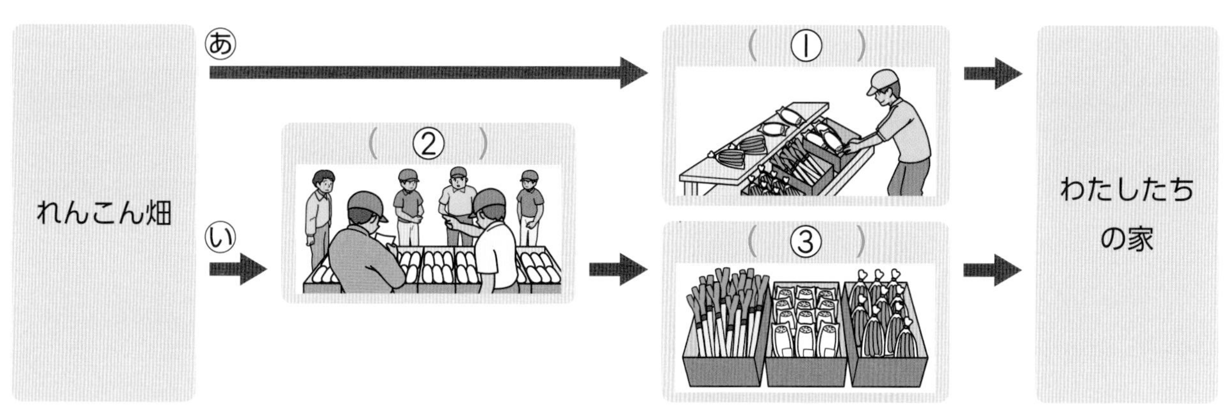

(1) ①〜③にあてはまる場所の名前を、㋐〜㋒から1つずつえらびましょう。

①（　　）　②（　　）　③（　　）

㋐ スーパーマーケット　㋑ 直売所　㋒ おろし売り市場

(2) れんこんを真空パックにつめて運ぶのはあ、いのどちらですか。（　　　）

(3) ふつう、れんこんをより安く買うことができるのは、(1)の㋐、㋑のどちらですか。（　　　）

この本の終わりにある「夏のチャレンジテスト」をやってみよう！

ふりかえり　❶(4)がわからないときは、30ページの❶にもどってかくにんしてみよう。

2 店ではたらく人びとの仕事①

めあて
身近にある店について知ろう。

教科書 74〜77ページ　答え 18ページ

次の（　）に入る言葉を、下からえらびましょう。

1 知っている店をしょうかいし合う

教科書 74〜75ページ

買い物調べカードのつくり方

- 家の人に（①　　　　）をもらって調べる。
- 買い物をした日づけや店を書く。
- 買った品物と、その（②　　　　）を書く。
- 家の人にその店で買った理由を聞く。

日づけ	買い物をした店	買った品物	品物のしゅるい	話を聞いたこと (その店で買い物をしたわけなど)
9/16(土)				
9/17(日)				
9/18(月)				
9/19(火)				
9/20(水)				

買い物調べカード

品物のしゅるいの分け方

- 食りょう品…肉や魚、野菜、（③　　　　）など。
- （④　　　　）品…ティッシュペーパーやノートなど。
- （⑤　　　　）…服や下着、くつ下など。
- 電気せい品…テレビやれいぞう庫など。
- そのほか…自転車など。

その店にどうやって行ったのかも聞いてみよう。

2 買い物をしている店を調べる

教科書 76〜77ページ

買い物調べカードのまとめ方

- 品物別にシールのしゅるいを決める。
- 買い物をした店ごとに品物別のシールをはる。
- その店で買い物をした（⑥　　　　）を品物のしゅるいごとに書く。

スーパーマーケット	●46　◆20　▼5　▲12
コンビニエンスストア	●4　◆2
せんもん店	●3　◆1　■1
ショッピングモール	●4　◆2　▲1
そのほか(インターネットなど)	●3　▼3　■2　◆1
(品物のしゅるい)	● 食りょう品　◆ 日用品　▼ いるい　■ 電気せい品　▲ そのほか

3年1組の買い物調べ

まとめた表からわかること

- 買い物をしている人がいちばん多い店は（⑦　　　　）。
- いちばん多く買われている品物は（⑧　　　　）。

えらんだ言葉に✓
□しゅるい　□いるい　□日用　□スーパーマーケット
□レシート　□食りょう品　□人数　□飲み物

ぴったり2

練習

ぴたトリビア

ショッピングモールの「モール」とは、さんぽ道のような道の両がわにお店がならんでいる、屋根(やね)つきの商店(しょうてん)がいのことです。

教科書 74〜77ページ　答え 18ページ

1 次の①〜④は、どの品物のしゅるいに分けられますか。あてはまるものを、それぞれ下の［　　］からえらびましょう。

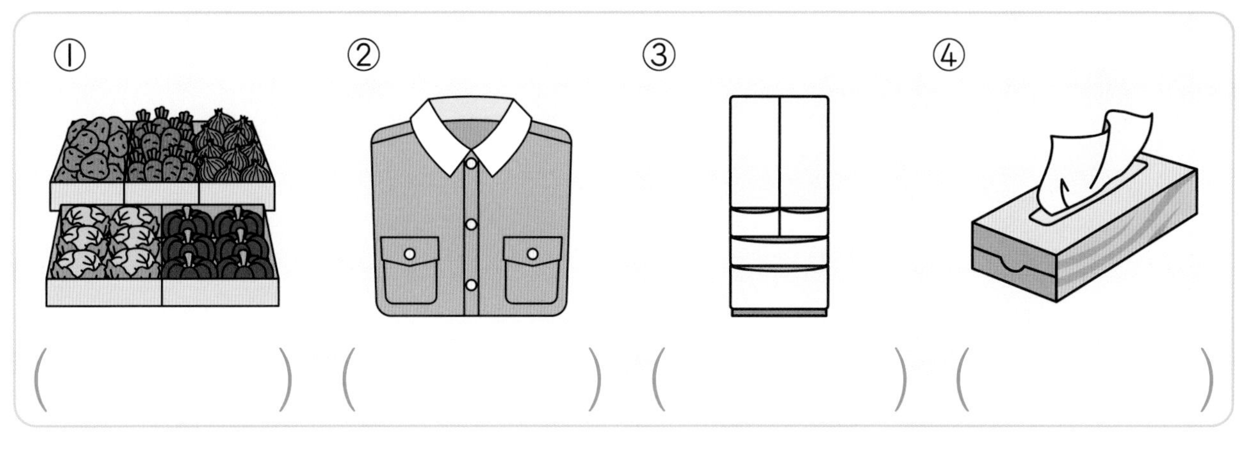

①（　　　）　②（　　　）　③（　　　）　④（　　　）

いるい　　食りょう品　　電気せい品　　日用品

2 次の３年１組の買い物調べカードについて、正しく読み取(と)っているものに○をつけましょう。

スーパーマーケット	●×46　46 ◆×20　20 ▼×5　5 ▲×12　12
コンビニエンスストア	●●●●　4　◆◆　2
せんもん店	●●●　3　◆　1　■　1
ショッピングモール	●●●●　4　◆◆　2　▲　1
そのほか(インターネットなど)	●●●　3　▼▼▼　3　■■　2　◆　1
(品物のしゅるい)　● 食りょう品　◆ 日用品　▼ いるい　■ 電気せい品　▲ そのほか	

↑ ３年１組の買い物調べ

①（　　）買い物をしている人がいちばん多い店はスーパーマーケットである。

②（　　）いちばん多く買われている品物は日用品である。

③（　　）コンビニエンスストアで電気せい品を買った人がいる。

④（　　）せんもん店で食りょう品を買った人がいる。

⑤（　　）コンビニエンスストアとショッピングモールで食りょう品を買った人数は同じである。

ヒント　**2** ①〜⑤品物のしゅるいやシールの数に注目(ちゅうもく)します。

2 店ではたらく人びとの仕事②

学習日　月　日

めあて
スーパーマーケットの売り場のようすを知ろう。

教科書 78〜83ページ　答え 19ページ

次の（　）に入る言葉を、下からえらびましょう。

1 スーパーマーケットのくふうを予想する

教科書 78〜81ページ

スーパーマーケットのよさ

- 買い物がしやすく、いちどにたくさんの（①　　　　）をすませることができる。安売りの品物があったり、家族が（②　　　　）して食べられる品物が売られていたりする。

スーパーマーケットのくふうの予想と見学の計画

調べるポイント	予想
品物のならべ方	●品物がしゅるいごとにならべられていて、品物別にかんばんがある。
品物のねだん	●（③　　　　）した品物がある。
品物の品質	●新せんなものを売っている。
そのほか	●安売りのお知らせは（④　　　　）を配っておこなう。

品物の名前が書かれたかんばん

2 店内のようすを見て調べる

教科書 82〜83ページ

スーパーマーケットの店内のようす

- 品物のならべ方…たくさんの（⑤　　　　）の品物がならんでいる。
- 品物のねだん…ねだんが（⑥　　　　）、お買いどく品コーナーがある。
- 品物の品質…（⑦　　　　）のそうざいやパンが売られている。
- そのほか…たくさんの（⑧　　　　）がならんでいる。

ワンポイント レジ

- レジは品物の（⑨　　　　）をするためのもので、自分で会計ができるレジがおかれているところもある。

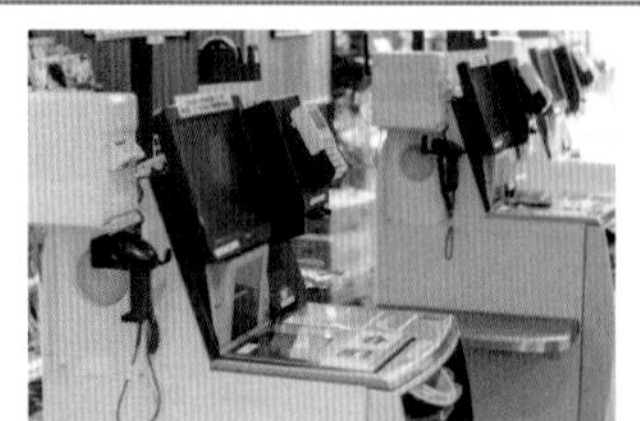

自分で会計ができるレジ

えらんだ言葉に✔

□しゅるい　□用事　□レジ　□わりびき　□つくりたて
□ちらし　□安い　□会計　□安心

学習日　　月　　日

ぴたトリビア

日本でスーパーマーケットが登場する前までは、やお屋や魚屋など店の人に品物をえらんでもらって買うのがふつうでした。

教科書 78～83ページ　答え 19ページ

1 次の図は、スーパーマーケットの店内図をあらわしています。あとの①～④の文は、スーパーマーケット内のどの場所を説明していますか。図中の㋐～㋓からそれぞれえらびましょう。

スーパーマーケットの店内図

① お客さんが品物をえらびやすいように、品物はしゅるいごとにおかれている。（　　）

② ほしい品物がどこにあるのかをわかりやすくするために、品物の名前が書かれた大きなかんばんがある。（　　）

③ せいけつさをたもつために、お店の人が白いマスクやぼうしをつけている。（　　）

④ 品物がなくならないように、たなに品物をならべている。（　　）

2 スーパーマーケットのくふうについて、正しいものには○を、まちがっているものには×をつけましょう。

①（　　）同じしゅるいの品物は、ねだんもりょうもすべて同じである。

②（　　）レジは１つしかおかず、会計までの待ち時間を長くしている。

③（　　）お買いどく品コーナーをもうけて、品物をとくべつに安く売っている。

ヒント　**1** ①～④スーパーマーケットの店内図のようすを見て、かくにんしましょう。

2．わたしたちのくらしとまちではたらく人びと

2 店ではたらく人びとの仕事

時間30分

／100

ごうかく80点

教科書 74～83ページ　答え 20ページ

1 次の表は、調べたことを買い物調べカードに、まとめたものです。この表を見て、問いに答えましょう。　1つ5点（50点）

(1) 買った品物のしゅるいがいちばん多かった日づけとして正しいものを、㋐～㋓からえらびましょう。 技能

日づけ	買い物をした店	品物のしゅるい	話を聞いたこと（その店で買い物をしたわけなど）
9/16(土)	スーパーマーケット、パン屋	食りょう品、日用品	スーパーマーケットは、いろいろな品物がいちどに買えてべんりだから。パンは、やきたてのパンがおいしい近所のパン屋で買うようにしている。
9/17(日)	ショッピングモール	食りょう品、いるい、日用品	家族みんなで自動車に乗って出かけた帰りに買い物をした。
9/18(月)	駅前のデパート、インターネット	電気せい品、そのほか	会社から帰るとちゅうで買い物をした。インターネットでは、重いものを買っても無料ではいたつしてくれる。
9/19(火)	コンビニエンスストア、和がし屋	食りょう品	牛にゅうが急にひつようだったからコンビニエンスストアへ買いに行った。しんせきの人に送るおかしはいつも和がし屋で買っている。
9/20(水)	スーパーマーケット	食りょう品	スーパーマーケットのお客さまかんしゃデーで安売りをしていたから。

㋐ 9/16（土）　㋑ 9/17（日）　㋒ 9/18（月）　㋓ 9/19（火）

（　　　）

(2) 買い物をした店としてあてはまらないものを、㋐～㋕から２つえらびましょう。

（　　　）（　　　）

㋐ 駅前のデパート　㋑ ショッピングモール　㋒ やお屋

㋓ 和がし屋　㋔ 魚屋　㋕ コンビニエンスストア

(3) よく出る 次の㋭、㋑にあてはまる言葉を書きましょう。

品物のしゅるいを見ると、9/16（土）・17（日）の２日間は、食りょう品のほかに（㋭　　　　）も買っているね。

買い物をした店でいちばん多いのは（㋑　　　　）だね。

(4) 下線部の電気せい品に分るいされるものを、１つ答えましょう。

（　　　）

(5) 次の①～④の文のうち、表から読み取れることとして、正しいものには○を、まちがっているものには×をつけましょう。 技能

①（　　）スーパーマーケットで買い物をしたのは３日間である。

②（　　）9/16（土）～9/20（水）のうち、毎日かならず買い物をしている。

③（　　）いるいを買ったのは、9/17（日）である。

④（　　）インターネットでは、軽いものを買ったときにだけ、無料ではいたつをしてくれる。

2 次の図は、スーパーマーケットの店内図をあらわしています。この図を見て、問いに答えましょう。

1つ5点（50点）

(1) スーパーマーケットで売っている品物としてあてはまらないものを、㋐〜㋔から２つえらびましょう。

(　　)
(　　)

㋐ 野菜（やさい）　㋑ ベッド　㋒ お酒（さけ）　㋓ テレビ　㋔ パン

(2) できたらスゴイ！ 次の①、②の文は、図のスーパーマーケットの店内図について説明（せつめい）しています。(　　)にあてはまる言葉をそれぞれ書きましょう。

① (　　　　　)では、買った品物を送（おく）ったり、おくりもの用につつんでもらったりすることができます。

② 店内には(　　　　　)で会計ができるセルフレジがあります。

(3) 次の文の(　　)にあてはまる言葉を書きましょう。

そうざいコーナーでは、いちばんおいしいものを食べてもらうために、(　　　　　)のものが売り場に出されています。

記述 (4) スーパーマーケットの店内で見かけた「お買いどく品コーナー」とはどのようなコーナーですか。(　　)にあてはまるないようを、「安（やす）く」という言葉を使って書きましょう。

思考・判断・表現

品物が(　　　　　　　　　　　　)コーナー。

(5) 次の①〜④の文のうち、図から読み取れることとして、正しいものには◯を、まちがっているものには×をつけましょう。

技能

① (　　) いろいろなしゅるいの品物が売られている。
② (　　) スーパーマーケットの品物は、トラックで運（はこ）ばれてきている。
③ (　　) 品物の名前が書かれたかんばんがない。
④ (　　) レジは１つしかおかれていない。

ふりかえり **2**(4)がわからないときは、36ページの**2**にもどってかくにんしてみよう。

学習日　　月　　日

2．わたしたちのくらしとまちではたらく人びと

2 店ではたらく人びとの仕事③

めあて
スーパーマーケットのさまざまなくふうを知ろう。

教科書 84〜87ページ　答え 21ページ

次の（　）に入る言葉を、下からえらびましょう。

1 インタビューをして調べる

教科書 84〜85ページ

はたらく人のくふう

品物にはってあるねふだとシール

- 買う人の生活に合わせて、いろいろな（①　　　　）に切った野菜を売っている。
- 品物にはられているねふだシールには、**賞味期限**や**消費期限**が書かれている。
- 多くのお客さんに足を運んでもらえるように、特売日を決めたり、（②　　　　）をしたりしている。

そうざいをつくる人	魚をさばく人
・できたてのそうざいを売り場に出せるように、（③　　　　）を考える。 ・ほこりなどがつかないように（④　　　　）に気をつける。	・魚はいたみやすいので、仕入れてすぐ、いろいろな大きさの切り身やさしみにする。 ・服そうなどはせいけつにする。
事む所ではたらく人	**品物を運ぶ人**
・（⑤　　　　）で品物の売れゆきを調べ、注文数を決める。	・（⑥　　　　）で運ばれてきた品物を、たななどにならべる。

2 そのほかのくふうを調べる

教科書 86〜87ページ

品物を売る以外のくふう

ワンポイント　リサイクル

- **リサイクル**は一度使ったものを、もう一度使えるようにしたり、別のものにつくりかえたりすること。
→スーパーマーケットには、空きかんやペットボトルなどを回収するリサイクルコーナーがある。

- お客さんの意見を（⑦　　　　）で集めている。
- 遠くから来るお客さんのために（⑧　　　　）を広いはんいに配っている。
- 身体しょうがい者用のちゅう車場は、りようしやすいよう店の入り口近くにある。

えらんだ言葉に✓
□つくる時間　□ご意見ボード　□服そう　□ちらし
□ねびき　□コンピューター　□トラック　□大きさ

学習日　　月　　日

ぴたトリビア

リサイクルのために、ペットボトルは、ラベルとふた、ペットボトルそのものに分けて、すてるとよいでしょう。

教科書　84～87ページ　　答え　21ページ

1 スーパーマーケットの店長にインタビューをしたときのしつもんとそのしつもんに対する店長の答えとして合うものを、線でむすびましょう。

①日によって、品物のねだんがちがうのはなぜですか。・

②売れのこった野菜や肉はどのようにしていますか。・

③いろいろな大きさの野菜が売られているのはなぜですか。・

④ねふだに、つくられた場所が書かれているのはなぜですか。・

・㋐たくさんのお客さんに足を運んでもらえるように、きせつや行事に合わせてわりびきをしたり、お買いどく品コーナーをつくったりしているからです。

・㋑買う人の生活に合わせて、いろいろな大きさをえらべるようにしているからです。

・㋒どこでつくられたかわかれば、お客さんは安心して買うことができるからです。

・㋓ねだんを下げて安く買ってもらえるようにしたり、ひりょうの一部に再生りようしたりなどしています。

2 次のスーパーマーケットで見られるくふうの説明としてあてはまるものを、下の㋐～㋓から１つずつえらびましょう。

①

(　　　)

②

(　　　)

③
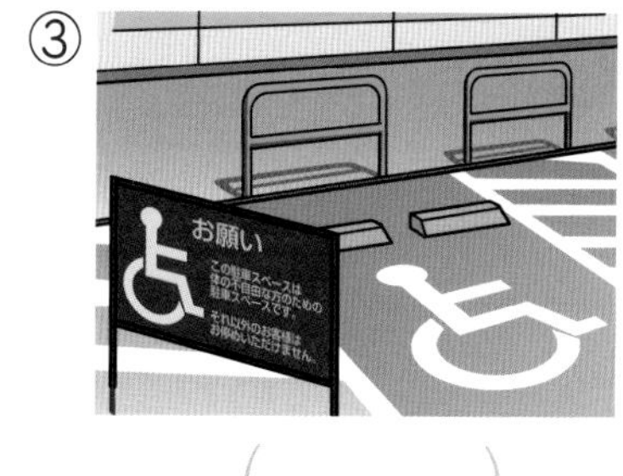

(　　　)

㋐　広い通路を用意し、買い物をしやすくしています。

㋑　お年よりや車いすの方が乗りおりしやすいちゅう車場を用意しています。

㋒　空きかんやペットボトルなどを回収し、しげんをたいせつにする取り組みです。

㋓　品物を送ったり、ほうそうしたりすることができる場所です。

ヒント　1　①～④しつもんに出てくる言葉が、しつもんに対する答えにも出てくることがあります。

2 店ではたらく人びとの仕事④

学習日　　月　　日

めあて
いろいろな品物はどこからとどくのかをかくにんしよう。

教科書 88～93ページ　答え 22ページ

次の（　　）に入る言葉を、下からえらびましょう。

1 品物の産地を調べる

教科書 88～89ページ

いろいろな品物の産地

- 品物をつくっている土地のことを**産地**という。
- 産地は（①　　　　）や品物の（②　　　　）に書かれている。

産地マップからわかること

- いちばん多くのしゅるいの野菜やくだものをつくっているのは（③　　　　）で、みかんは（④　　　　）県がおもな産地。
- 同じ品物を、日本国内や（⑤　　　　）から**仕入れ**ている。

にんじん　キャベツ　トマト　れんこん　じゃがいも　レタス　だいこん　ぶどう　たまねぎ　なし　メロン　なす　りんご　きゅうり　もも　みかん　ほうれんそう　ピーマン

北海道　青森県　兵庫県　鳥取県　岐阜県　長野県　福島県　群馬県　島根県　山口県　福岡県　大分県　茨城県　山梨県　熊本県　徳島県　和歌山県　高知県　宮崎県　鹿児島県

0　400km

（2022年3月）

野菜やくだものの産地マップ（日本）

仕入れ
売るための品物や、ものをつくるための原料を買い入れること。

ワンポイント　国旗

- （⑥　　　　）は、その国をあらわす旗のことで、それぞれの国に国旗があり、たいせつにされている。

日本の国旗は「日章旗（日の丸）」とよばれているよ！

2 スーパーマーケットのくふうをまとめよう／食べられずにすてられてしまう食品をへらすために　はってん

教科書 90～93ページ

スーパーマーケットのくふうのまとめ方

- お客さんのねがいと店のくふうを、それぞれ別の色のたんざくカードに書いて、かんけいの強いカードを組み合わせて整理し、カードを見ながら発表し合う。

食品ロスをへらすために

- ほんとうならば食べられるはずの食品が、食べられずにすてられてしまうことを、（⑦　　　　）という。

えらんだ言葉に✓

□食品ロス　□ねふだ　□和歌山　□国旗
□外国　□北海道　□ちらし

学習日　　月　　日

ぴたトリビア

日本が外国から仕入れているくだもののうち、一番多く仕入れているのはバナナで、そのほとんどがフィリピンから運ばれてきます。

教科書 88〜93ページ　答え 22ページ

1 右の地図を見て、問いに答えましょう。

(1) 地図には、いくつの国の国旗がのっていますか。

(　　　)つ

(2) 次の野菜やくだものはどこの国でつくられていますか。

① いちご

(　　　　　)

② グレープフルーツ

(　　　　　)

③ レモン

(　　　　　)

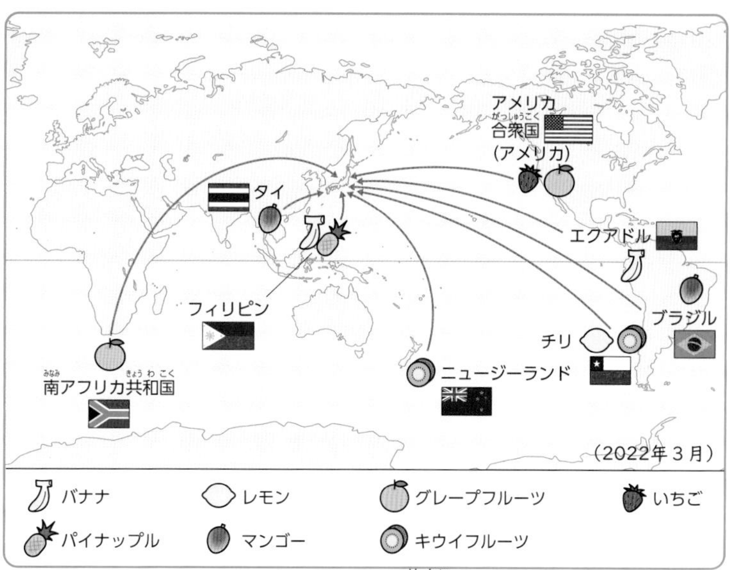

野菜やくだものの産地マップ（世界）

(3) 地図からわかることをまとめた文の(　　)にあてはまる言葉を書きましょう。

国内からだけでなく、外国からもくだものが多く日本に運ばれてきていることがわかります。このように、くだものなどがつくられている土地を(　　　　　　)といいます。

2 お客さんのねがいは緑色、店のくふうは黄色のカードで整理しました。それぞれのねがいにあてはまるくふうを、下の㋐〜㋓から１つずつえらびましょう。

新せんで安全な食りょう品を買いたい。	かんきょうにやさしいや買い物がしたい。	品物を安く買いたい。
↓	↓	↓
店の人が１日に何度も品質をたしかめる。	(② 　　　)	お買いどく品をねふだやちらしで知らせる。
(① 　　　)	マイバッグを使うようよびかける。	(③ 　　　)

㋐ お買いどく品コーナーをつくる。　㋑ リサイクルコーナーをつくる。

㋒ 産地を書いて知らせる。　㋓ 広いちゅう車場をつくる。

ヒント　1(3)アメリカ合衆国でつくられた品物は「アメリカ産」とよばれます。

2．わたしたちのくらしとまちではたらく人びと

2 店ではたらく人びとの仕事

教科書 84〜93ページ　答え 23ページ

1 スーパーマーケットではたらく人が気をつけていることとして、正しいものには○を、まちがっているものには×をつけましょう。　1つ5点（25点）

① (　　　)買う人の生活に合わせて、自由にえらべるように、いろいろな大きさの野菜を売っている。

② (　　　)店長のその日の気分によって、品物のねだんを決めている。

③ (　　　)できたてのそうざいを出せるよう、つくる時間を考えている。

④ (　　　)魚は仕入れたら、しばらくは切らずにれいとうしておく。

⑤ (　　　)コンピューターで品物がどのくらい売れているかを調べて、注文する数を決めている。

2 次のあ〜うは、スーパーマーケットで見られるくふうです。これらについて、問いに答えましょう。　1つ5点（25点）

あ

い

う

(1) よく出る　あはペットボトルなどを回収できる(　　)コーナーです。(　　)にあてはまる言葉を、カタカナ5文字で答えましょう。(　　　　)

(2) できたらスゴイ！　いのくふうについて説明した次の①〜③にあてはまる言葉を、下のア〜エからえらびましょう。

通路を(①　　　)することで、車いすの人や(②　　　)を乗せられるカートを使う人など、お客さんが(③　　　)をしやすくしている。

ア 広く　イ 車　ウ 買い物　エ 子ども

記述 (3) うの身体しょうがい者用のちゅう車場に見られるくふうについて説明した次の文の(　　)にあてはまるないようを書きましょう。　思考・判断・表現

・ちゅう車場は店の入り口の近くにあり、お年よりや車いすの方などが、

(　　　　　　　　　　　　　　　　　　　　)。

3 次の問いに答えましょう。

1つ5点（35点）

(1) 右の絵からわかる、たまねぎの産地を書きましょう。

（　　　）

北海道産 たまねぎ

(2) 野菜などの産地を調べるために見るところを、㋐～㋓から2つえらびましょう。（　　）（　　）

㋐ ちらし　㋑ レシート　㋒ レジぶくろ　㋓ ねふだ

(3) 右の地図を見て、問いに答えましょう。

① 北海道は何しゅるいの野菜やくだものをつくっていますか。 技能

（　　　）しゅるい

② なしをつくっている都道府県を2つ書きましょう。 技能

（　　　）
（　　　）

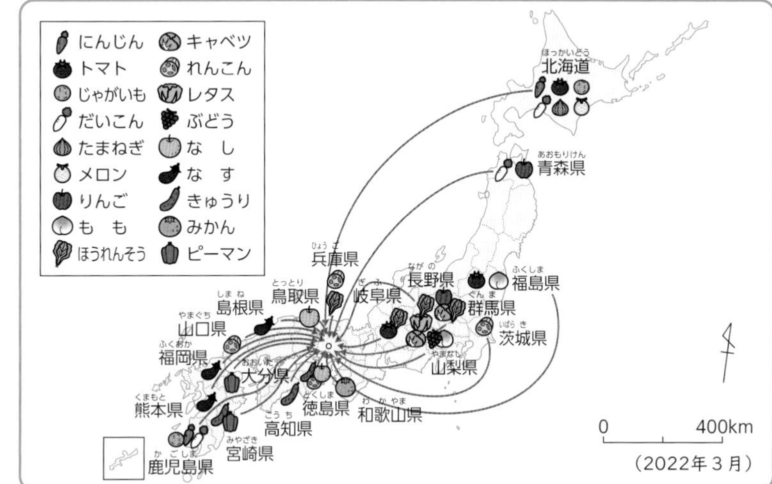

⬆ 野菜やくだものの産地マップ（日本）

③ 4つの都道府県でつくられている野菜を㋐～㋓からえらびましょう。（　　）

㋐ ほうれんそう　㋑ キャベツ　㋒ きゅうり　㋓ なす

4 次の文を読んで、問いに答えましょう。

1つ5点（15点）

（　あ　）や消費期限が切れるなど、まだ食べられるはずの品物がすてられてしまう（　い　）をへらすため、㋒さまざまな取り組みが行われている。

(1)（　あ　）には、「おいしく食べられる期間」といういみの言葉があてはまります。あてはまる言葉を書きましょう。（　　　）

(2)（　い　）にあてはまる言葉を、㋐～㋒からえらびましょう。（　　）

㋐ お買いどく品　㋑ 食品ロス　㋒ 品質

(3) できたらスゴイ! 下線部㋒について、ある地いきで「食べきりチャレンジ運動」という、いをへらすための運動がおこなわれています。この地いきの取り組みの説明としてあてはまるものを、次の㋐～㋒からえらびましょう。（　　）

㋐ 野菜やくだもの、魚などをすきなだけ食べることをよびかける。

㋑ いらない食品を集めて、ひつような人にとどけている。

㋒ 自分たちが食べられる分だけの食品を買うことをよびかける。

ふりかえり　2(3)がわからないときは、40ページの2にもどってかくにんしてみよう。

学習日　月　日

3．安全なくらしを守る

1　火事から人びとを守る①

めあて
消火や救助のためにはたらく人たちや消ぼう車のしゅるいについてりかいしよう。

教科書 94～98ページ　答え 24ページ

次の（　　）に入る言葉を、下からえらびましょう。

1 わたしたちの市の火事を調べる

教科書 96～97ページ

火事現場のようす

- 火事がおこると（①　　　　）自動車が来て火を消す。
- けいさつしょの人が、交通整理をしている。
- （②　　　　）にけがをした人を運んでいる。

ワンポイント　火事がもえ広がるようす

- 火事のげんいんは、放火、（③　　　　）、電気機器の順で多い。
- 木ぞうの家では、火事がおこって（④　　　　）分でまわりのもえるものにもえうつる。
- （⑤　　　　）分以内に放水をはじめることができれば、まわりの家に火のもえうつりをふせげる。

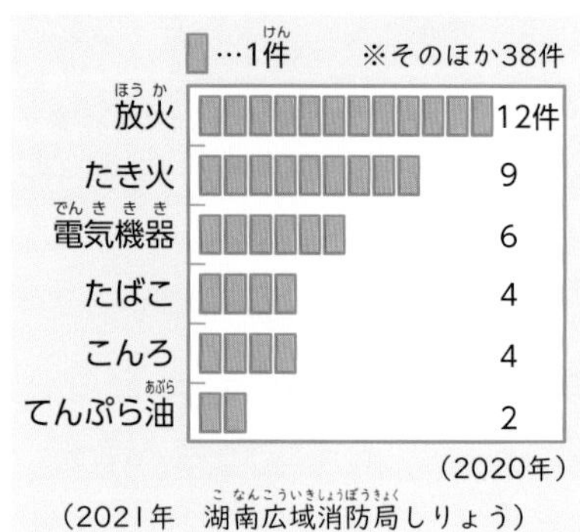

火事のげんいん

0分（木ぞうの家の場合）火事がおこる
1分 まわりのもえるものにもえうつる
3分 しょうじやふすまにもえうつる
5分 天じょううらや屋根にもえうつる
8分 全面ねんしょう　このころに放水をはじめられれば、まわりの家にもえうつるのをふせぐことができる。
10分 家全体がやけ落ちる

火事がもえ広がるようす

2 消ぼうしょへ見学に行こう①

教科書 98ページ

いろいろな消ぼう自動車

⑥	高いたてものが火事になったときの消火や救助をおこなう。
⑦	いろいろな道具をつんで、人を助けるはたらきをする。
⑧	あわを使って油やガソリンの火事を消火する。
⑨	約1500Lの水をつむことができ、現場でさいしょに放水をする。

はしご車

消ぼう自動車のしゅるいによって、そうびや役わりがちがうんだね！

えらんだ言葉に✓
□タンク車　□消ぼう　□たき火　□化学車　□救助工作車
□はしご車　□8　□1　□救急車

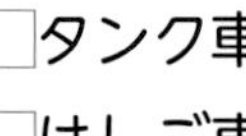
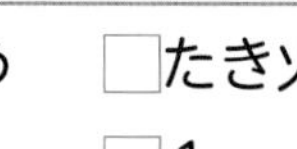
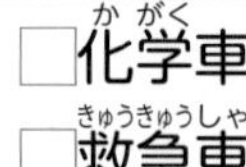

学習日 月 日

ぴたトリビア

日本では消ぼう自動車の色はしゅ色、救急車は白色になっていますが、これはほうりつによって、それぞれ色が決められているからです。

教科書 94～98ページ　答え 24ページ

1 次の問いに答えましょう。

(1) 次の文の①、②にあてはまる数字を、下の[　]からえらびましょう。

①(　　) ②(　　)

右のグラフから、火事の件数がいちばん多いのは(①)年で、(②)件をこえている。

2017　2020　80　70

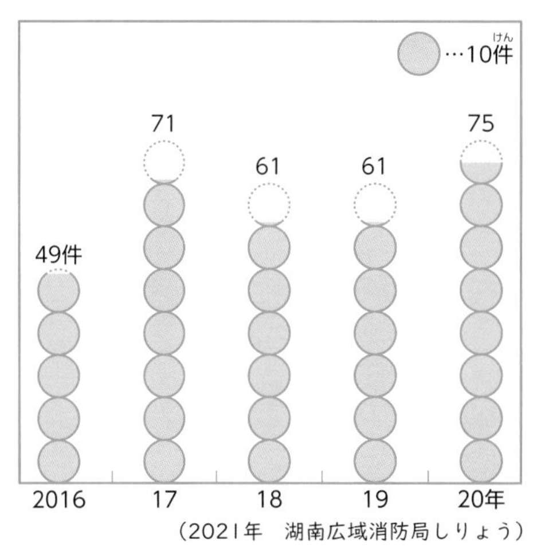

（2021年　湖南広域消防局しりょう）

火事の件数

(2) 右上のグラフと右の表から読み取れるものを、㋐～㋒からえらびましょう。

(　　)

㋐ 火事の件数がいちばん多い年は、けがをした人の数もいちばん多い。

㋑ けがをした人の数が、なくなった人の数より少ない年がある。

㋒ 火事によってなくなった人は毎年１人以上いる。

年	けがをした人	なくなった人
2016	6人	3人
2017	5	3
2018	17	1
2019	8	3
2020	11	2

火事による人のひがい

2 次の絵にあてはまる説明を、下の㋐～㋓からえらびましょう。

①

はしご車
(　　)

②

タンク車
(　　)

③

救助工作車
(　　)

㋐ 1500Ｌもの水をつんで、火事の現場でさいしょに放水する。

㋑ さまざまな道具をつみこんで、火事から人を助けるときに、かつやくする。

㋒ 油やガソリンでおきた火事に対して、あわを使って消火する 。

㋓ 高いところにはしごをのばして、消火や救助するときに、かつやくする。

ヒント　1 (1) グラフの左から右にいくほど、新しい年の件数がしめされています。

1 火事から人びとを守る②

学習日　　月　　日

めあて　消ぼうしょの出動のようすや、通信指令室のはたらきについてりかいしよう。

教科書 99～101ページ　答え 25ページ

次の（　　）に入る言葉を、下からえらびましょう。

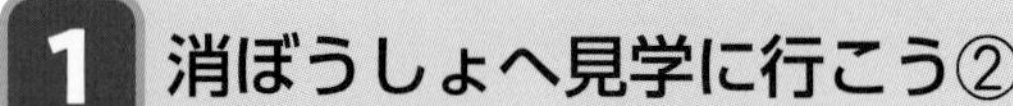

1 消ぼうしょへ見学に行こう②

教科書 99ページ

ワンポイント　出動までの1分間

出動指令から1分で出動

1

（①　　　　　　）を出す

2

出動指令を聞く

3

指令書を受け取る

4 5

（②　　　　　　）を着て、（③　　　　　　）をかくにんする

6

消ぼう自動車に乗る

2 119番のしくみを調べよう

教科書 100～101ページ

119番のしくみ

- 119番に電話をすると、消火活動にかんする指令を出したり、かんけいするところにれんらくをしたりする（④　　　　　　）につながる。

通信指令室
119番の電話がすべてつながる場所。地いきや市（区）の中心となる消ぼうしょなどにせっちされている。

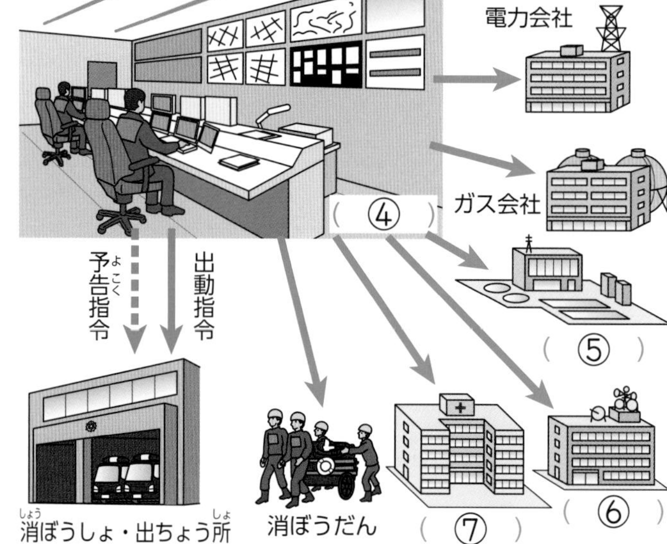

↑119番のしくみ

かんけいするところへのれんらく

- （⑤　　　　　　）…消火にひつような多くの水を使えるようにおねがいする。
- （⑥　　　　　　）…交通整理をしてもらえるようにおねがいする。
- （⑦　　　　　　）…けが人の受け入れをおねがいする。

えらんだ言葉に✓

- □ぼう火服
- □出動指令
- □場所
- □けいさつしょ
- □水道局
- □通信指令室
- □病院

学習日　月　日

ぴたトリビア

ぼう火服は、火事で火にあたっても、もえないようにつくられている消ぼう隊員の服です。

教科書 99～101ページ　答え 25ページ

1 火事がおこったときの出動までの文を読んで、問いに答えましょう。

まわりの家やたてものに火を広げないために、火事がおこって、（①）番の電話を受けてから（②）分以内に現場に着いて、放水をはじめることをめざして出動しています。

また、あ出動指令が出されてから（③）分で出動できるようにそなえています。さらに毎朝、消ぼう自動車をてんけんしたり、いロッカーに道具をきちんとならべたりして、いち早く出動できるようにしています。

(1) 文の①～③にあてはまる数字を書きましょう。

①（　）　②（　）　③（　）

(2) 下線部あの出動指令が出てから出動するまでの流れになるように、①～③にあてはまるものを、下のア～ウからえらびましょう。

出動指令を出す　→　（①　）　→　指令書を受け取る　→（②　）　→　場所をかくにんする　→　（③　）　→　出動

ア　ぼう火服を着る　イ　出動指令を聞く　ウ　消ぼう自動車に乗る

(3) 下線部いについて、その理由としてあてはまるほうを○でかこみましょう。

{ すぐに着がえられるようにする ・ ゆっくりじゅんびをする }ため。

2 右の図の通信指令室のはたらきについて、正しいものには○を、まちがっているものには×をつけましょう。

①（　）119番の電話があったら、すぐに消ぼうしょに対して出動指令を出す。

②（　）モニターを見て、目じるしになるたてものや現場のようすをかくにんする。

通信指令室

③（　）消ぼう自動車が出動したあとは、消火の方法については、現場にまかせるため、とくに指令を出さない。

④（　）火事のきぼが大きいときは、ほかの消ぼうしょに出動をおねがいすることもある。

ヒント 1 (1) ①けいさつしょに電話するときの110番とにているので、注意しましょう。

学習日　　月　　日

3. 安全なくらしを守る

1 火事から人びとを守る③

めあて
消ぼう隊員の火事のないときの仕事と、さまざまな場所での事故への対応について知ろう。

教科書 102〜105ページ　答え 26ページ

次の（　）に入る言葉を、下からえらびましょう。

1 消ぼう隊員の仕事

教科書 102〜103ページ

消ぼう隊員の仕事

- 車両や器具、消火せんや（①　　　　）などのてんけんをしている。
- 消火や救助のための訓練や、体力づくりのためのトレーニングなどをしている。
- **救急救命士**は、かんじゃを救急車で運ぶあいだ、けがや病気にひつような手当てをすることができる。

消火用の道具は重いから、体力づくりは欠かせないね。

午前8:30	1引きつぎ→2車両のてんけん→3消火せんのてんけん→4ミーティング
12:00	5ぼう火しどう→6救助訓練
午後5:00	7トレーニング
10:30	8かみん

消ぼうしょではたらく人の1日

ワンポイント 消ぼう隊員のきんむ

- 24時間きんむなので、（②　　　　）ではたらく。きんむの次の日は「（③　　　　）」になる。
- **ひばん**とは、完全な休日ではなく、きんむがつづくこともあるため、それにそなえる日のことである。

2 琵琶湖や高速道路などへの出動

教科書 104〜105ページ

琵琶湖や高速道路での事故

- 琵琶湖や川での水なん事故…知らせが入ると、救助にひつような道具や（④　　　　）などがつまれた（⑤　　　　）で出動する。
- （⑥　　　　）での事故…高速道路は走る方向が決まっているため、ふだんよりも遠くまで出動する。車の出動台数をふやし、（⑦　　　　）さいがいに気をつけて現場へ向かう。
  →消ぼうしょは、湖や川、高速道路での事故、（⑧　　　　）などへの出動にもそなえている。

出動のときは近くの消ぼう本部などと協力して取り組むよ。

えらんだ言葉に✔				
	□水なん救助車	□ゴムボート	□ぼう火水そう	□二次
	□自然さいがい	□交代	□高速道路	□ひばん

ぴったり2 練習

学習日　月　日

ぴたトリビア

水なん事故とは、海や川、湖などの水辺でおこる事故のことで、海水浴や水あそびなどをするきかいがふえる夏場に多く発生します。

教科書 102〜105ページ　答え 26ページ

1 次の問いに答えましょう。

(1) 右の表の①〜③にあてはまる言葉を、次の文からえらびましょう。

> 消ぼう隊員は、24時間きんむのため、きんむ、ひばん、休みを交代してはたらいている。

	1日目	2日目	3日目	4日目
佐藤さん	きんむ	①	休み	きんむ
中山さん	②	きんむ	ひばん	休み
小野寺さん	ひばん	休み	③	ひばん

①(　　)　②(　　)　③(　　)

(2) 次の①〜④の消ぼう隊員の1日の仕事としてあてはまる図を、㋐〜㋔からそれぞれえらびましょう。

① 車両のてんけん(　　)
② ぼう火しどう(　　)
③ 救助訓練(　　)
④ トレーニング(　　)

(3) 右の絵を見て、次の問いに答えましょう。

① 何をしていますか。㋐〜㋒からえらびましょう。
㋐ 消火せんをてんけんしている。
㋑ けがや病気の手当てをする訓練をしている。
㋒ 水道局やけいさつしょにれんらくをしている。(　　)

② 右の絵のような訓練をしている消ぼう隊員の名前を書きましょう。

(　　)

2 消ぼうしょの取り組みについて、正しいものを2つえらびましょう。

①水なん事故の救助のときは、水なん救助車で現場に向かうよ。

②高速道路での事故のときは、近くの消ぼう局にれんらくはしないよ。

③大きな自然さいがいがおこったときは、他の地いきの救助活動も行うよ。

(　　)(　　)

ヒント　1 (3)かんじゃを救急車で運ぶあいだ、手当てをすることができる消ぼう隊員のことです。

学習日 月 日

1 火事から人びとを守る④

めあて
学校や地いきの火事へのそなえと消ぼうだんについてりかいしよう。

教科書 106～109ページ　答え 27ページ

次の（　）に入る言葉を、下からえらびましょう。

1 学校や地いきを火事から守るために

教科書 106～107ページ

✪ 学校の消ぼうせつび

（①　　　）と消火せん	●ろう下にあり、どの階も同じいちにある。
（②　　　）	●どの部屋にも取りつけられている。
（③　　　）	●火事が広がらないようにするためのせつび。
（④　　　）の水	●消火に使う。

⬆ 消火器

⬆ 火さいほう知せつび

✪ 火事へのそなえ

- 学校の消ぼうせつびは、国の（⑤　　　）で決められている。
- 学校で定期的におこなわれる（⑥　　　）には、しんけんに取り組み、火事にそなえる。

お	おさない
は	走らない
し	しゃべらない
も	もどらない

⬆ ひなんするときのやくそく

✪ 地いきの消ぼうせつび

- 家が多いところには、（⑦　　　）がたくさんある。
- 学校や保育園などが地いきの人たちの（⑧　　　）になっている。

自分の地いきのひなん場所をさがしてみよう。

予定ひなん場所
Evacuation area
避難場所
この場所は、災害対策（水防）本部が設置された場合に開設されます。
●●市役所

⬆ ひなん場所のかん板

2 地いきの消ぼうだん

教科書 108～109ページ

ワンポイント 消ぼうだん

- **消ぼうだん**は、消火活動をする、（⑨　　　）の人たちによる集まり。
- 消ぼうだんの人は、ふだんは自分の仕事をしていて、火事などの知らせがあると、現場へかけつけ、消ぼうしょの人と協力して消火活動をおこなう。
- 消火活動のほかにも、地いきの人びとへのぼう火しどうや、消ぼうしせつのてんけん、火事のよぼうのよびかけなどをしている。

えらんだ言葉に ✔

☐火さいほう知せつび　☐ぼう火とびら　☐ひなん訓練　☐地いき
☐プール　☐消火器　☐ひなん場所　☐消火せん　☐きまり

学習日 月 日

ぴたトリビア

けいほうそうちは、火事などの非常じたいが発生したことを、大きな音で知らせるものです。

教科書 106〜109ページ　答え 27ページ

1 次の問いに答えましょう。

(1) 次の①〜③の説明は、右の図のどれにあてはまりますか。図中の㋐〜㋔からそれぞれえらびましょう。

① 火事を知らせるそうちで、教室に一つずつある。 (　　)

② 火を消すためのホースが入っている。 (　　)

③ 火事が広がらないようにする。 (　　)

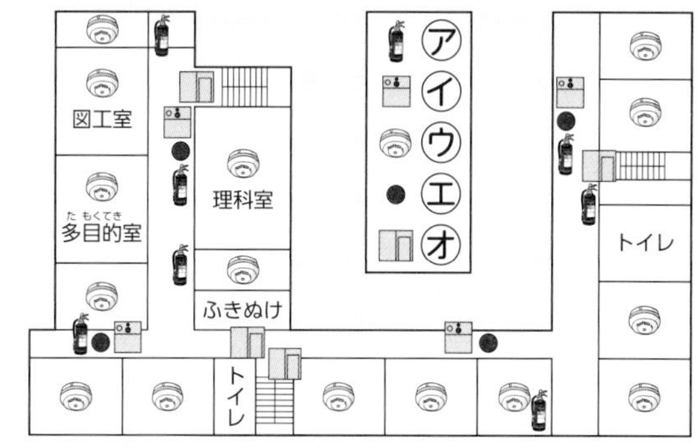

学校の消ぼうせつび

(2) 次の文は、学校の消ぼうについて定めた国のきまりです。(　　)に共通してあてはまる言葉を書きましょう。 (　　)

> 学校などのしせつは、(　　)活動などにひつようなせつびを、じっさいの(　　)活動に役にたつ場所においておかなければならない。 (一部をやさしくしたもの)

(3) ひなんするときのやくそくに「お」「は」「し」「も」があります。それぞれの文字を頭文字にしてできる言葉を、あとにつづけて書きましょう。

(お　　) (は　　)
(し　　) (も　　)

2 右の地図を見て、次の問いに答えましょう。

(1) 地図のはんいで、いちばん多くおかれている消ぼうせつびは何ですか。右の地図から言葉をえらびましょう。

(　　)

(2) ひなん場所になっているのは、わたしたちの学校、文化会館のほかにどこがありますか。右の地図から言葉をえらびましょう。

(　　)

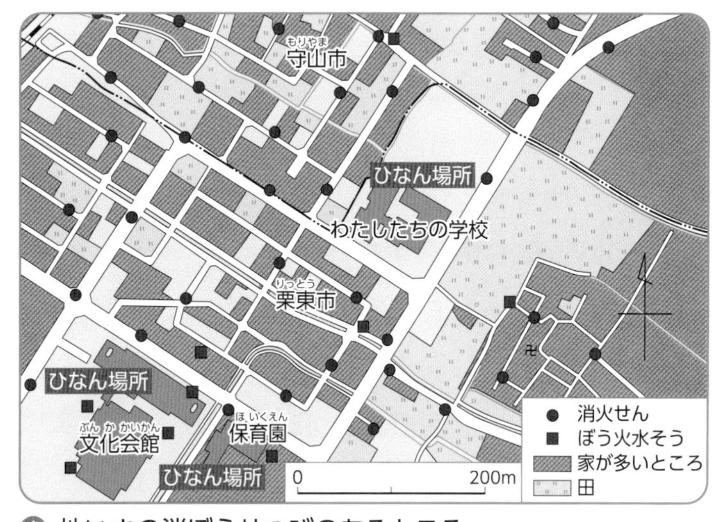

地いきの消ぼうせつびのあるところ

ヒント ❶ (2)学校で火事がおこったとき、火を消すための道具やせつびを使います。

3．安全なくらしを守る

1 火事から人びとを守る

時間 30分

／100

ごうかく 80点

教科書 94～109ページ　答え 28ページ

1 右のグラフや表から読み取れることとして、正しいものには○を、まちがっているものには×をつけましょう。

技能 1つ5点（20点）

① （　　　）火事はどの年も40件より多くおきている。

② （　　　）火事がいちばん少なかったのは、2020年である。

●…10件

年	2016	17	18	19	20年
件数	49	71	61	61	75

（2021年 湖南広域消防局しりょう）

火事の件数

年	けがをした人	なくなった人
2016	6人	3人
2017	5	3
2018	17	1
2019	8	3
2020	11	2

火事による人のひがい

③ （　　　）火事でけがをした人は、毎年ふえつづけている。

④ （　　　）毎年、火事でなくなった人はけがをした人より少ない。

2 次の問いに答えましょう。

1つ5点、(1)は完答（15点）

(1) 出動指令から出動までの流れになるように、㋐～㋒をならべかえましょう。

出動指令を聞く → 指令書を受け取る → ［　　］ → ［　　］ → ［　　］ → 出動

㋐ 消ぼう自動車に乗る　㋑ ぼう火服を着る　㋒ 場所をかくにんする

(2) よく出る けがをした人を救助するためのさまざまな道具をつんで、出動する消ぼう自動車の名前を書きましょう。（　　　）

記述 (3) 消ぼう自動車が、火事の知らせを聞いてから８分以内に火事現場で放水をはじめることをめざして出動している理由を書きましょう。　思考・判断・表現

（　　　）

3 次の①～③は、図の㋐～㋒のどの場所を説明したものですか。

1つ5点（15点）

① （　　　）119番の電話でつながるところ。

② （　　　）消火活動をおこなっている地いきの人たち。

③ （　　　）交通整理をおねがいするところ。

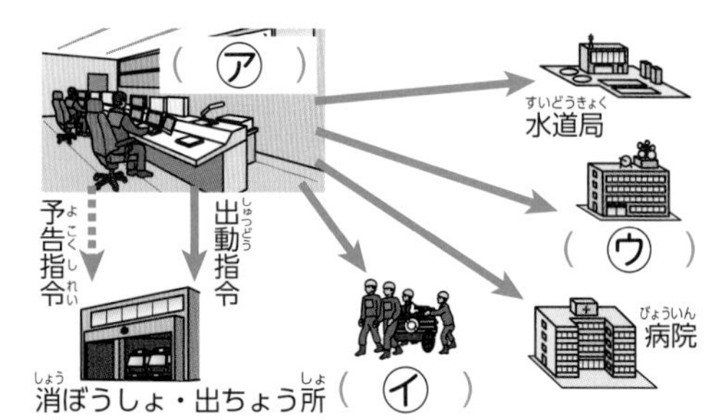

119番のしくみ

学習日　月　日

4 できたらスゴイ! 次の消ぼうしょではたらく人の1日をあらわした図の①～④にあてはまる言葉を、下の［　］からえらびましょう。

1つ5点（20点）

①（　　　）　②（　　　）
③（　　　）　④（　　　）

トレーニング　車両のてんけん　ぼう火しどう　ミーティング

5 消ぼうしょの取り組みとして、正しいものには○を、まちがっているものには×を書きましょう。

1つ5点（15点）

①（　　）水なん事故や高速道路での事故がおこったときは、消ぼう隊員は出動しない。

②（　　）消ぼう隊員は自然さいがいへの出動にもそなえている。

③（　　）事故がおこったときは、消ぼう本部や病院などと協力して救助に取り組んでいる。

6 右の地図を見て、次の問いに答えましょう。

1つ5点（15点）

(1) わたしたちの学校、保育園、文化会館は、何に指定されていますか。地図中の言葉で書きましょう。 技能

（　　　）

(2) 地図中の①、②には、消火せん、ぼう火水そうのどちらかの消ぼうせつびがあてはまります。消火せんをしめすものは、①、②のどちらですか。

（　　）

地いきの消ぼうせつびのあるところ

記述 (3) できたらスゴイ! (2)でその番号をえらんだ理由を、「道路」という言葉を使ってかんたんに書きましょう。 思考・判断・表現

（　　　）

ふりかえり 6がわからないときは、52ページの1にもどってかくにんしてみよう。

3．安全なくらしを守る

2 交通事故や事件から人びとを守る①

学習日　　月　　日

めあて
事故や事件の現場のようすや、れんらくの流れについてりかいしよう。

教科書 112～115ページ　答え 29ページ

次の（　　）に入る言葉を、下からえらびましょう。

1 身近な交通事故や事件　教科書 112～113ページ

交通事故をふせぐために

- 交通事故がおこると（①　　　　）の人が出動する。
- 交通事故の現場には、けいさつしょの人のほかにも（②　　　　）の人も出動することもある。
- グラフをみると、交通事故や事件の件数が少しずつ（③　　　　）ことがわかる。

●…100件
409件（2016）　416（17）　388（18）　315（19）　285（20年）

◇…500件
1682件（2016）　1598（17）　1513（18）　1450（19）　1121（20年）

府中市でおこった交通事故と事件の件数
（警視庁ホームページをもとに作成）

2 交通事故がおこったら　教科書 114～115ページ

交通事故がおこったときの仕事

- すぐに現場へかけつけ、（④　　　　）をしたり、交通事故がおこった理由について（⑤　　　　）の人などから話を聞いたりする。
- 交通事故を見かけたときは、すぐに（⑥　　　　）する。

110番
110番のれんらくはそれぞれの都道府県のけいさつ本部にある通信指令センターにつながる。

ワンポイント　110番のしくみ

- **110番**にかけると、けいさつ本部の（⑦　　　　）につながる。
- **通信指令センター**はパトロールをしている（⑧　　　　）や白バイ、近くにあるけいさつしょに無線でれんらくをする。
- 消ぼうしょは救急車を出動させる。

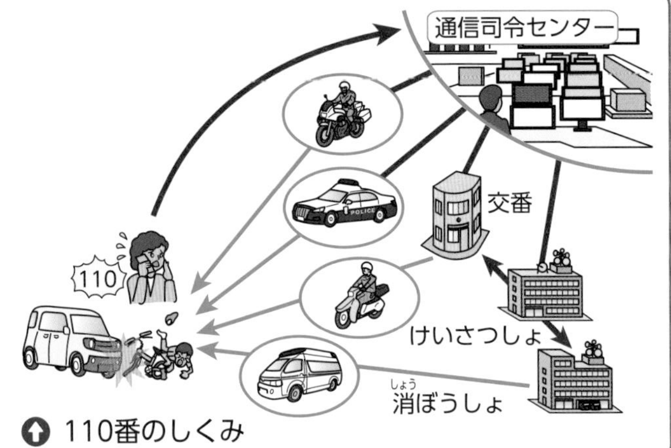

110番のしくみ

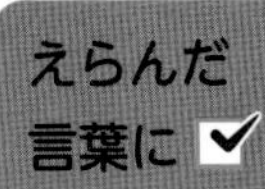

えらんだ言葉に✓

□通信指令センター	□110番	□けいさつしょ	□へっている
□パトロールカー	□交通整理	□運転手	□消ぼうしょ

学習日　月　日

ぴたトリビア

青色のランプをつけた車をみかけることがありますが、これはけいさつの人たちではなく、ぼうはん活動をおこなっているボランティアの人たちが運転しています。

教科書 112～115ページ　答え 29ページ

1 右のグラフを見て、正しいものには○を、まちがっているものには×をつけましょう。

① (　　　) グラフの■が１つで、交通事故が100件おきていることをしめしている。

② (　　　) 交通事故の件数がはじめて400件より少なくなったのは2018年である。

③ (　　　) 交通事故の件数は毎年ふえてきている。

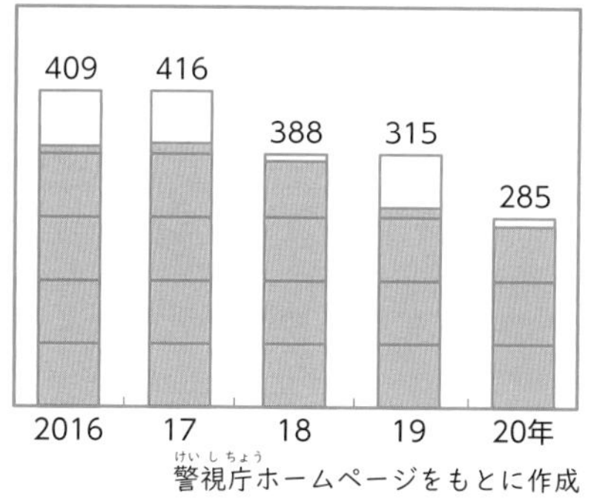

府中市でおこった交通事故の件数

2 次の問いに答えましょう。

(1) 交通事故がおこったときのけいさつしょの人の仕事について、次の文の①～③にあてはまる言葉を、[　　]からえらびましょう。

- 交通事故の知らせをうけたら、いち早く(①　　　　)にかけつける。
- 別の交通事故やじゅうたいがおきないように、(②　　　　)交通整理をおこなうひつようがある。
- 交通事故がおこったのはなぜか、(③　　　　)の人や交通事故を見た人から話を聞いたり、現場のようすを調べたりする。

運転手　現場　急いで　ゆっくり

(2) 右の図を見て、次の問いに答えましょう。

① 次の文の(　　)にあてはまる数字を書きましょう。

交通事故や事件があったとき、(　　　　)番に電話すると、都道府県のけいさつ本部にある通信指令センターにつながる。

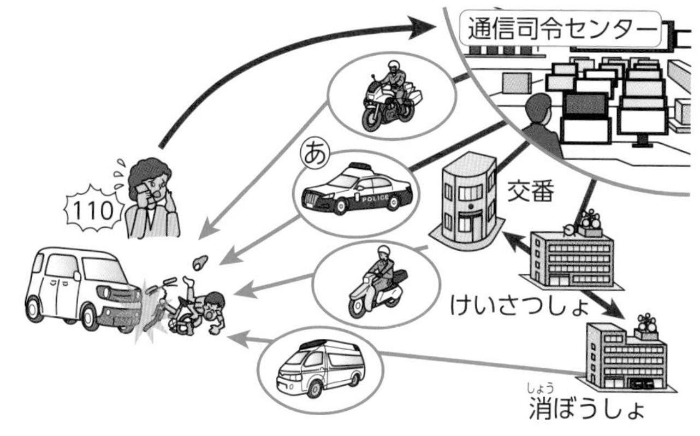

110番のしくみ

② 図のあは通信指令センターからのれんらくを受け、現場に向かいます。この乗り物の名前を正しく書きましょう。(　　　　)

ヒント **1** ③グラフの左から右にいくほど、新しい年の件数がしめされています。

学習日　　月　　日

3. 安全なくらしを守る

2 交通事故や事件から人びとを守る②

めあて
地いきの安全を守る交番の仕事、市役所や地いきの取り組みについてりかいしよう。

教科書 116～121ページ　答え 30ページ

次の（　）に入る言葉を、下からえらびましょう。

1 地いきで見かけるけいさつしょの人の仕事

教科書 116～117ページ

けいさつしょの人の仕事のようす

- 交番につとめるけいさつしょの人は、地いきの（①　　　）がおもな仕事である。
- （②　　　）の家をたずねたり、ぬすまれた自転車をさがしたりする仕事もある。
- 交通事故をふせぐには、（③　　　）をかならず守ることや、道路をわたるときには横断歩道をわたるなど、交通ルールのような**法やきまり**を守ることがたいせつである。

交番
地いきの見回りなどをするために、人通りの多い場所などにもうけられたしせつ。

前につとめた人と交代する。
↓
地いきの人の家をたずねる。
↓
道案内やこまりごとの相談を聞く。
↓
地いきの人が見つけた落としものを受け取る。
↓
休けい
↓
ぬすまれた自転車をさがす。
↓
地いきのパトロール
↓
次につとめる人と交代する。

交番につとめるけいさつしょの人のある日の仕事のようす

2 安全に登下校ができるように／地いきの人たちとともに

教科書 118～121ページ

市役所の取り組み

- （④　　　）…交差点や道路の曲がり角など見通しの悪いところにある。
- （⑤　　　）…通学路などにせっちされている。
  →おもに（⑥　　　）がせっちしている。

地いきの安全を守る活動

- 地いきの人は、子どもたちの登下校の見守りや、（⑦　　　）な場所のパトロールなど、けいさつと協力して地いき全体の（⑧　　　）を守っている。

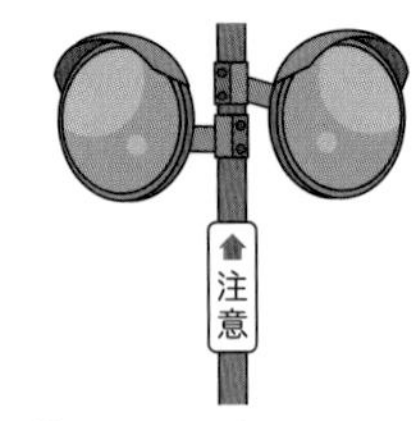

カーブミラー

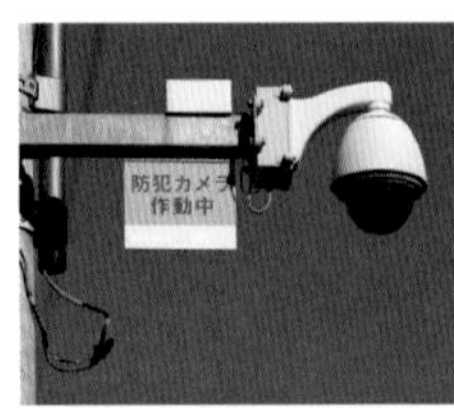

ぼうはんカメラ

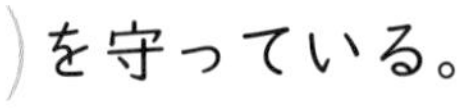

ワンポイント　緊急ひなんの家

- 地いきの人が、市役所やけいさつしょと協力して、子どもの安全を守るためにつくられた場所で、「**子ども110番の家**」とよばれることもある。

緊急ひなんの家

えらんだ言葉に✓

□信号	□安全	□カーブミラー	□ぼうはんカメラ
□市役所	□きけん	□パトロール	□地いきの人

学習日　　月　　日

ぴたトリビア

世界でさいしょのぼうはんカメラは、今からおよそ90年前にイギリスでたん生し、にわとりのたまごをぬすんだ人をさつえいするためにせっちされたといわれています。

教科書 116～121ページ　答え 30ページ

1 交番につとめるけいさつしょの人の、ふだんの仕事として正しいものには○を、まちがっているものには×をつけましょう。

① (　　　) ぬすまれた自転車をさがしたり、事件の現場にかけつけたりする。
② (　　　) けがや病気の手当てができるように、ふだんから訓練している。
③ (　　　) 道案内やこまりごとの相談などを聞く。
④ (　　　) 地いきの会社や学校などに、ぼう火しどうに出かける。

2 次の問いに答えましょう。

(1) 交通事故がおきないようにするためのせつびや活動についてまとめた次の文の①、②にあてはまる言葉を書きましょう。

左の㋐の絵のように道路のまがり角などにせっちされた、見えない方向をうつし出すかがみを(①　　　　)という。

左の㋑の絵のような歩行者や車が安全に道路を利用できるように交通ルールをしめしたかん板を(②　　　　)という。

(2) 次の絵にあてはまる説明を、下の㋐～㋓からえらびましょう。

① 
(　　　)

② 緊急 ひなんの家
(　　　)

③ 
(　　　)

④ 

(　　　)

㋐ 地いきの人たちが、市役所やけいさつしょと協力して、子どもの安全を守るためにつくった場所である。
㋑ 市役所やけいさつしょの人が協力して、小学校などで自転車の安全な乗り方をしどうしている。
㋒ 歩く人の安全のため、自動車の運転手の速度の制限を表示している。
㋓ 子どもが登下校のときなどに交通事故にあわないように、地いきの人が通学路に立って見守っている。

ヒント ❶ 消ぼうしょの人の仕事とまちがえないようにしましょう。

2 交通事故や事件から人びとを守る③

学習日　月　日

めあて
地いきの安全を守るために、わたしたちができることをまとめよう。

教科書 122～125ページ　答え 31ページ

次の（　　）に入る言葉を、下からえらびましょう。

1 市の安全を守るために

教科書 122～123ページ

市の安全を守るための取り組み

けいさつしょ （①　　　　）のしょりや、地いきの（②　　　　）のじっし。

市役所 （③　　　　）など、交通事故をふせぐためのせつびのせっちや、交通安全教室のじっし。

地いきの人 子どもたちを交通事故や事件から見守る（④　　　　）活動や、事件にまきこまれそうになったときにかけこむことができる（⑤　　　　）のしくみ。

けいさつしょ、市役所、地いきの人が協力して市の安全を守っているんだね。

交通事故

- 東京都内で交通事故にあった小学生の数をみてみると、大きなけがをした人の数は、（⑥　　　　）年が一番多く、（⑦　　　　）年が一番少ない。また、なくなった人の数は、2018年が一番多く、2019年は一人もいない。

年	なくなった人	大きなけがをした人
2018	3人	42人
2019	0	34
2020	2	23

東京都内で交通事故にあった小学生の数（警視庁ホームページをもとに作成）

2 わたしたちにできること

教科書 124～125ページ

ポスターや標語にまとめる

ワンポイント 標語の作り方

- 見学メモやノートを見返して、たいせつだと思ったことばをいくつかえらぶ。
- みじかくはっきりとしめすことに注意する。
- 作ったことばと、安全を守る取り組みとのかかわりを考える。

わたしたちにできること

- 交通事故や事件がおこりやすい（⑧　　　　）を知っておく。
- 地いきの人におねがいして、作ったポスターや標語をまちのけいじばんにはってもらう。

えらんだ言葉に ✔

□場所と時間　□見守り　□2018　□カーブミラー
□緊急ひなんの家　□交通事故　□パトロール　□2020

学習日　　月　　日

ぴたトリビア

「カーブミラー」とはひろい意味の言葉で、そのなかでも試験にごうかくして、きちんとしたきじゅんをみたしたものは「道路反射鏡」とよびます。

教科書 122～125ページ　答え 31ページ

1 交通事故や事件から市の安全を守ることについてまとめた次の図の①～④に入る言葉を、[　]からそれぞれえらびましょう。

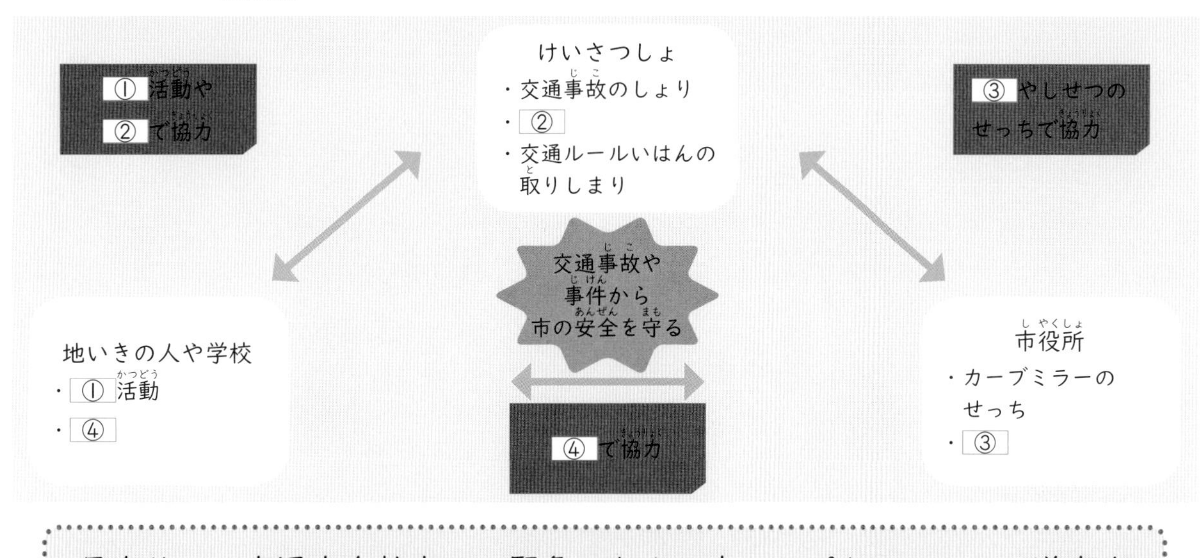

見守り　　交通安全教室　　緊急ひなんの家　　パトロール　　道案内

①(　　　　)　②(　　　　)
③(　　　　)　④(　　　　)

2 地いきの安全を守るためにわたしたちができることについて話し合っている会話の①～③に入るセリフを㋐～㋒からえらびましょう。

れん：わたしは、けいさつしょの人の話を聞いて、①が、交通事故をふせぐことにつながると知ったので、交通安全ポスターをかいてみました。
りこ：交通事故だけではなく、事件にあわないためにはどうしたらいいかな。
れん：②をおぼえておくと、いざというときに助けをもとめられるよ。
まな：わたしは、安全のためにみんなが協力して取り組んでいることを③ことがたいせつだと思い、標語を作ってみました。
りこ：標語で地いきの一員としてのいしきが高まりそうだね。

①(　　　)　②(　　　)　③(　　　)

㋐ 「緊急ひなんの家」がどこにあるのか
㋑ 交通ルールを守ること
㋒ より多くの人に知ってもらう

ヒント 1 ③交通安全教室は、けいさつしょと市役所が協力してひらかれています。

3．安全なくらしを守る

2 交通事故や事件から人びとを守る

教科書 112～125ページ　答え 32ページ

1 右のグラフを見て、次の問いに答えましょう。　1つ5点（15点）

(1) 作図 グラフ内にあらわした件数にあうように、○のマークに色をぬりましょう。　技能

(2) 府中市で交通事故がいちばん多くおこった年はいつですか。

（　　　　）年

(3) いちばんさいきん、府中市でおこった事件の件数はいくつですか。

（　　　　）件

●…100件
409件（2016）　416（17）　388（18）　315（19）　285（20年）

◆…500件
1682件（2016）　1598（17）　1513（18）　1450（19）　1121（20年）

↑ 府中市でおこった交通事故の件数（左）と事件の件数（右）
（警視庁ホームページをもとに作成）

2 次の文を読んで、下の問いに答えましょう。　1つ5点（30点）

けいさつ本部にある（ ① ）は、110番の電話を受けると、近くをパトロールしているパトロールカーや②｛ タクシー・白バイ ｝、近くのけいさつしょや③交番に、無線でれんらくをする。けいさつしょの人たちは現場に着くと、事故のげんいんを、④｛ 運転手・消ぼうだん ｝から直接、話を聞く。また、車のじゅうたいや新たな交通事故がおこらないように、⑤｛ 予告指令・交通整理 ｝もする。事故のようすによっては（ ⑥ ）にもれんらくが行き、消ぼう自動車が出動する。

(1) 上の文の①、⑥にあてはまる言葉を書きましょう。

①（　　　　）　⑥（　　　　）

(2) 上の文の②、④、⑤にあてはまる言葉をえらびましょう。

②（　　　　）　④（　　　　）　⑤（　　　　）

記述 (3) 下線部③の交番は、けいさつしょの人が地いきの見回りなどをするために、どのような場所にもうけられていますか。　思考・判断・表現

（　　　　　　　　　　　　）

3 よく出る 次の㋐～㋓から、交通事故から身を守るためのしせつやせつびを２つえらびましょう。

1つ5点（10点）

㋐

㋑
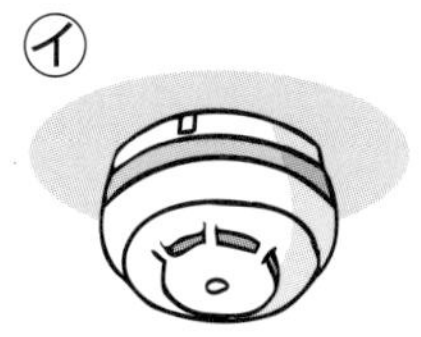

㋒

㋓

（　　）（　　）

4 次の問いに答えましょう。

1つ5点（35点）

(1) できたらスゴイ！ 次の文が、けいさつしょの人の仕事の説明なら㋐、地いきの人の仕事の説明なら㋑、どちらでもなければ㋒を書きましょう。

① （　　）子どもが登校するときに、安全に学校に行くことができるように、通学路に立って見守り活動をしている。

② （　　）ぬすまれた自転車をさがしたり、道案内やこまりごとの相談を聞く。

③ （　　）子どもたちの通学路にぼうはんカメラをせっちする。

④ （　　）火事がおこったら、通信指令室の出動指令のもと、消ぼう自動車に乗って出動する。

(2) 次の写真は(1)の①～④のどれをうつしたものですか、番号で答えましょう。

㋐
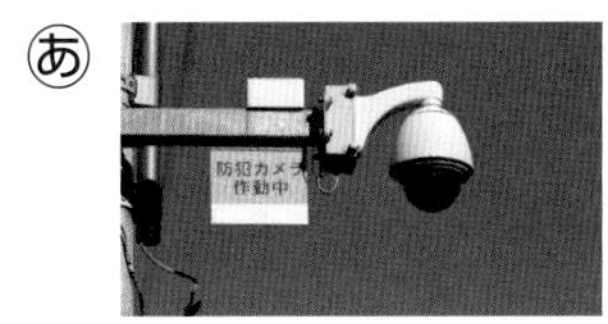

㋑

㋐（　　）
㋑（　　）

(3) 交通事故をふせぐには、交通ルールのような（ ⑤ ）やきまりを守ることがたいせつです。⑤に入る言葉を書きましょう。

（　　）

5 次の問いに答えましょう。

1つ5点（10点）

記述 (1) ㋐の絵の道が白い線で分けられているのは、なぜですか。かんたんに書きましょう。 思考・判断・表現

㋐

㋑

（　　）

(2) ㋑の絵のような、市役所とけいさつしょが協力してひらいている教室を何といいますか。

（　　）

ふりかえり ４(1)がわからないときは、58ページの１にもどってかくにんしてみよう。

この本の終わりにある「冬のチャレンジテスト」をやってみよう！

1　うつりかわる市とくらし①

めあて
市のようすや人びとのくらしのうつりかわりについて考えよう。

教科書 128～133ページ　答え 33ページ

次の(　　)に入る言葉を、下からえらびましょう。

1 博物館の見学

教科書 130～131ページ

あかりの道具のうつりかわり

- 昔の市のようすと人びとのくらしを調べるために、(①　　　　)へ見学に行く。
- あかりの道具に注目すると、昔は、(②　　　　)という道具を使っていた。そのあと、石油を使った(③　　　　)が使われはじめ、さらにそのあと、電とうを使うようになった。
- 昔は(④　　　　)がひかれていなかった。

あんどん

部屋の明るさにはどんなちがいがあるのかな

博物館の見学のしかた

- 博物館の中はしずかに歩く。
- てんじぶつにはさわらないようにする。
- 気づいたことなどは(⑤　　　　)をとる。

2 市が大きくかわった時期

教科書 132～133ページ

人やものを運ぶ方法のへんか

- 江戸時代の川越…(⑥　　　　)を使って人やものを運んだ。
- 今から130年前から80年前…(⑦　　　　)が通り、まちのようすがかわった。
- 1973(昭和48)年…(⑧　　　　)ができて、遠くまで行けるようになった。
- 元号…明治、大正、昭和、平成、令和など、年につけられたよび名のこと。
→1926年から1989年までの元号を(⑨　　　　)という。

江戸時代
今からおよそ420年前から160年前の時代のこと。

えらんだ言葉に✓

□博物館　□あんどん　□高速道路　□電気　□ふね
□鉄道　□石油ランプ　□昭和　□メモ

学習日　月　日

ぴたトリビア

埼玉県には川越市などのような市がぜんぶで40あり、日本でいちばん市の数が多い県となっています（2023年）。

教科書　128〜133ページ　答え　33ページ

1 次の問いに答えましょう。

(1) 右の地図を見て、次の文の（　）にあてはまる言葉や数字を書きましょう。

関東地方の地図

- 川越市は、（①　　　　）県にいちする。
- （①）県は、（②　　）つの都県にかこまれる、（③　　　　）に面していない県である。

(2) 次の文の（　）にあてはまる言葉を、下の［　］からえらびましょう。

- （①　　　　）時代…今からおよそ420年前から160年前の時代
- （②　　　　）…1926年から1989年までの元号

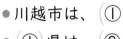

［大正　江戸　明治　昭和］

2 次の①〜③の道具の名前を、㋐〜㋒からえらびましょう。

①（　）　②（　）　③（　）

㋐ 電とう
㋑ 石油ランプ
㋒ あんどん

3 博物館の見学のしかたとして、正しいものには○を、まちがっているものには×をつけましょう。

①（　）博物館の中はしずかに歩く。
②（　）たいせつなてんじぶつはじっさいにさわってたしかめる。
③（　）気づいたことなどはメモをとる。

ヒント　2 ③の道具は、電気の力であかりがつきます。

1 うつりかわる市とくらし②

学習日　　月　　日

めあて
鉄道が通ったころの市のようすについて知ろう。

教科書 134～137ページ　答え 34ページ

次の（　　）に入る言葉を、下からえらびましょう。

1 鉄道が通ったころ～交通のようす～

教科書 134～135ページ

鉄道のひろがり

- 1895（明治28）年から1916（大正５）年のおよそ（①　　　）年のあいだに、川越には３つの鉄道ができた。
- ふねを使うと、東京まで（②　　　）近くかかったが、鉄道を使うと（③　　　）ほどで行けるようになった。
- 鉄道が通ったあとの地図を見ると、（④　　　）が多いところのはんいが広がり、まわりには学校やゆうびん局などの（⑤　　　）がつくられた。
- 鉄道ができたことによって、（⑥　　　）の便がよくなり、人のいどうがさかんになった。

鉄道が通ったあと（1924年ごろ）
※開通当時の鉄道名を使っています。

2 鉄道が通ったころ～人口や公共しせつのようす～

教科書 136～137ページ

鉄道が通ったころの人口と公共しせつ

ワンポイント ぼうグラフの読み取り方

1. 表題や、（⑦　　　）とよこじくは何をあらわすかをたしかめる。
2. 最大と最小の数を読み取り、全体のへんかのようすをとらえる。
3. 読み取ったことから、ぎもんや予想を立てる。

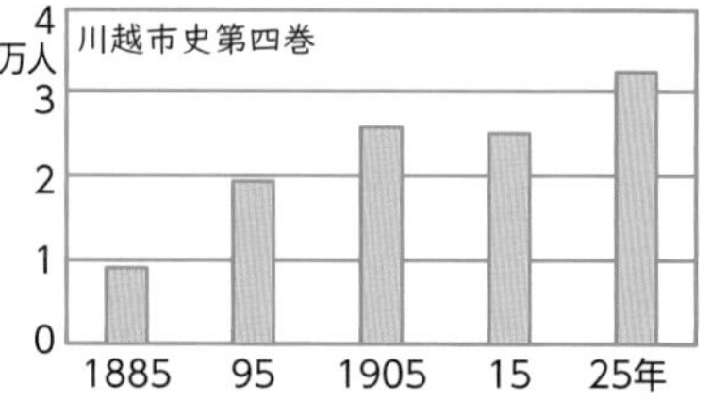

鉄道が通ったころの人口のうつりかわり

- グラフをみると、1922年に川越市がたん生したあと人口が（⑧　　　）いることがわかる。
- 鉄道が通ったころに人びとのくらしにひつような、町役場や図書館などの（⑨　　　）がつくられた。

えらんだ言葉に ✔

□家	□1日	□1時間	□20	□たてもの
□ふえて	□たてじく	□公共しせつ	□交通	

ぴたトリビア
今でも埼玉県を走っている東武鉄道や西武鉄道の「武」は、げんざいの東京都や埼玉県などをふくむ地いきであった「武蔵国」をあらわしています。

教科書 134〜137ページ　答え 34ページ

1 右の地図を見て、次の問いに答えましょう。

(1) 地図からわかることをまとめた次の文の(　)にあてはまるないようを、下の□からえらびましょう。

- 地図は鉄道が(①　　　)のようすをあらわしている。
- 道ぞいには(②　　　)が多く集まっている。

通る前　通ったあと
学校　家

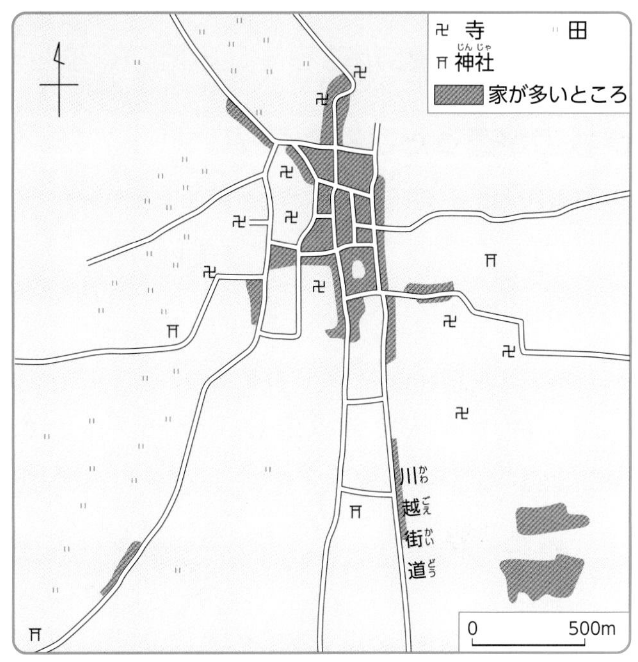

鉄道が通る前（1881年ごろ）

(2) 地図に見られる地図記号の意味をそれぞれ書きましょう。

① ⛩ (　　　)　② 卍 (　　　)
③ 〃 (　　　)

(3) 1918年の東上鉄道の時こく表などからわかることについて、次の文の①、②にあてはまる言葉を書きましょう。

それまでは、東京まで(①　　　)を使って1日近くかかっていたが、鉄道が通ったことで、川越から東京まで(②　　　)ほどで行くことができるようになった。

時こく表（東京方面行き）	
川越西町駅（今の川越駅）	東京の池袋駅
午前5：14発	午前6：25着
7：01	8：14
8：35	10：00
10：47	午後0：14
午後1：05	2：30
3：17	4：42
5：31	6：46
7：08	8：33

東上鉄道の時こく表（1918年）

2 鉄道が通ったころの人口や公共しせつのようすの説明として、正しいものには○を、まちがっているものには×をつけましょう。

① (　　)川越市ができると、人口がだんだんへっていった。
② (　　)鉄道が通ったころ、町役場や図書館などの公共しせつがつくられた。
③ (　　)当時の小学校は、いまの小学校とほとんどようすがかわっていない。

ヒント　1 (2)〃は、いねなどをさいばいしている土地を表しています。

学習日　　月　　日

1 うつりかわる市とくらし③

めあて
鉄道が通ったころの人びとのくらしについて知ろう。

教科書 138〜139ページ　答え 35ページ

次の（　　）に入る言葉を、下からえらびましょう。

1 鉄道が通ったころ〜人びとのくらし〜

教科書 138〜139ページ

✪ 鉄道が通ったころのくらし

- 川越は、埼玉県でさいしょに（①　　　　）が通った。
- 水道はまだなく、（②　　　　）の水を使っていた。
- 家族そろって食事をし、テーブルのかわりにおぜんや（③　　　　）を使っていた。
- （④　　　　）とたらいを使ってせんたくをしていた。

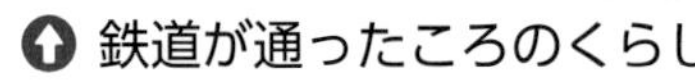
鉄道が通ったころのくらし

✪ 川越でおきた大火事のようす

- 今からおよそ130年前の1893（明治26）年３月17日に（⑤　　　　）がおこり、1300戸くらいの家がもえた。
- もえのこった家は（⑥　　　　）の家だった。

昔のできごとがきっかけで、今のくらしにもつながっているんだね。

✪ 大火事のあとのようす

- 大火事のあと、火事に（⑦　　　　）くらづくりの店が多くならぶようになり、今の川越のくらづくりの町なみができた。

ワンポイント くらづくり

- 柱の外がわにも（⑧　　　　）をぬって、土かべをあつくすることで、火事に強くしたたてもの。
- はこむね…屋根を守るためのせの高い棟。
- めぬり台…火事が起きたときに、とびらのすきまに土をぬるために立つ場所。
- かんのんびらききとびら…とびらをしめたときに、空気、けむり、火が中に入りにくい。

くらづくりのたてもの

えらんだ言葉に ✔

□くらづくり	□大火事	□土かべ	□井戸
□せんたく板	□電気	□はこぜん	□強い

学習日　月　日

ぴたトリビア
せんたく板を使ってあらうとき、せんたく板のみぞにこすりつけるようにあらうと、よごれがよく落ちます。

教科書 138〜139ページ　答え 35ページ

1 次の①〜④の道具の使い方を説明したものを、下の㋐〜㋓からそれぞれえらびましょう。

①
②
③
④

①(　　)　②(　　)　③(　　)　④(　　)

㋐ あかりをともすときに使う。
㋑ よごれを落とすときに使う。
㋒ 部屋や体をあたためるときに使う。
㋓ お米をたくときに使う。

2 次の問いに答えましょう。

(1) 右の図は、川越でおこった大火事でやけた家の数をあらわしています。図からわかることをまとめた次の文の(　　)にあてはまる数字を書きましょう。

□…家の数（100戸）
（そのうち、やけてしまった家には色をぬっています。）
3315戸

図から家の数は全部で(①　　　　)戸あったことがわかる。
そのうち、やけてしまった家の数はおよそ(②　　　　)戸である。

(2) 右の①〜③は、くらづくりのたてもののとくちょうをあらわしています。①〜③にあてはまる言葉を、㋐〜㋒から1つずつえらびましょう。

①(　　)　②(　　)
③(　　)

㋐ めぬり台
㋑ はこむね
㋒ かんのんびらきとびら

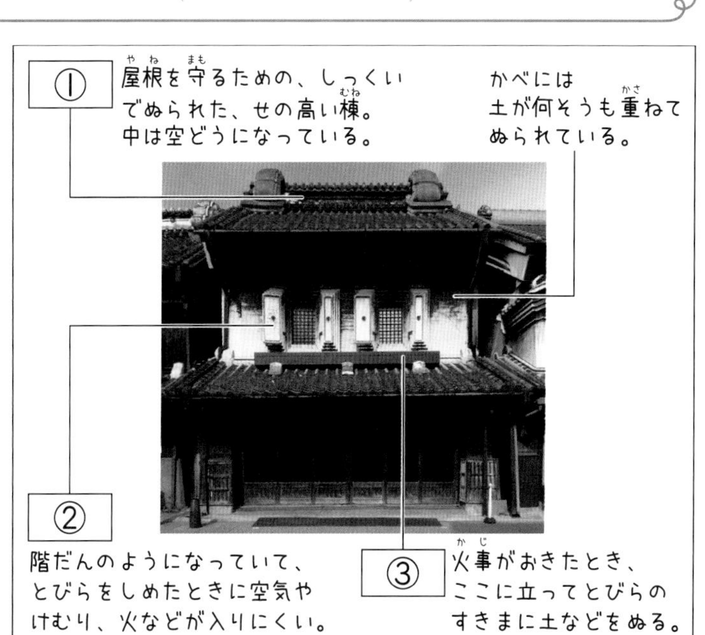
①
屋根を守るための、しっくいでぬられた、せの高い棟。中は空どうになっている。
かべには土が何そうも重ねてぬられている。
②
階だんのようになっていて、とびらをしめたときに空気やけむり、火などが入りにくい。
③
火事がおきたとき、ここに立ってとびらのすきまに土などをぬる。

ヒント **1** ①は火ばち、②は石油ランプ、③はせんたく板とたらい、④はかまどです。

1 うつりかわる市とくらし

時間 30 分　／100　ごうかく 80 点

教科書 128～139ページ　答え 36ページ

1 下の①～③は、あかりの道具として使われたものです。これらについて、次の問いに答えましょう。　1つ5点、(3)は完答（30点）

(1) ①～③の道具名をそれぞれ書きましょう。

①（　　　　）
②（　　　　）
③（　　　　）

①

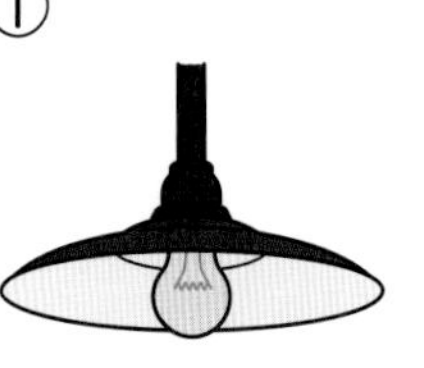

②

③

(2) ①、②のあかりのつけ方を説明した次の文のあ、いにあてはまる言葉を、下のア～オからえらびましょう。

> ①は、（あ）の力であかりをつけるが、②は、中の皿に（い）を入れて、あかりをつける。

あ（　　　　）　い（　　　　）

ア 電気　イ 水　ウ 太陽の光　エ 油　オ もやした木

(3) ①～③の道具を、使われていた時期が古いじゅんになるようにならべましょう。

思考・判断・表現

（　　　）→（　　　）→（　　　）

2 右のたてものは、川越で大火事がおこったときにもえのこった家の一つです。これについて、次の問いに答えましょう。　1つ5点（20点）

(1) 火事に強いたてもののつくりを何といいますか。

（　　　　　　）

(2) (1)で答えたたてもののとくちょうを説明した次の文の（　）にあてはまるものを、ア、イからそれぞれえらびましょう。　技能

①（　　　）　②（　　　）　③（　　　）

> このたてものは、まどが①{ア 多く ・ イ 少なく}、かべは②{ア あつく ・ イ うすく}つくられている。たてもののとくちょうの1つである、かんのんびらきとびらは、とびらをしめたときに③{ア 空気が入りやすい ・ イ 空気が入りにくい}つくりになっている。

3 右のあ、いの川越の地図を見て、次の問いに答えましょう。

1つ5点（25点）

(1) あといの地図の[　　]にあてはまる言葉を書きましょう。

（　　　　）

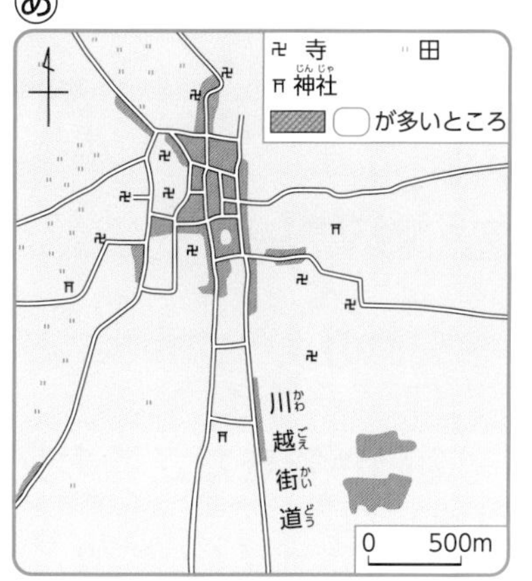

あ 鉄道が通る前（1881年ごろ）

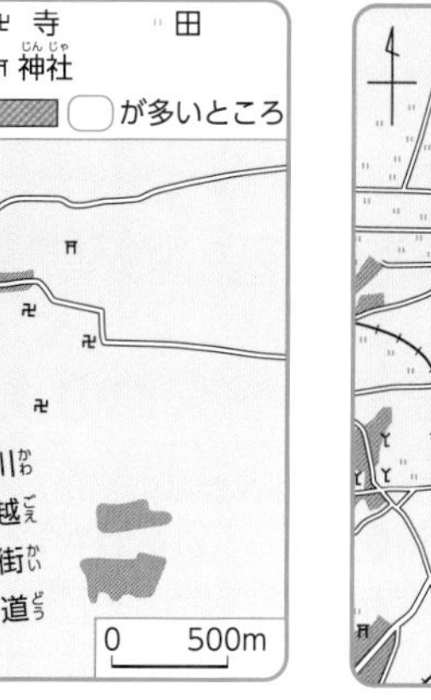

い 鉄道が通ったあと（1924年ごろ）

(2) できたらスゴイ！ あといの地図をくらべたとき、新しくふえたものとしてあてはまらないものを、ア～オから2つえらびましょう。

（　　　）（　　　）

ア 工場　イ 病院　ウ 学校　エ ゆうびん局　オ 神社

(3) よく出る いの鉄道が通ったことで、川越から東京まで行くのにかかる時間は、ふねを使っていたころとくらべて、どうなりましたか。ア～ウからえらびましょう。

ア 長くなった。　イ みじかくなった。

ウ かわらなかった。

（　　　）

記述 (4) いの鉄道が通ったあと、川越に住む人口がふえたと考えられます。その理由を、「交通」という言葉を使って、あとの文につづくように書きましょう。

思考・判断・表現

（　　　　　　　　　　　　　　　ことで、人のいどうがさかんになったから。）

4 右の絵は、鉄道が通ったころの人びとのくらしのようすをあらわしています。これを見て、次の問いに答えましょう。

1つ5点（25点）

(1) 絵のア、イの道具の名前を書きましょう。

ア（　　　　）　イ（　　　　）

(2) このころのくらしのようすについて、正しいものには○を、まちがっているものには×をつけましょう。

①（　　）井戸ではなく水道を使っていた。

②（　　）せんたく板とたらいを使ってせんたくをしていた。

③（　　）家族がそろって食事をすることが多かった。

ふりかえり 3(4)がわからないときは、66ページにもどってかくにんしてみよう。

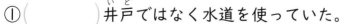

学習日　　月　　日

4．市のようすとくらしのうつりかわり

1　うつりかわる市とくらし④

めあて
高速道路が通ったころの交通や人口、公共しせつのようすを知ろう。

教科書　140〜143ページ　答え　37ページ

次の（　　）に入る言葉を、下からえらびましょう。

1　高速道路が通ったころ〜交通のようす〜　教科書　140〜141ページ

今からおよそ50年前の高速道路ができたころの交通

- 川越市は、1955（昭和30）年にまわりの九つの村といっしょになり、大きな一つの（①　　　　）になった。
- 1960年から80年代には、市内に大きな（②　　　　）がつくられた。
- 高速道路以外にも、バイパスやかんじょう線のような道路ができ、（③　　　　）の便がよくなった。
- 右のグラフの通り、（④　　　　）の数がふえて、交通じゅうたいが発生した。

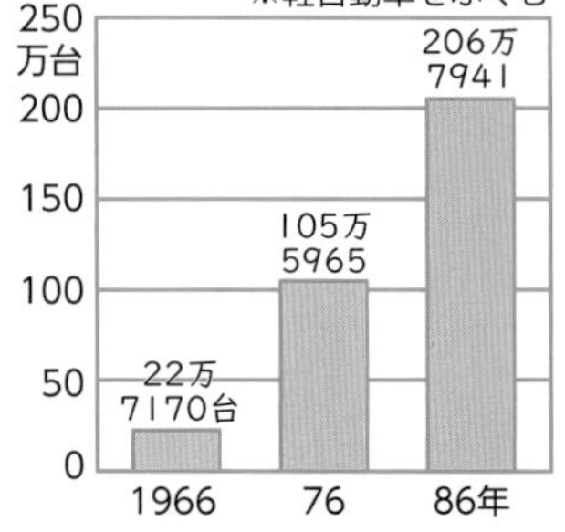

埼玉県の自動車の数（自動車検査登録情報協会しりょう）

ワンポイント　工業団地

- **工業団地**とは（⑤　　　　）を集めるために道路や水道などの、せい品をつくるのにひつようなせつびを整えたところ。

川越狭山工業団地（1995年）

2　高速道路が通ったころ〜人口や公共しせつのようす〜　教科書　142〜143ページ

高速道路ができたころの人口や公共しせつ

- 今からおよそ70年から50年前のあいだで、川越市の人口が（⑥　　　　）ため、市民のための（⑦　　　　）がひつようになった。
- 1972年に今の（⑧　　　　）がたてられた。
- ほかにも、（⑨　　　　）や公民館、市民会館、武道館などの公共しせつが多くたてられた。

交通の発達は、市の人口と公共しせつに大きなかかわりがあることがわかったね。

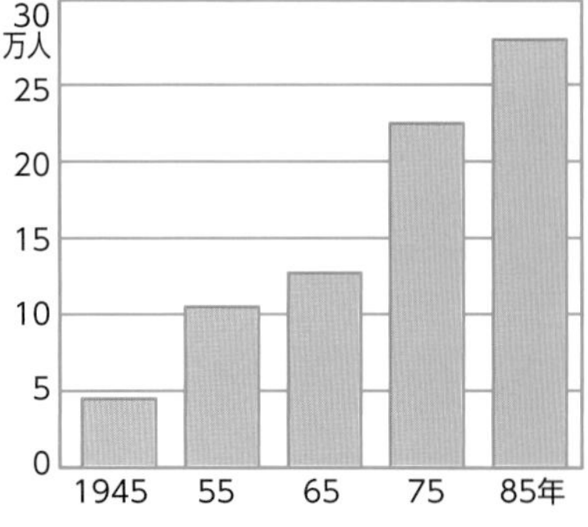

高速道路が通ったころの人口のうつりかわり（令和2年度版統計かわごえ）

えらんだ言葉に✓

□公共しせつ　□工業団地　□学校　□交通　□自動車
□ふえた　□市役所　□工場　□市

ぴったり2
練習

学習日　　月　　日

ぴたトリビア
日本では、ふつう高速道路を使うときには料金をしはらうひつようがありますが、海外では高速道路が無料になっている国や地いきがあります。

教科書 140〜143ページ　答え 37ページ

1 右の高速道路ができたころの地図を見て、問いに答えましょう。

(1) 地図中には3つの鉄道が通っています。その鉄道の名前を書きましょう。

(　　　　)
(　　　　)
(　　　　)

(2) 地図中には高速道路が通っています。その高速道路の名前を書きましょう。

(　　　　)

坂戸市
川島町
富士見工業団地
川越工業団地
上尾市
鶴ヶ島町
川越市
川越線
大宮市
日高町
入間川
荒川
東武東上線
関越自動車道
川越狭山工業団地
上福岡市
富士見市
大井町
狭山市
西武新宿線
三芳町
0　3km
◎ 市役所
高速道路
おもな道路
鉄道
工業団地
(1984年)

(3) 高速道路ができたことによって、川越市の人口と埼玉県の自動車の数はそれぞれどうなりましたか。正しいほうを◯でかこみましょう。

- 川越市の人口は{　ふえた　・　へった　}。
- 埼玉県の自動車の数は{　ふえた　・　へった　}。

2 川越市に関けいする表とグラフをみて、次の文の①・②に入る言葉を書きましょう。

1964年から1977年のあいだに、公民館や市役所など、多くの(①　　　　)がたてられたことがわかる。これは、川越市の(②　　　　)がふえたためである。

年	できごと
1964	市民会館ができる
1966	南公民館が開かれる
1969	学校給食センターができる
1972	今の市役所ができる
1974	川越武道館ができる
1977	くらづくりしりょう館が開かれる

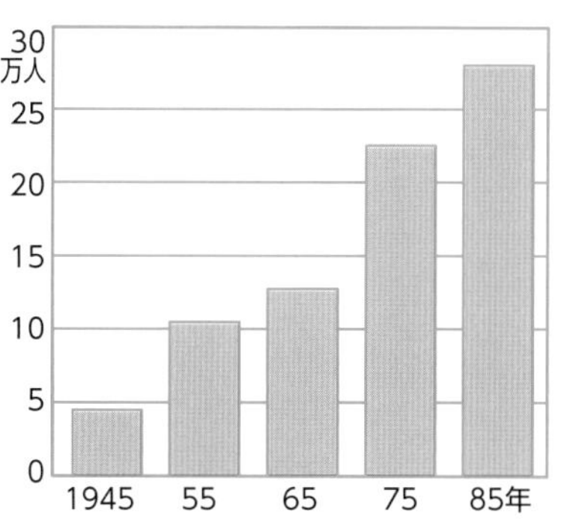

高速道路が通ったころの人口のうつりかわり（令和2年度版統計かわごえ）

ヒント ❶ (3)高速道路が通ったころの道路では、じゅうたいなどがみられました。

学習日　　月　　日

4．市のようすとくらしのうつりかわり

1　うつりかわる市とくらし⑤

めあて
高速道路が通ったころの人びとのくらしと今のくらしをくらべよう。

教科書 144～147ページ　答え 38ページ

次の（　　）に入る言葉を、下からえらびましょう。

1　高速道路が通ったころ～人びとのくらし～

教科書 144～145ページ

ワンポイント　道具のうつりかわりと生活

	照明	せんたくき	すいはんき
およそ70年前（1950年から60年代）↓	（①　　）	電気せんたくき	（②　　）
およそ50年前（1970年から80年代）	けい光とう	（③　　）	自動すいはんき

- 道具が新しくなりべんりになると、家の仕事にかかる時間がみじかくなった。

2　川越市の今

教科書 146～147ページ

今の川越市のようす

- 道路がせいびされて、新しい（④　　　）ができ、いろいろな場所へでかけやすくなった。
- 川越駅のまわりは、歩行者の（⑤　　　）ができ、歩きやすくなった。
- 多くの人が住んでいるが、（⑥　　　）の数がふえて、15～64才の人口がへっているため、（⑦　　　）がへっていくと予想されている。

今のくらしで使われている道具

（⑧　　）	（⑨　　）	いろいろなたきかたができるすいはんき

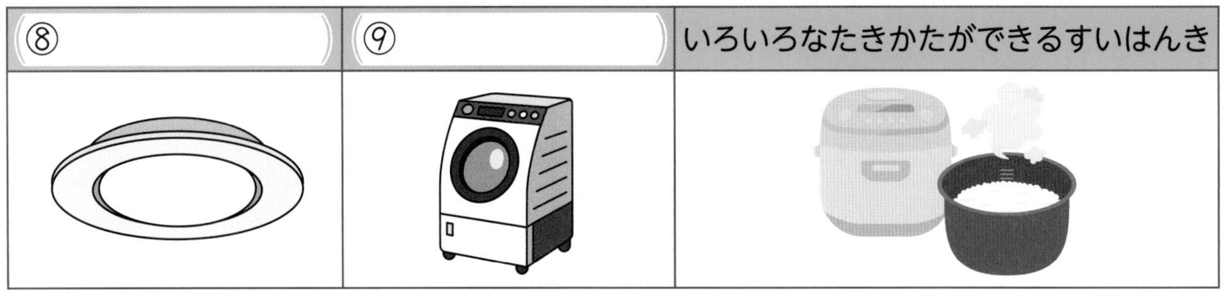

えらんだ言葉に✓

□通路　□ドラム式せんたくき　□電気がま　□お年より　□電とう
□人口　□二そう式せんたくき　□高速道路　□LED照明

学習日　月　日

ぴたトリビア

1950年代には家庭用(かていよう)の電気を使った道具がふえ、「電気せんたくき」「電気れいぞうこ」「白黒テレビ」は「三種(さんしゅ)の神器(じんぎ)」とよばれました。

教科書 144～147ページ　答え 38ページ

1 次の①～④の道具と同じようなはたらきをするものを、下の㋐～㋓から１つずつえらびましょう。

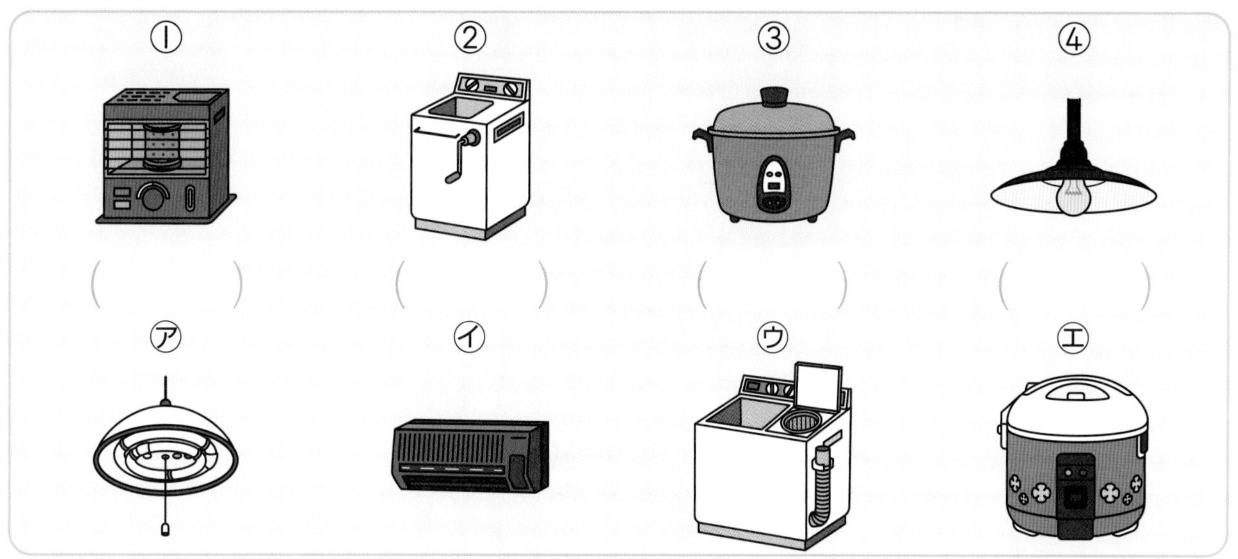

2 右のグラフを見て、次の問いに答えましょう。

(1) グラフのたてじくと横じくは、それぞれ何をあらわしていますか。㋐～㋒からそれぞれえらびましょう。

①たてじく(　　)　②横じく(　　)

㋐ 年れい　㋑ 年　㋒ 人口

(2) (1)①がいちばん多いのは何年ですか。

(　　)年

(3) (1)①がいちばん少ないのは何年ですか。

(　　)年

(4) (3)から川越市の人口はどうなっていくと考えられますか。㋐～㋒からえらびましょう。

(　　)

㋐ ふえていく　㋑ へっていく　㋒ かわらない

40 万人, 35, 30, 25, 20, 15, 10, 5, 0

65才以上(いじょう)

15～64才

14才以下(いか)

2010　20　30　40　50年

⬆ 川越市の人口のうつりかわり
(川越市役所しりょう)
※2030年からは予想

ヒント ❷ (4)お年よりの数は多くなっていき、わかい人の数は少なくなっていきます。

1 うつりかわる市とくらし⑥

学習日　　月　　日

めあて 川越市のれきしをまとめて、これからの川越市の取り組みを知ろう。

教科書 148～155ページ　答え 39ページ

次の（　　）に入る言葉を、下からえらびましょう。

1 年表にまとめる

教科書 148～151ページ

年表のまとめ方

（②　　　　）（④　　　　）

年代	明治	大正	昭和	平成	令和
川越市のできごと	・はじめて鉄道が通る ・川越町になる	・川越市になる	・関越自動車道ができる ・川越狭山（②）ができる	・（④）が三十五万人をこえる	・東京2020オリンピック・パラリンピックがかいさいされる
人びとのくらし	・はじめて（①）がつく ・くらづくりのたてものがふえる ・大火事がおこる		・（③）をもつ家がふえてくる ・電気せい品を使いはじめる	・お年よりの数がふえはじめる	

（①　　　　）（③　　　　）

2 市の取り組み/未来の川越市

教科書 152～155ページ

川越市がおこなっていること

- 市の仕事は、市民の**ぜい金**でおこなわれている。
- 市役所では、市に住む人のための取り組みがおこなわれている。
  →（⑤　　　　）のために、日本語教室をふやしたり、さまざまな国のことばを使ってじょうほうをつたえたりする。

これからの川越市

- 川越市は、（⑥　　　　）がしやすく、（⑦　　　　）の便がよく、だれもが住みやすい市にしていくひつようがある。

ぜい金は、国や都道府県、市町村に対して、そこに住んでいる人がおさめるお金のことだよ。

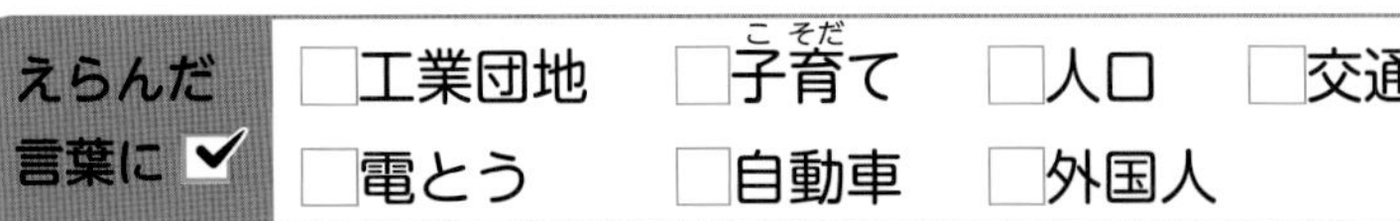

えらんだ言葉に✓
□工業団地　□子育て　□人口　□交通
□電とう　□自動車　□外国人

練習

ぴたトリビア

川越は、くらづくりのたてものなど昔のころのまちなみがのこっており、江戸(いまの東京)とも深(ふか)くつながっていたため、「小江戸(こえど)」とよばれています。

教科書 148〜155ページ　答え 39ページ

1 次の年表の①〜④にあてはまるないようを、㋐〜㋓からえらびましょう。

年代	明治	大正	昭和	平成
川越市のできごと	(①)		(②)	
人びとのくらし	(③)			(④)

㋐ はじめて鉄道が通る
㋑ 関越自動車道ができる
㋒ お年よりの数がふえる
㋓ はじめて電とうがつく

①(　　) ②(　　) ③(　　) ④(　　)

2 次の問(と)いに答えましょう。

(1) くらづくりの町なみを守(まも)る活動(かつどう)について説明(せつめい)した文の①、②にあてはまる言葉を、それぞれ○でかこみましょう。

　今から①{ 40 ・ 80 }年ほど前から商店がいのお客さんがへりはじめ、商店がいのにぎわいをとりもどすための活動がはじまった。
　この運動が広がり、市や地いきの人の協力(きょうりょく)があって、1999(平成11)年には、国から②{ がいこくてき ・ でんとうてき }なたてものや町なみをたいせつにしている地いきだとみとめられ、多くの人がおとずれるようになった。

(2) これからの川越市をどのような市にしていくのかをまとめた次の①〜③の文の(　)にあてはまる言葉を、下の[　]からえらびましょう。

① オリンピックやパラリンピックをきっかけに(　　　)を楽しむことができる市にしたい。

② いろいろな人たちが川越市に住んだり、観光に来てくれたりするように(　　　)の便をよくしたい。

③ (　　　)や体の不自由(ふじゆう)な人などが、住みやすい市にしたい。

[スポーツ　お年より　交通]

(3) 川越市は、そこに住んでいる人がおさめるお金でさまざまな仕事をしていますが、そのようなお金のことを何といいますか。(　　　)

ヒント 1 「お年よりの数がふえはじめた」のは、令和(れいわ)のひとつ前の元号(げんごう)のときです。

4．市のようすとくらしのうつりかわり

1 うつりかわる市とくらし

教科書 140〜155ページ　答え 40ページ

1 右の地図を見て、次の問いに答えましょう。

1つ5点（35点）

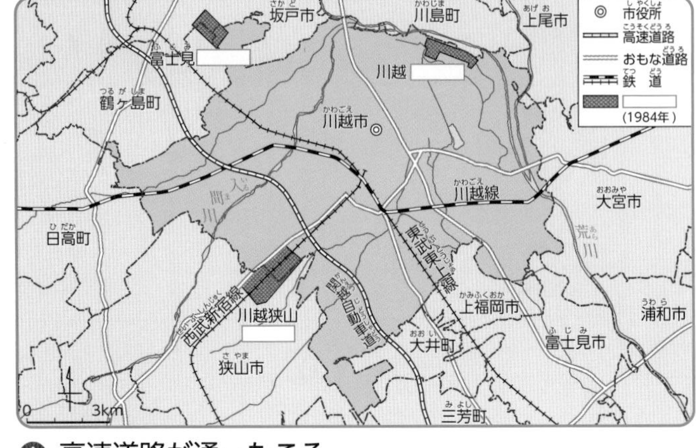

高速道路が通ったころ

(1) 右の地図を見て読み取れることとして、正しいものには○を、まちがっているものには×をつけましょう。 技能

① （　　　）荒川と入間川を横ぎっているのは川越線と西武新宿線である。

② （　　　）関越自動車道は川越市のほか、鶴ヶ島町や大宮市などを通っている。

③ （　　　）このころの川越市は６つの市と５つの町ととなりあっていた。

(2) よく出る 地図中の□には、右のような、せい品をつくるためにかかせないせつびを整えた、工場が集まるところの名前が入ります。これを何といいますか。

（　　　　　　　　　　）

(3) できたらスゴイ！ 地図中の◎は何をあらわしていますか。

（　　　　　　　　　　）

(4) この地図は、今からおよそ50年前の市のようすをあらわしたものです。このころおもに使われていた道具を、次の㋐〜㋓からえらびましょう。（　　　）

㋐ 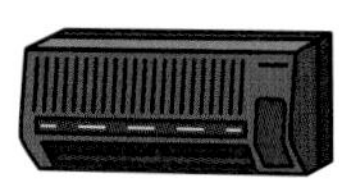　㋑  　㋒  　㋓

記述 (5) 電気を使った道具が使われるようになると、家の仕事にどのようなへんかが生まれましたか。かんたんに書きましょう。

（　　　　　　　　　　　　　　　　　　　　　　　　）

2 右のグラフは、これからの川越市の人口のうつりかわりをあらわしています。これについて、次の問いに答えましょう。

1つ5点、(2)は10点（25点）

(1) 右のグラフからわかることをまとめた次の文の①～③にあてはまる言葉を、それぞれ○でかこみましょう。

15～64才以上の人口が①{へって・ふえて}いることがわかる。また、65才以上のお年よりの人口は②{へって・ふえて}いる。これから先、お年よりの数がわかい人よりも③{少ない・多い}世の中になっていき、人口はへっていくと考えられる。

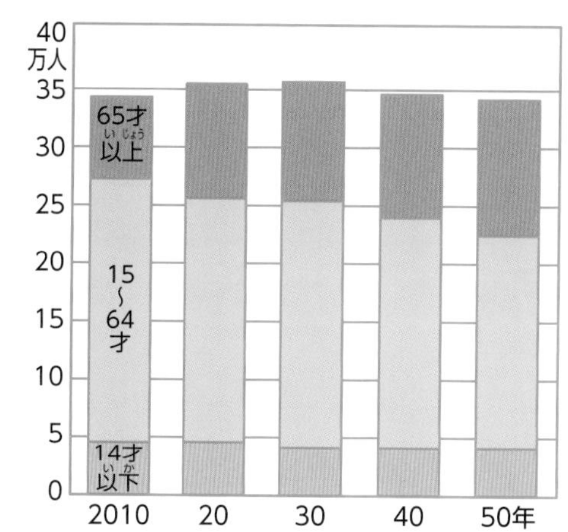

川越市の人口のうつりかわり
（川越市役所しりょう）
※2030年からは予想

思考・判断・表現

記述 (2) (1)のように考えられる理由をまとめた次の文の（　）にあてはまるないようを書きましょう。

昔とくらべて、くらしがゆたかになり、

（　　　　　　　　　　　　）

3 次の問いに答えましょう。

1つ5点（40点）

(1) よく出る 国や都道府県、市町村に対して、そこに住んでいる人がおさめるお金を何といいますか。（　　　）

(2) 2015年に新しくつくられた、市と県の公共しせつや大きなホール、子育てセンターなどが集まったしせつを、次の㋐～㋒からえらびましょう。（　　）

㋐ くらづくりしりょう館　㋑ 川越市役所　㋒ ウェスタ川越

(3) 未来の川越市について話し合われたないようについて、次の文の①～⑥に入る言葉をそれぞれ書きましょう。

- （①　　　　）を楽しむことができる公園や、小さい子どもをあずかるしせつがあると、（②　　　　）がしやすくてくらしやすくなると考えられる。
- （③　　　　）や体の不自由な人など、だれもが住みやすい市になるよう、さらに（④　　　　）の便をよくしたい。
- （⑤　　　　）てきなたてものをたいせつにしつづける市にすることで、市外からさらにたくさんの（⑥　　　　）に来てもらう。

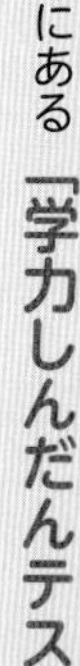

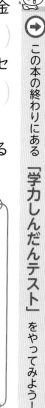

この本の終わりにある「春のチャレンジテスト」をやってみよう！

この本の終わりにある「学力しんだんテスト」をやってみよう！

ふりかえり　1(5)がわからないときは、74ページの1にもどってかくにんしてみよう。

学習日　　月　　日

3年のふく習

わたしの家はどこかな？

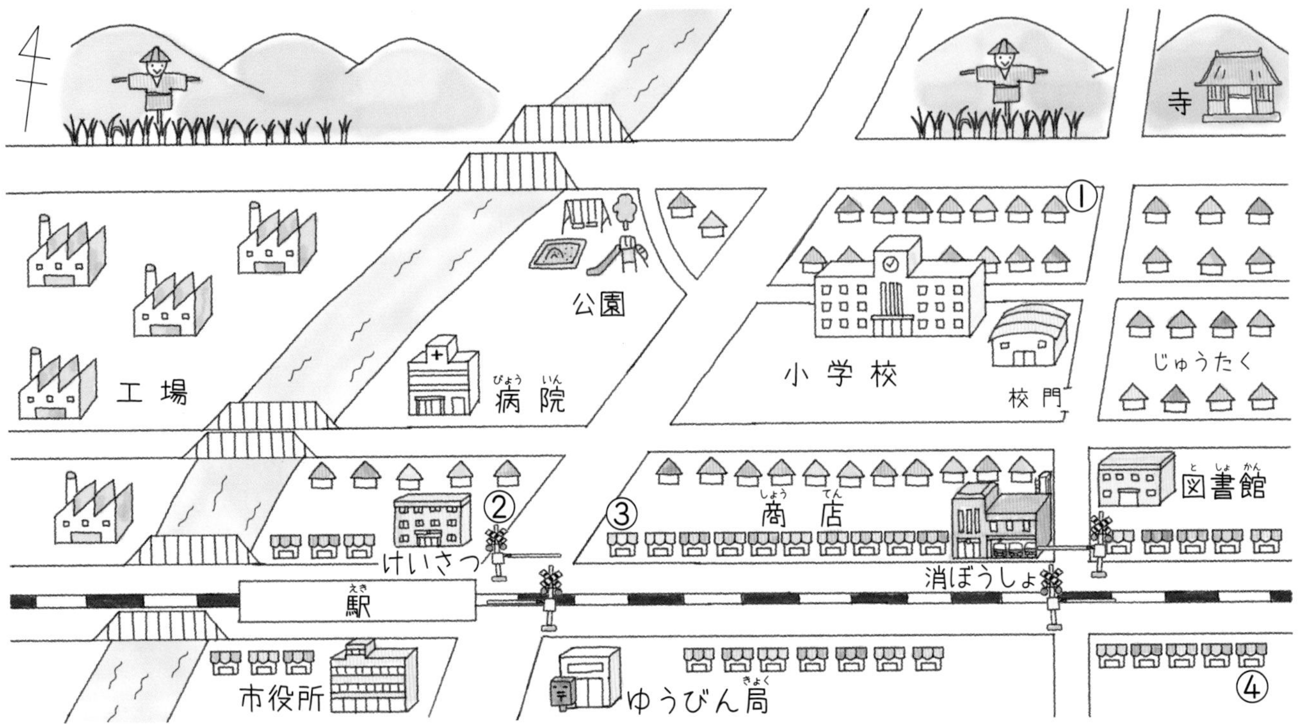

わたしは、学校の近くの様子を上の絵地図に表しました。

右のせつ明の［　］に言葉を入れながら、わたしの家が①～④のどれか、見つけましょう。

また、学校の近くの様子について、4人が話しています。1人だけまちがったせつ明をしている人がいますが、それはだれでしょう。

［　　　　　］

わたしの家は、お店をしています。
わたしは毎朝、線路ぞいの道を通り、［あ　　　　］があるこうさ点を右に曲がってふみきりをこえ、まっすぐ［い　　　］の方角に進んで小学校に行きます。だから、わたしの家は、［う　　］番です。

わたし

お寺の南がわに川が流れているよ。

小学校の北がわには、住たく地があり、そのむこうには山が見えるよ。

駅から東に歩いていくと、右手にゆうびん局が見えるよ。

川の西がわには、たくさんの工場があるよ。

れん

エマ

ジミー

らん

答え　あ消ぼうしょ　い北　う④　れん（お寺の西がわに川が流れている。）

夏のチャレンジテスト

教科書　8〜73ページ

月　日

名前

時間 40分

知識・技能	思考・判断・表現	ごうかく80点
／70	／30	／100

答え41ページ

5については、学習の状況に応じてA・Bどちらかをえらんでやりましょう。

知識・技能　70点

1 次の問いに答えましょう。

1つ2点(10点)

(1) 地図で、右のようなしるしのやじるしは、どの方位をさしますか。

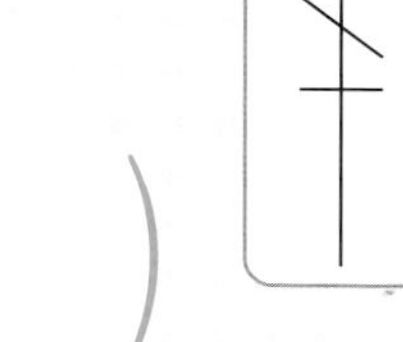

(　　)

(2) 次の㋐〜㋓にあう方位を書きましょう。

㋐(　　)　㋑(　　)

㋒(　　)　㋓(　　)

2 次の地図記号があらわしているたてものや場所を

3 次の地図を見て、問いに答えましょう。

1つ4点(20点)

姫路駅ふきんの地図

(1) 次の文にあう言葉をえらび、下の㋐〜㋓に書きましょう。

・★のしゅくしゃくで、㋐{　きょり　・　方位　}がわかる。

4 次の地図と絵を見て、問いに答えましょう。

1つ3点、(1)(3)4点(20点)

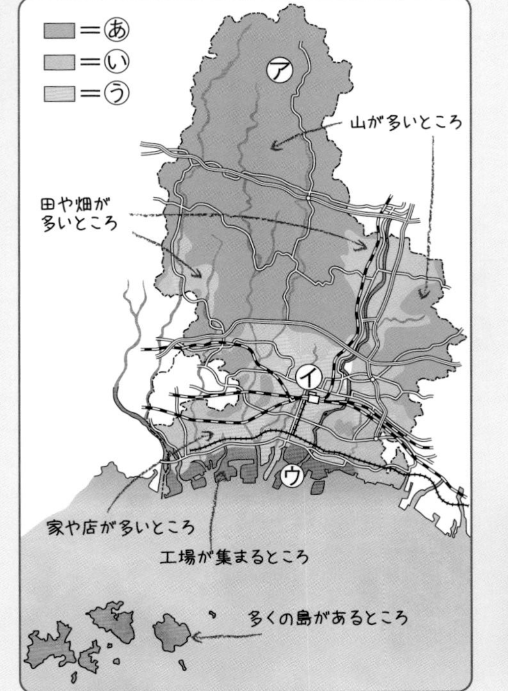

姫路市全体の地図

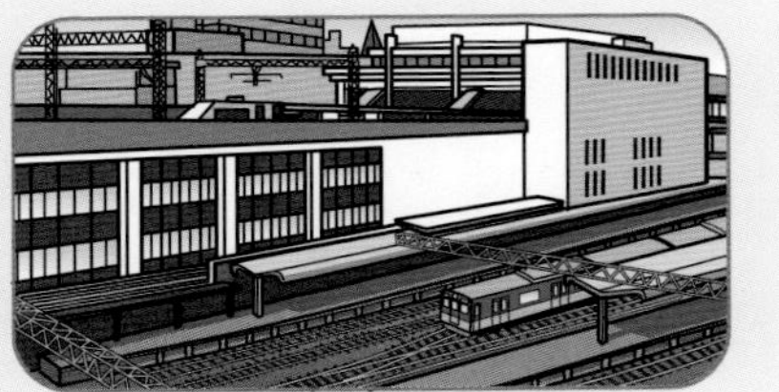

(1) 右上の絵は、地図の㋐～㋒のどの場所ですか。記号を書きましょう。

(2) 次の㋐～㋓にあう言葉を□からえらびましょう。

・川の下流ふきんは（ ㋐ ）てつくられた土地に工場が集まり、市の北がわは家や店が（ ㋑ ）。

①

②

① すり身を、{ きかい ・ 人の手 }でやいたり、むしたりすることで、たくさんのかまぼこをいちどにつくることができる。

② まざりものがないか、{ きかい ・ 人の目 }できびしくけんさしている。

①（　　　）　②（　　　）

(2) 工場ではたらく人が、絵のような服を着ているのはなぜですか。「よごれ」という言葉を使って、かんたんに書きましょう。

（　　　　　　　　　　）

5 のB 農家のくふうについて、次の問いに答えま

答えましょう。　1つ5点(20点)

	地図記号	もとになったもの
①	∨ ∨∨	たねからめを出してきた2まい葉（ば）
②	○ ○○	木の実（み）
③	‖ ‖‖	いねをかりとったあと
④	🕮	開（ひら）いた本

①（　　　　）　②（　　　　）

③（　　　　）　④（　　　　）

・ひめじ駅から姫路城までのびる広い道路は
㋑{ 南北（なんぼく） ・ 東西（とうざい） }に道が通っている。

・高いたてものは㋒{ 家 ・ 店 }が多いところに集（あつ）まっている。

・きょうぐち駅（えき）の北がわは、㋓{ 家 ・ 店 }が多い。

㋐（　　　　）　㋑（　　　　）

㋒（　　　　）　㋓（　　　　）

(2) 絵のように、みんながゆたかにくらすためにつくられたたてものや場所を何といいますか。

↑ 公民館（こうみんかん）

↑ 図書館（としょかん）

（　　　　）

うらにも問題があります。

(切り取り線)

・鉄道は（ ㋒ ）が多いところに集まっている。

・市のようすは、場所によって（ ㋓ ）。

ちがう　家や店　うめ立て　同じ　山　多い　少ない

㋐（　　　）　㋑（　　　）

㋒（　　　）　㋓（　　　）

(3)　地図のあ～うは、土地の高さをあらわしています。あ～うのうち、土地がもっともひくいところをえらびましょう。

□

思考・判断・表現　30点

5 のA　工場のくふうについて、次の問いに答えましょう。

1つ5点、(2)20点(30点)

(1)　①、②の絵を説明(せつめい)した文にあう言葉をえらびましょう。

しょう。　1つ5点、(2)20点(完答)(30点)

(1)　次の文にあう言葉をえらびましょう。

①　よいれんこんを作るために、{ ひりょう ・ 小石 }をまいて土をやわらかくしてから、せんようのトラクターで畑(はたけ)をすいている。

②　姫路市大津区(おおつく)では、もともと海だった場所から、水をぬいてつくった{ うめ立て地 ・ かんたく地 }でれんこんを作っている。

①（　　　）

②（　　　）

(2)　しゅうかくしたれんこんは、㋐きかい、㋑手作業(てさぎょう)、のどちらできれいにあらいますか。正しい記号をえらび、その理由(りゆう)をかんたんに書きましょう。

記号 □　理由（　　　）

（切り取り線）

冬のチャレンジテスト

教科書 74～125ページ

月　　日

名前

時間 40分

知識・技能	思考・判断・表現	ごうかく80点
/70	/30	/100

答え43ページ

知識・技能　70点

1 スーパーマーケットを見学する時にかんさつするとよいことを、㋐～㋒から2つえらびましょう。

1つ1点(2点)

㋐ 品物のならべ方

㋑ 品物のねだん

㋒ お客さんの服そう

2 スーパーマーケットのくふうについて、次の①～⑥にあう言葉を□からえらびましょう。

1つ2点(12点)

同じ商品でも、（ ① ）をふやし、品ぞろえよくしています。また、使いおわった牛にゅうパックやペットボトルは回収し（ ② ）しています。

（ ③ ）のそうざいを売り場に出

3 次の問いに答えましょう。

1つ3点(27点)

(1) 次の文にあう言葉をえらびましょう。

① 品物の産地は、ちらしや｛ カート ・ ねふだ ｝に書いてあることが多い。

② 食りょう品を安全に食べられる期間のことを｛ 賞味期限 ・ 消費期限 ｝という。

①（　　　　）　②（　　　　）

(2) 産地マップについて、正しいものには○を、まちがっているものには×をつけましょう。

4 次の図を見て、問いに答えましょう。

1つ3点、(3)8点(23点)

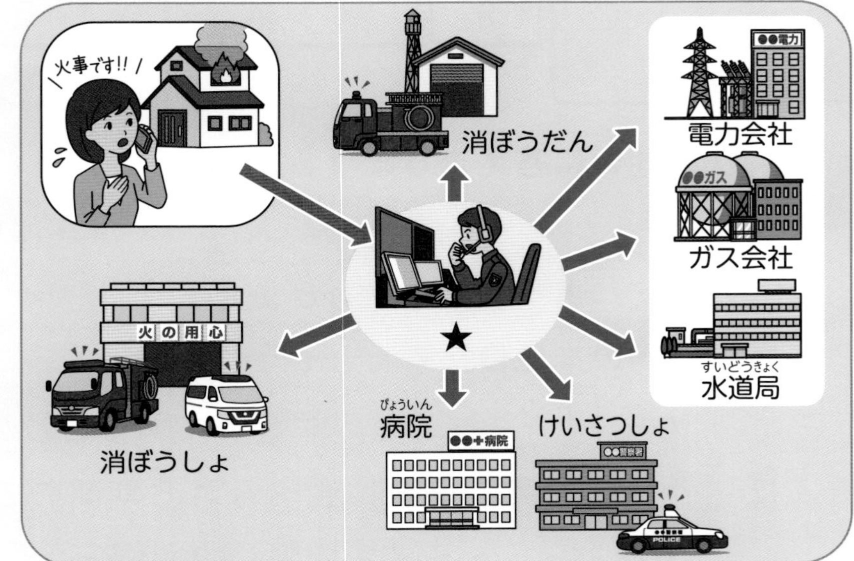

火事がおきたときのれんらくのしくみ

(1) 火事の電話は、さいしょに図の★につながります。★の名前を答えましょう。

(　　　　　　)

(2) 次の文にあう言葉をえらびましょう。

① 火事のれんらくの電話を受けた★は、すべての消ぼうしょや出ちょう所に{ 出動 ・ 予告 }指令を出す。

5 けいさつしょの人の仕事の絵にあう説明を、㋐～㋒からえらびましょう。

1つ2点(6点)

㋐ 地いきの人の家をたずねる

㋑ 地いきのパトロール

㋒ ぬすまれた自転車をさがす

思考・判断・表現　30点

6 事故や事件をふせぐための地いきの人々の協力について、次の問いに答えましょう。

1つ5点、(3)10点(30点)

(1) 地いきの人々の活動にあうものを㋐～㋒から2つえらびましょう。

㋐ 救急車で病院にけが人を運ぶ。

㋑ 登下校のとき、通学路に立って見守る。

せるように、つくる時間をくふうしています。かみの毛がつかないよう、（ ④ ）にも気をつけています。

ベビーカーや車いすのために、通路を（ ⑤ ）しています。自動車で来るお客さんのために、大きな（ ⑥ ）もあります。

リサイクル　できたて　しゅるい
広く　服そう　ちゅう車場

①（　　　　）　②（　　　　）

③（　　　　）　④（　　　　）

⑤（　　　　）　⑥（　　　　）

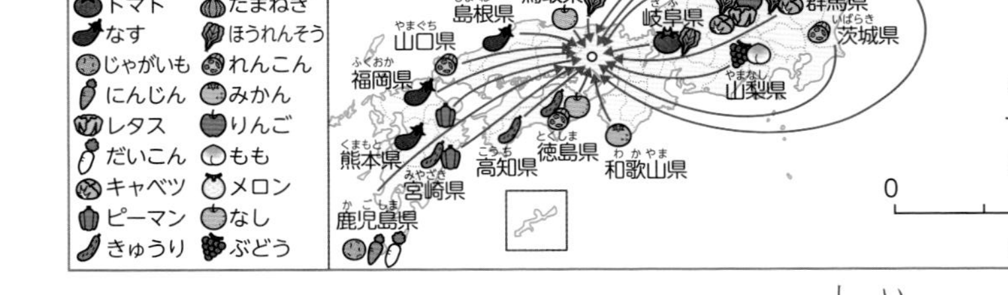

① きゅうりは、ひとつの産地から仕入れている。

② たまねぎは、北海道と熊本県から仕入れている。

③ エクアドルからバナナを仕入れている。

④ バナナは、日本国内からも仕入れている。

①［　　］　②［　　］　③［　　］　④［　　］

(3) 外国のいろいろな地いきから仕入れている理由について、文にあう言葉を㋐、㋑からえらびましょう。

・日本では①｛㋐手に入れにくい・㋑手に入れやすい｝品物や、日本よりねだんが②｛㋐高い・㋑安い｝品物や、③｛㋐品質のよい・㋑品質がわからない｝ものを外国から仕入れている。

①［　　］　②［　　］　③［　　］

うらにも問題があります。

(切り取り線)

にも協力のれんらくをすることがある。

③ 救急車は、{ 消ぼうしょ ・ 病院 }から出動する。

①（　　　　）　②（　　　　）

③（　　　　）

(3) けいさつしょの人は、火事の現場にかけつけて、どのような仕事をしますか。「じゅうたい」という言葉を使って書きましょう。

（　　　　　　　　　　）

(4) 火事のれんらくを受けたら、消火にひつようなたくさんの水が使えるようにはたらくのは、どこですか。図の中からさがして書きましょう。

（　　　　）

ウ 交通少年団がまちなかで交通安全をよびかける。

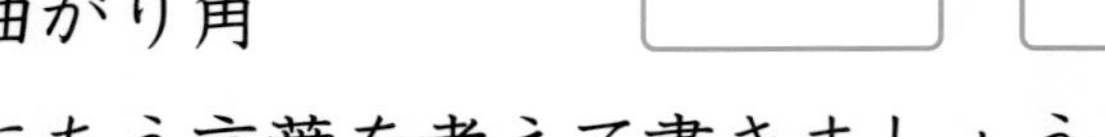

(2) 「カーブミラー」は、どのようなところにせっちするのがよいですか。㋐～㋒から２つえらびましょう。

㋐ ２本以上の道路が交わるところ

㋑ 交番が立っているところ

㋒ 道路の曲がり角

(3) 次の□にあう言葉を考えて書きましょう。

地いきでもまちを守る取り組みをしています。「緊急ひなんの家」のステッカーは□を子どもたちに知らせるためのものです。

⇧ 地いきでボランティアをしている人

（　　　　　　　　　　）

(切り取り線)

春のチャレンジテスト

教科書 128～155ページ

名前　　　　月　　日

時間 40分

知識・技能	思考・判断・表現	ごうかく80点
／70	／30	／100

答え45ページ

知識・技能　70点

1 次の絵を見て、問いに答えましょう。

1つ3点(6点)

(1) 右の絵の道具の名前を、□からえらびましょう。

石油ランプ　石うす

(　　　　)

(2) (1)は、何をするための道具ですか。㋐、㋑からえらびましょう。

㋐ 明かりのやくめをする道具

㋑ 音楽をきくための道具

2 次の問いに答えましょう。

1つ3点、(2)6点(15点)

(2) (1)の㋐や、昭和や大正、平成、令和など、年につけられたよび名のことを何といいますか。

(　　　　)

3 次の地図を見て、問いに答えましょう。

1つ3点(24点)

(1) ①～⑥の文を読み、正しいものには○を、まちがっているものには×をつけましょう。

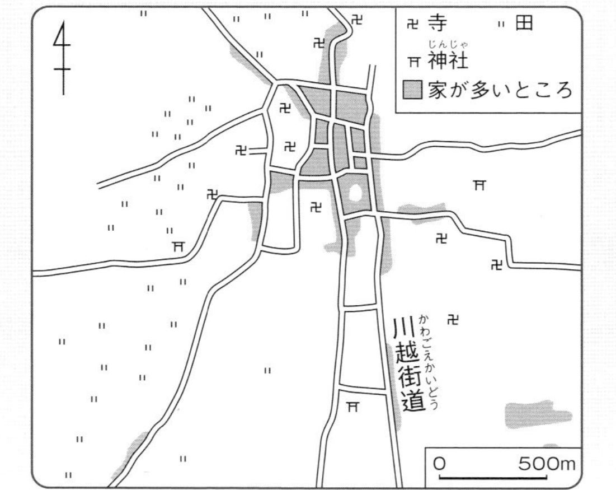

鉄道が通る前

① 鉄道が通ったあとより、通る前のほうが家が多い。

② 新しく駅ができた。

③ 鉄道が通ったあとの地図には、市役所ができている。

④ 道路の数はかわっ

(1) 下の時こく表を見て、次の文にあう言葉をえらびましょう。

・今からおよそ420年前から160年前の
㋐｛ 明治 ・ 江戸 ｝時代のころの川越では、
㋑｛ ひこうき ・ ふね ｝を使って人やものを運んでいた。

・今からおよそ130年前から80年前にかけて鉄道ができたことで、人びとは川越から東京まで
㋒｛ 1日かけて ・ 1時間ほどで ｝行けるようになった。

時こく表（東京方面行き）	
川越西町駅（今の川越駅）	東京の池袋駅
午前5：14発	午前6：25着
7：01	8：14
8：35	10：00
10：47	午後0：14
午後1：05	2：30
3：17	4：42
5：31	6：46
7：08	8：33

⬆ 東上鉄道の時こく表（1918年）

㋐（　　）
㋑（　　）
㋒（　　）

⬆ 鉄道が通ったあと（1924年ごろ）

ていない。

⑤ 鉄道が通る前からある神社の場所はかわっていない。

⑥ 鉄道が通る前の地図にもゆうびん局がある。

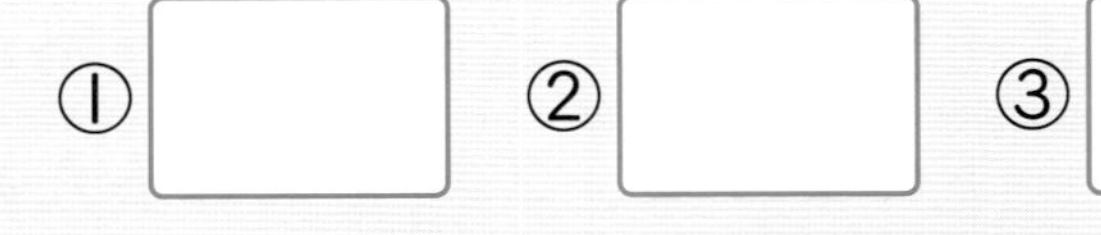

① ② ③
④ ⑤ ⑥

(2) 次の文にあう言葉をえらびましょう。

・鉄道が通ったことで交通の便がよくなり、住む人がふえたため、家が㋐｛ へり ・ ふえ ｝、㋑｛ 工場 ・ あれ地 ｝などもできた。

㋐（　　）　㋑（　　）

うらにも問題があります。

（切り取り線）

3年 社会のまとめ 学力しんだんテスト

月　日

名前

時間 40分

ごうかく70点　／100

答え47ページ

2については、学習の状況に応じてA・Bどちらかをえらんでやりましょう。

1 次の地図を見て、答えましょう。

1つ3点(12点)

⊕ ゆうびん局
㋐
∨ 畑
文 学校
○ かじゅ園
॥ 田
═ 高速道路
家や店の多いところ
0　500m
ショッピングセンター

(1) ㋐は何を表す地図記号ですか。（　　　）

(2) 次の①～③のうち、正しいものには○を、まちがっているものには×をつけましょう。

① 畑の北には学校がある。

2 のB　食べ物をつくる工場のくふうについて、答えましょう。

1つ5点(10点)

(1) 工場ではどのように数多くのせい品をつくっていますか。㋐・㋑からえらびましょう。 □

㋐ １人できかいでつくっている。

㋑ たくさんの人の手ときかいでつくっている。

(2) 右の絵のように、工場ではたらく人が、作業の前にエアシャワーで服のほこりを落とす理由を書きましょう。

（　　　）

3 ①～③のスーパーマーケットではたらく人の仕事を、㋐～㋒からえらびましょう。

1つ2点(6点)

①   

②    

③

② ゆうびん局の南にはかじゅ園がある。

③ 家や店は、田の北東に多く集まっている。

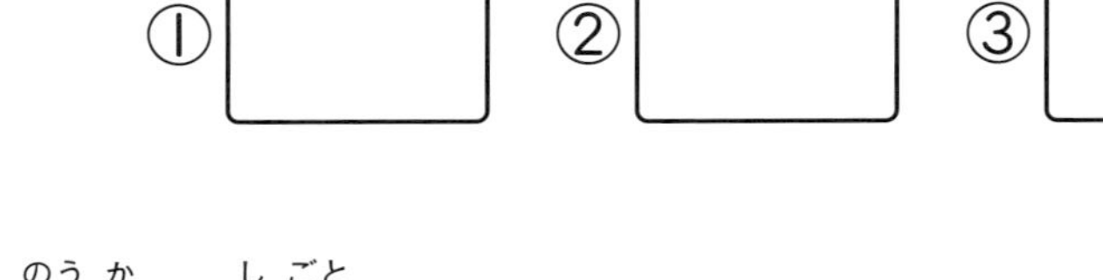
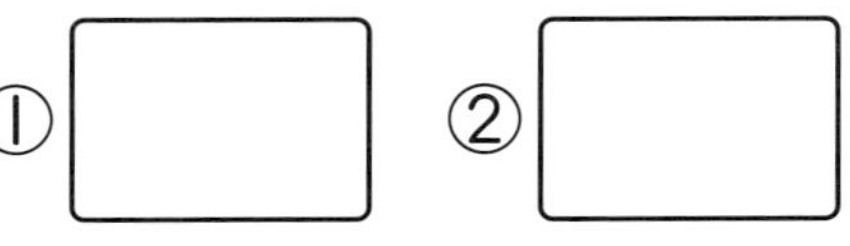

① ② ③

2のA　農家の仕事について、答えましょう。

1つ5点(10点)

(1) 右の作物カレンダー（農事ごよみ）からわかることを、㋐～㋒からえらびましょう。

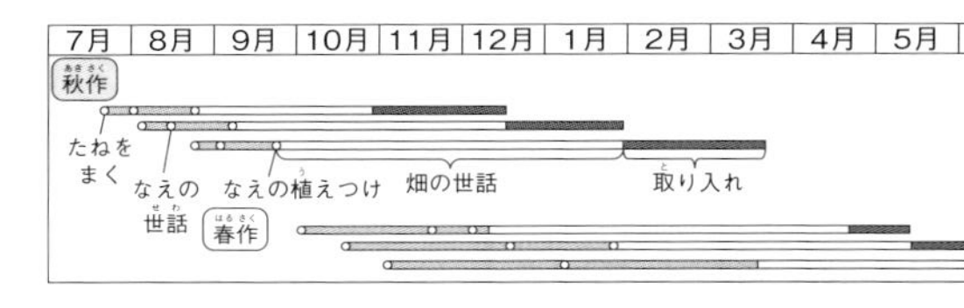

㋐ 取り入れが終わると、3か月休んでいる。

㋑ 1年を通して作業をしている。

㋒ 7月にだけ、たねをまいている。

(2) しゅうかくを手作業で行う理由を、「きず」という言葉を使ってかんたんに書きましょう。

(　　　　　)

㋐ 品物の売れぐあいから、注文の数を決める。

㋑ ひつようなだけ買えるように、切り分ける。

㋒ まちがえないようにお金を受けわたす。

① ② ③

4 事故が起きたときの図を見て、答えましょう。

(1)4点、(2)6点(10点)

(1) 110番の電話がつながる、Aを何といいますか。

(　　　　　)

(2) ①は、事故の現場でどのようなはたらきをしますか。かんたんに書きましょう。

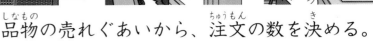

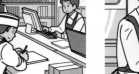

(　　　　　)

➡うらにも問題があります。

（切り取り線）

教科書ぴったりトレーニング

丸つけラクラクかいとう

日本文教版
社会３年

この「丸つけラクラクかいとう」はとりはずしてお使いください。

「丸つけラクラクかいとう」では問題と同じ紙面に、赤字で答えを書いています。

①問題がとけたら、まずは答え合わせをしましょう。

②まちがえた問題やわからなかった問題は、てびきを読んだり、教科書を読み返したりしてもう一度見直しましょう。

おうちのかたへ では、次のようなものを示しています。

- 学習のねらいやポイント
- 他の学年や他の単元の学習内容とのつながり
- まちがいやすいことやつまずきやすいところ

お子様への説明や、学習内容の把握などにご活用ください。

2ページ

ぴったり1 じゅんび　1. わたしのまち　みんなのまち　学校のまわり①

めあて　学校のまわりの様子の調べ方や、絵地図や方位についてりかいしよう。

教科書 6～14ページ　答え 2ページ

次の　に入る言葉を、下からえらびましょう。

1 わたしたちのお気に入りの場所／高いところから見た学校のまわりの様子　学校のまわりのたんけん／たんけんしたことを白地図に書きこもう①　教科書 8～14ページ

学校のまわりの様子

- 家のまわりや学校のまわりの様子を人につたえるには、（① 文章 ）でせつ明するより、（② 方位 ）や目じるし、道の様子などを絵で表した絵地図のほうがわかりやすい。
- 右の絵地図を見ると、学校のまわりには、急な坂道を上がった先にある、大きな（③ 神社 ）や、マンションなどの大きな（④ たて物 ）があることがわかる。
- 学校のまわりの様子を、高いところから方位ごとに（⑤ かんさつ ）して、気づいたことを話し合ってみるとよい。

絵地図

ワンポイント　方位じしんと地図の方位

- （⑥ 東西 ）南北の方位を調べるには方位じしんを使う。
- 方位じしんは色のついている方が（⑦ 北 ）をさす。
- 地図はふつう、北を（⑧ 上 ）にして表す。

方位じしん　地図の方位

右の地図の方位の図のように、矢じるしがさしている方向が北になる。

地いきの様子

- たて物や田などの土地の使われ方や、高いところやひくいところなど、（⑨ 土地の様子 ）をかんさつする。
- 交通や公共しせつの様子などをかんさつする。

公共しせつ　学校や市役所、消防しょ、交番、公園など、みんなのためにつくられたたて物や場所。

えらんだ言葉に ✓　かんさつ　文章　たて物　神社　東西　上　方位　北　土地の様子

2

3ページ

ぴったり2 練習

ぴたトリビア　昼の12時に太陽がある方向が南です。両手を広げて太陽にせなかを向けて立つと、顔の方が北、右手の方が東、左手の方が西、せなかの方が南です。

教科書 6～14ページ　答え 2ページ

1 次の絵や絵地図を見て、答えましょう。

(1) 方位を調べるために使う、右の絵の道具を何といいますか。（ 方位じしん ）

(2) 右の絵の中の①～④にあてはまる方位をそれぞれ書きましょう。①（ 北 ）②（ 東 ）③（ 南 ）④（ 西 ）

(3) 次の①～⑤のせつ明は学校のまわりの様子です。それぞれのせつ明にあう場所を、右の絵地図の中の㋐～㋔からえらびましょう。

① 公民館の東がわには大きな通りがあり、その通りには自転車が通るための道もある。（ ㋒ ）

② 急な坂道を上がっていくと、大きな神社がある。（ ㋑ ）

③ 地下鉄の駅の北がわには、にぎやかな商店がいがある。（ ㋓ ）

④ わたしたちの学校の近くには、古いお寺がたくさんならんでいる。（ ㋐ ）

⑤ 公園の北がわの大きな通りには、大きなたて物や店がならんでいる。（ ㋔ ）

(4) 公共しせつにあてはまるものに○をつけましょう。

①（ ）スーパー　②（ ○ ）学校　③（ ○ ）公園　④（ ○ ）市役所　⑤（ ）工場　⑥（ ）マンション

ヒント　1 (2) はりに色がついている方に注意しましょう。(3) せつ明にある方位にも注意しましょう。

3

できたかな？

□方位じしんで、色のついている方の方位を言ってみよう。
□公共しせつはどのような場所か、せつ明してみよう。

おうちのかたへ

東西南北の方位については、東と西がおぼえにくいので注意してください。また、地図を見る際、「学校は駅の上にあるね」など「上下左右」を使わず、「学校は駅の北にあるね」など「東西南北」を使うとよいでしょう。

練習　3ページ

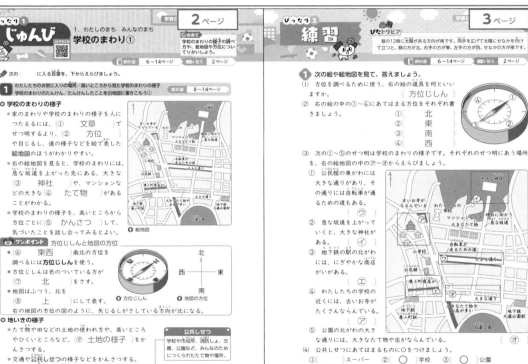

1 (2)方位じしんは、色がついている方が北をさします。また、北、南、東、西の４つの方位を四方位といいます。

(3)①は公民館と自転車が通るための道、②は急な坂道と大きな神社、③は地下鉄の駅と商店がい、④はわたしたちの学校の近くの古いお寺、⑤は公園と大きなたて物や店をヒントにして、絵地図をよく見ましょう。

(4)公共しせつは、国や都道府県、市区町村がみんなのためにつくったしせつのことです。みんなから集めたお金でつくられているという特ちょうがあります。公共しせつのれいとして、学校、市役所、けいさつしょ、消防しょ、公民館、じどう館、公園などがあります。スーパーや工場、マンションは、国や都道府県、市区町村がつくるものではなく会社がつくるものなので、公共しせつにはあてはまりません。

見やすい答え

おうちのかたへ

くわしいてびき

※紙面はイメージです。

ぴったり1 じゅんび

1．わたしたちの住んでいるところ

1 わたしたちの住んでいる市のようす①

めあて：姫路市の場所やようすの調べかたをおさえよう。

教科書 8～17ページ　答え 2ページ

次の（　）に入る言葉を、下からえらびましょう。

1 姫路市のようすを調べる／姫路市を調べる計画を立てる　教科書 10～15ページ

学習計画の立て方

- みんなの（① ぎもん ）をもとに、調べたいことを決める。
- 調べたいことを、どんな（② じゅん ）で調べればよいかを、みんなで考える。
- 調べる方法を考えたり、調べるための（③ しりょう ）をさがしたりする。
- 調べたことをどのように（④ まとめる ）のかを考える。

地図：調べたい場所の地図を見つけるときには、地図帳のさくいんやインターネットの地図を使います。

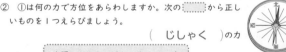

学習計画では、調べたいこと、調べ方、まとめ方を決めることが大切だね。

方向を方位であらわす方法

- （⑤ 北 ）をさすしるしを見つける。
  →北を前にしたとき、左の方向を（⑥ 西 ）、右の方向を東、後ろの方向を南とする。
  →四つの方位は合わせて「**4方位**」とよばれる。
- 「東西南北」の方位について、朝、（⑦ 太陽 ）がのぼる方向を東、夕方、太陽がしずむ方向を西とあらわすことができる。

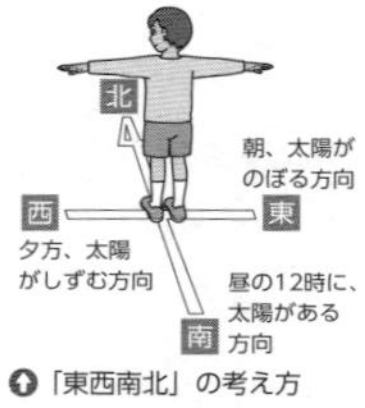

「東西南北」の考え方

2 学校のまわり～見学の計画を立てる～　教科書 16～17ページ

ワンポイント きょりや方位をたしかめる方法

- 地図の中にある（⑧ しゅくしゃく）は、じっさいのきょりをどのくらいちぢめたかをあらわしている。
- 右の図のような方位をたしかめるためのじしゃくを（⑨ 方位じしん ）という。
- **方位じしん**を（⑩ 平らな ）ところにおいたとき、色のついたはりは北の方を向いている。

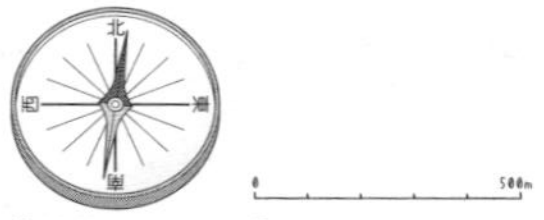

方位じしん　しゅくしゃく

えらんだ言葉に✓：□北　□西　□方位じしん　□じゅん　□しゅくしゃく　□平らな　□ぎもん　□まとめる　□しりょう　□太陽

ぴったり2 練習

ぴたトリビア：「右」と「左」を辞書で調べてみると、右は「南を向いたときの西」、左は「東に向いたときの北」など、方位を使って説明しているものもあります。

教科書 8～17ページ　答え 2ページ

1 次の文で正しいものには○を、まちがっているものには×をつけましょう。

① （ × ）先生から調べるようにしじされたことだけを調べる。
② （ × ）調べたいことは、みんなと話し合わないで一人で決める。
③ （ ○ ）調べ方を決めたり、調べるためのしりょうをさがしたりする。
④ （ ○ ）調べたことは、白地図にかきこんだり、カードにまとめたりする。

2 右の地図を見て、次の問いに答えましょう。

(1) 地図にある目もりは、じっさいのきょりをどのくらいちぢめたかをあらわしたものです。何とよばれていますか。
（しゅくしゃく）

(2) 次の①、②は、学校から見て、どの方位にありますか。4方位で答えましょう。
① スーパーマーケット（ 北 ）
② たくさんの人が集まるたてもの（ 東 ）

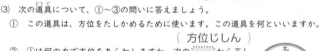

学校のまわりにあるもの

(3) 次の道具について、①～③の問いに答えましょう。
① この道具は、方位をたしかめるために使います。この道具を何といいますか。
（ 方位じしん ）
② ①は何の力で方位をあらわしますか。次の□から正しいものを１つえらびましょう。
（ じしゃく ）の力
太陽　じしゃく　ねつ　水
③ ①を平らなところへおいたとき、色のついたはりはどの方位をさしますか。
（ 北 ）

ヒント：2 (2)朝、太陽がのぼる方向が東で、夕方、太陽がしずむ方向が西です。

できたかな？
□方位じしんで、色のついているほうの方位を言ってみよう。

おうちのかたへ
東西南北の方位については、東と西が覚えにくいので注意してください。また、地図を見る際、「学校は駅の上にあるね」など「上下左右」を使わず、「学校は駅の北にあるね」など「東西南北」を使うとよいでしょう。

練習　3ページ

1 ①②先生のしじだけでなく、自分たちがきょうみをもっていることをみんなで話し合い、調べたいことや調べ方などを決めます。④みんなで調べたことは、さいごにまとめます。

2 (1)しゅくしゃくは、地図のはしに書かれています。
(2)①②地図の右上にある記号が方位をしめしています。三角の上が「北」、その下が「南」、右が「東」、左が「西」をそれぞれさします。
(3)②方位じしんは、方位をたしかめるためのじしゃくです。
③色のついたはりを、方位じしんに書かれている「北」の文字に合わせると、いま自分がいる場所からの東西南北の方位を知ることができます。

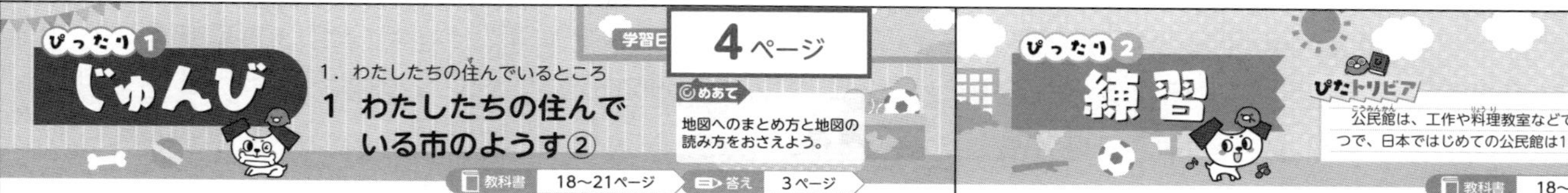

ぴったり1 じゅんび

1. わたしたちの住んでいるところ

1 わたしたちの住んでいる市のようす②

◎めあて 地図へのまとめ方と地図の読み方をおさえよう。

教科書 18～21ページ　答え 3ページ

次の（　）に入る言葉を、下からえらびましょう。

1 学校のまわり～見学

教科書 18～19ページ

学校のまわりにあるもの

- 図書館や公園などの（① 公共しせつ ）があった。

公共しせつ：市などによってつくられた、学校や公民館、図書館や公園などのみんなのためのたてものや場所。

見学カードのかき方

- 今まで知らなかったことなどを、（② 写真 ）にとったり、絵にかいたりして、見学カードの「たてものや土地のようす」にまとめる。
- 見学の（③ 計画 ）の「調べたいこと」を思い出しながら、見学カードの「もっと知りたいこと」にかきこむ。

見学カード（学校の西がわ）名前（〇〇△△）
◎たてものや土地のようす
◎見つけたこと 家がならんでいた。山の近くの土地が高いところにも、いくつか見えた。
◎もっと知りたいこと ほかにも家が集まっているところがあるのか。

見学カード

2 学校のまわり～調べたことを整理する～

教科書 20～21ページ

白地図への記入のしかた

- 白地図は（④ 北 ）を上にしてかく。北をさすしるしをかきこむ。

ワンポイント 地図の読み方

- 地図の中には、土地の使われ方やたてもの、鉄道などが、それぞれ決まった記号であらわされている。この記号を（⑤ 地図記号 ）という。

記号	意味
文	（⑥ 学校 ）
⛩	（⑦ 神社 ）

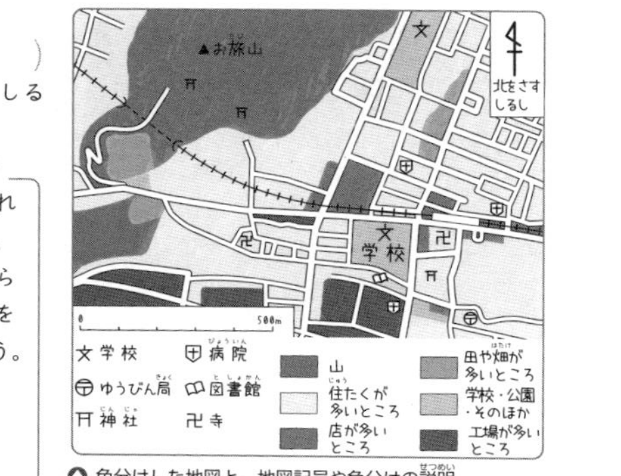

色分けした地図と、地図記号や色分けの説明

- 土地のようすを見て、同じものが集まるところに決まった色をぬり（⑧ 色分け ）すると、その土地が何にりようされているかが一目でわかる。

えらんだ言葉に✓：□地図記号　□色分け　□公共しせつ　□神社　□学校　□計画　□写真　□北

ぴったり2 練習

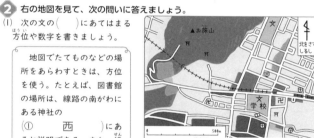

ぴたトリビア：公民館は、工作や料理教室などで、多くの人に使ってもらうためのしせつで、日本ではじめての公民館は1941年に岩手県にたてられました。

教科書 18～21ページ　答え 3ページ

1 次の文を読んで、下の問いに答えましょう。

このたてものは、市に住む人のためにつくられた（ 公共しせつ ）である。市の人たちがひつようなしょるいをつくったり、市へのおねがいを市役所へとどけたりしている。

(1) （　）にあてはまる言葉を書きましょう。

(2) この文が説明しているたてものを、㋐～㋒からえらびましょう。（ ㋐ ）

2 右の地図を見て、次の問いに答えましょう。

(1) 次の文の（　）にあてはまる方位や数字を書きましょう。

地図でたてものなどの場所をあらわすときは、方位を使う。たとえば、図書館の場所は、線路の南がわにある神社の（① 西 ）にあると説明できる。また、線路の北がわには、病院が（② 2 ）かしょあることが読み取れる。

色分けした地図と、記号や色分けの説明

(2) 次の文にあてはまる言葉を〇でかこみましょう。

① 地図の色分けによって、この地いきでは、住たくよりも店の方が{（少ない）・多い}ことがわかる。

② 線路の南がわにある、学校の南には、{山・（工場が多いところ）}が広がる。

ヒント ❷ 地図の中で線路は+++++であらわされています。

できたかな？

□公共しせつにはどのようなものがあるか説明してみよう。
□学校や家のまわりにあるものを、地図記号であらわしてみよう。

おうちのかたへ

地図記号は教科書に掲載されているもの以外にも、多くの種類があります。国土地理院のキッズページでは地図記号の一覧や由来などを見ることができますので、お子様といっしょに確認してみるとよいでしょう。

練習 5ページ

❶ (1)文中に「市に住む人のためにつくられた」とあることから、公共しせつだとわかります。市役所のほかに、学校や公民館、図書館、公園なども公共しせつです。

(2)㋐は市役所支所、㋑は児童センター、㋒はスーパーマーケットをあらわしています。

❷ (1)地図記号の数は、げんざい100しゅるい以上ありますが、今回の地図中にある地図記号はどれもよく出てくるものですので、しっかりおぼえておきましょう。

(2)①黄色の部分（住たくが多いところ）と赤色の部分（店が多いところ）をくらべると、赤色の部分のほうが少ないことがわかります。

ぴったり3 たしかめのテスト

1. わたしたちの住んでいるところ

1 わたしたちの住んでいる市のようす

/100 ごうかく80点

教科書 8～21ページ　答え 4ページ

1 次の問いに答えましょう。　1つ5点（20点）

(1) よく出る 方位じしんを平らなところへおいたとき、色のついたはりがさす方位を正しくあらわしているものを、㋐～㋓からえらびましょう。　（㋓）

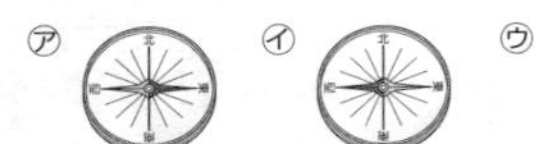
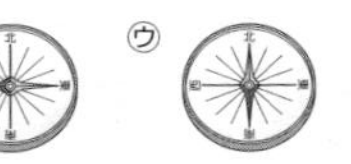

㋐　㋑　㋒　㋓

(2) 右の図を見て、次の文の①、②にあてはまる言葉を書きましょう。また、③にあてはまる言葉を、下の㋐～㋓からえらびましょう。

朝、太陽が（①）方向が東で、夕方、太陽が（②）方向が西である。また、（③）に太陽がある方向が南である。

㋐ 午前10時　㋑ 昼の12時　㋒ 午後２時　㋓ 午後６時

①（のぼる）　②（しずむ）　③（㋑）

2 次の①～③は、見学カードにかかれた土地のようすをあらわしています。これを見て、問いに答えましょう。　1つ5点（20点）

(1) ①～③から読み取れることとしてあてはまるものを、㋐～㋒からそれぞれえらびましょう。

①（㋒）　②（㋑）　③（㋐）

㋐ 大ぜいのお年よりがたてものを出入りしていた。
㋑ 広いちゅう車場に車がたくさんとまっていた。
㋒ 学校の西がわは、小高いおかになっていて、家が集まっていた。

(2) 市などによってつくられた、みんなのためのたてものや場所を何といいますか。

（公共しせつ）

3 右の地図から読み取れることとして、正しいものには○を、まちがっているものには×をつけましょう。 技能

れんさんがつくった地図

りこさんがつくった地図

1つ5点（20点）

①（×）2人の地図では、学校・ようち園は同じマークであらわされている。
②（○）住たくは、1つの地図でのみあらわされている。
③（○）しゅくしゃくは、どちらも同じである。
④（○）1つは道路に注目してかかれている。

4 右の地図を見て、次の問いに答えましょう。　1つ5点、(4)は10点（40点）

(1) 地図に入れる北をさすしるしを□にかきましょう。

(2) できたらスゴイ！ あといで、土地が高いのはどちらですか。記号で答えましょう。（あ）

(3) 地図から読み取れることとして、正しいものには○を、まちがっているものには×をつけましょう。 技能

①（×）線路の南にある学校の西に図書館がある。
②（○）駅のまわりには店が多い。
③（○）土地のりようによって、色分けされている。
④（×）神社よりも寺のほうが多い。

色分けした地図と、記号や色分けの説明

記述 (4) 右上の地図の特ちょうについて、次の文の（　）にあてはまるないようを書きましょう。 思考・判断・表現

地図記号のようなきまりがあるため、

（（れい）だれが見てもわかりやすい地図になっている）。

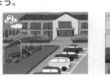

ふりかえり ❹(4)がわからないときは、4ページの2にもどってかくにんしてみよう。

記述問題のプラスワン

4 (4)地図にはさまざまなじょうほうが書いてあり、その場所がどのようなところであるかを知ることができます。地図はべんりな道具であることのほか、いろいろな人が見るものでもあることも学びました。そのため、だれでも同じように地図を見ることができるくふうが「地図記号」と、土地の利用をしめす「色分け」です。今回の問題では、そのことを答えられるようにしましょう。「土地のりようが一目でわかる」などと書いても正かいです。

たしかめのテスト 6～7ページ

1 (1)方位じしんで色のついたはりは、北の方位をさします。
(2)太陽は東からのぼり、昼の12時に南のいちにきて、西にしずんでいきます。

2 (2)公共しせつには、学校や図書館、公園などがあります。

3 (1)①学校・ようち園は、れんさんの地図では、「が」という一文字であらわされているのにたいして、りこさんの地図では、自分で考えたマークであらわされています。

4 (2)あといをくらべると、あはお旅山のなかにいちしているので、いの住たくが多いところよりも土地が高いと考えられます。
(3)①図書館は線路の南にある学校の南にいちしています。学校の西には寺があります。④この地図の中に神社は３つ、寺は２つあります。
(4)地図によってちがった絵や記号を使うと、土地のようすがわかりにくくなってしまいます。そこで、きょうつうの地図記号を使うことで、だれが見ても一目でわかるようにくふうされています。

ぴったり1 じゅんび

1. わたしたちの住んでいるところ

1 わたしたちの住んでいる市のようす③

8ページ

めあて 地図や写真から姫路駅のまわりのようすや特ちょうをりかいしよう。

教科書 22~23ページ　答え 5ページ

次の（　）に入る言葉を、下からえらびましょう。

1 姫路駅のまわり　教科書 22~23ページ

姫路駅のまわりのようす

- 駅から姫路城までつづいている、まっすぐな（① 広い ）道路の両がわには（② 高い ）たてものが多くたっている。
- 店が多く、たくさんの人が来る。
- 世界いさんに登ろくされている（③ 姫路城 ）は有名な場所で、（④ 観光 ）に来る人が多い。

姫路駅前のようす

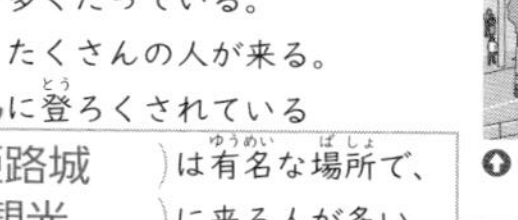

世界いさん
これからもみんなでたいせつにのこしていくべきだとして、世界でみとめられた場所やたてものなど。

姫路市の交通

- 姫路駅には電車や（⑤ バス ）などに乗ってたくさんの人がおとずれる。
- 姫路市を横切るように、2本の（⑥ 高速道路 ）がはしっている。
- 姫路市は（⑦ 交通 ）の便がよいため、多くの人が集まる。

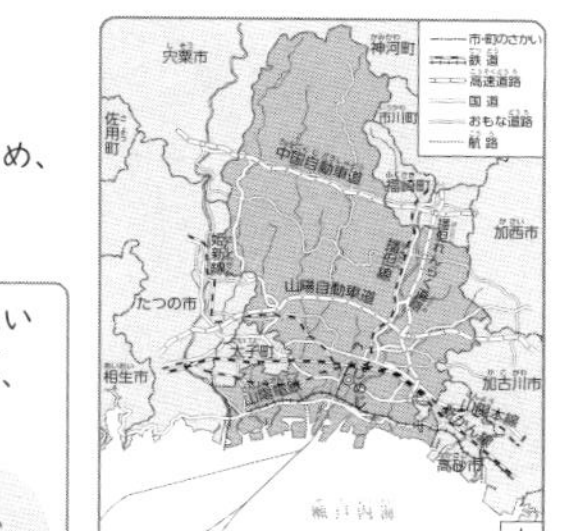
姫路市の交通の地図

ワンポイント　観光と交通

- 観光…自分が住んでいる地いきとはちがう地いきに行き、その土地ならではのけしきや自然、（⑧ 食べ物 ）などを楽しむこと。
- 交通…人や乗り物がゆききすること。鉄道や道路などがたくさん集まっている場所は、交通の便がよく、人が多く集まる。

交通の便がよいと、よりたくさんの人がその土地をおとずれるんだね。

えらんだ言葉に✓　□観光　□バス　□広い　□食べ物　□高い　□交通　□姫路城　□高速道路

ぴったり2 練習

9ページ

ぴたトリビア 世界いさんに登ろくされているさまざまな城のほとんどは、石やレンガなどでつくられていますが、姫路城は木材を使ってつくられています。

教科書 22~23ページ　答え 5ページ

1 右の地図を見て、次の問いに答えましょう。

(1) 右の地図から読み取れることとして、正しいものには○を、まちがっているものには×をつけましょう。

① ひめじ駅から姫路城までつづいているまっすぐな広い道路のまわりには、家が多くたっている。
② 姫路城の近くには、博物館・美じゅつ館がある。
③ さんようひめじ駅の西にはゆうびん局がある。
④ 姫路城の東がわには神社が多くいちしている。
⑤ ひめじ駅を通る線路の数は1本だけである。

①（ × ）　②（ ○ ）　③（ ○ ）
④（ × ）　⑤（ × ）

姫路駅のまわりの地図

(2) 姫路城について答えましょう。

① ひめじ駅からみると、姫路城はどの方位にありますか。4方位で答えましょう。（ 北 ）
② 姫路城について説明した次の文の（　）にあてはまる言葉を書きましょう。

姫路城は、これからもたいせつにのこしていかなければならないたてものとして（①）に登ろくされているので、（②）でおとずれる人がたくさんいる。

①（ 世界いさん ）　②（ 観光 ）

(3) 姫路市に多くの人が集まってくる理由としてあてはまるものを、㋐~㋒からえらびましょう。（ ㋐ ）

㋐ 交通の便がよいため。　㋑ 山が近くにあるため。
㋒ 海が近くにあるため。

ヒント **1** 地図はふつう「北」を上にすることから考えましょう。

できたかな？
□交通きかんには、鉄道のほかにどのようなものがあるか、れいをあげてみよう。

おうちのかたへ
地図は実際の大きさを縮めて表示されているため、問題で問われたときに、例えば「駅から1500mはなれている」と解答ができても、お子様の実際の距離感がともなっていないことが多いです。その場合、「学校の25mプールを何往復したのと同じ距離」などと、お子様の身近な距離に置き換えると、より理解が深まります。

練習　9ページ

1 (1)①ひめじ駅から姫路城までつづいているまっすぐな広い道路のまわりには、家ではなく、高いたてものが多く立っています。
④姫路城の東がわには、神社よりも寺が多く見られます。
⑤鉄道の線路はふく数あることがわかります。
(2)②姫路城は、日本ではじめて世界いさんに登ろくされたうちの一つです。平成5（1993）年に、兵庫県の姫路城、奈良県の法隆寺地いきの仏教建造物、鹿児島県の屋久島、青森県・秋田県の白神山地がそれぞれ世界いさんに登ろくされました。
(3)姫路駅のまわりには、バスやタクシーの乗り場もあり、人や乗り物のゆききがさかんです。

ぴったり1 じゅんび

1．わたしたちの住んでいるところ
1 わたしたちの住んでいる市のようす④

学習日 **10ページ**

めあて 地図や写真から姫路市内のようすや特ちょうをりかいしよう。

教科書 24〜27ページ　答え 6ページ

次の(　)に入る言葉を、下からえらびましょう。

1 市役所やみんながりようするしせつがあるところ　教科書 24〜25ページ

市役所のまわりのようす

- 市役所は姫路駅の(① 南)の方向にある。
- 市役所や手柄山のまわりには、ぼうさいセンター、平和しりょう館、体育館などの(② 公共しせつ)がある。

公共しせつが集まるところ

市役所の仕事

- 市民がおさめる(③ ぜい金)を使っていろいろな仕事をする。
- 市民センターや水族館、図書館など、たくさんの公共しせつを管理する。
- 地しんや大雨などの(④ さいがい)にそなえて、ぼうさいについてのしりょうをつくる。
- 世界中で取り組んでいる(⑤ SDGs)という目標にむけた話し合いもしている。

SDGs：2030年までに世界中が達成するべき目標のこと。

2 古い町なみがのこるところ　教科書 26〜27ページ

古い町なみがのこるところ

- 姫路市は(⑥ 城)を中心にまちがつくられ、同じような(⑦ 仕事)をする人たちは、同じ町に集められた。
- てきから城を守るために(⑧ のこぎり横丁)のようにぎざぎざにつくられた道などが、昔のままのこされている。

古い町なみがのこるところ

古くからつづく行事

- 松原八幡神社の「灘のけんか(⑨ 祭り)」は、およそ1000年前からたいせつに受けつがれている。

えらんだ言葉に☑　□さいがい　□ぜい金　□仕事　□のこぎり横丁　□城　□祭り　□公共しせつ　□南　□SDGs

ぴったり2 練習

学習日 **11ページ**

ぴたトリビア 平和しりょう館は、せんそうによるひがいや、平和にかんするしりょうを集めているところです。

教科書 24〜27ページ　答え 6ページ

1 右の地図を見て、次の問いに答えましょう。

(1) ㋐のたてものについて説明した次の文の(　)にあてはまる言葉を、下の　からえらびましょう。

㋐のたてものは、(① 消ぼうしょ)の近くにあり、さいがいを体けんできる、(② ぼうさいセンター)であると考えられる。

交番　消ぼうしょ　ぼうさいセンター　武道館

公共しせつが集まるところ

(2) ㋐のたてものは(　)が管理する公共しせつです。(　)にあてはまるしせつの名前を書きましょう。　(市役所)

(3) 地図から読み取れることとして正しいものを、㋐〜㋒からえらびましょう。　(㋒)

㋐ 市役所の南にひめじ駅がある。
㋑ てがら駅の東がわのほうが西がわより、公共しせつが多い。
㋒ ひめじ駅前の広い通りぞいには、ゆうびん局がある。

2 次の問いに答えましょう。

(1) 電話のしかたとして、正しいものには○を、まちがっているものには×をつけましょう。

① (○)聞きたいことは、電話をする前に書き出しておく。
② (○)まずあいさつをして、学校名と自分の名前を言う。
③ (×)メモは電話を切ったあとでまとめて取る。

(2) 次の①、②の説明としてあてはまるものを、下の㋐〜㋒からえらびましょう。

①(㋑)のこぎり横丁　②(㋐)金屋町

㋐ なべやかまをつくるところが集まっていた。
㋑ 城をてきから守るためのくふうがされていた。
㋒ 米屋が集まっていた。

ヒント 2 (2)①のこぎり横丁では、ぎざぎざにつくられた道などが、昔のままのこされています。

練習　11ページ

1 (1)消ぼうしょの地図記号は、昔に火を消す道具として使われていた「さすまた」の形がもとになっています。
(2)公共しせつを管理することは、市役所の仕事のひとつです。
(3)㋐ひめじ駅は、市役所の北にあります。
㋑公共しせつの多くは、てがら駅の西がわにある手柄山中央公園に集中しています。

2 (1)③メモは電話でしつもんしながら取ります。
(2)昔のようすがわかるたてものや町なみをかんさつすると、姫路市は、姫路城という城を中心にまちが作られてさかえていったことがわかります。このような町を城下町といいます。

できたかな？

□市役所ではどのような仕事をしているのか、説明してみよう。
□自分が住んでいる地いきの、昔のようすがわかるたてものや町なみのとくちょうを調べてみよう。

おうちのかたへ

みんなが利用する場所なのに、なぜデパートや映画館、スーパーマーケットやコンビニエンスストアは公共施設ではないのかということが、なかなか理解できないかもしれません。会社や個人が経営していること、税金が使われていないことなど、公共施設との違いをお子様といっしょに確認してみてください。

12ページ

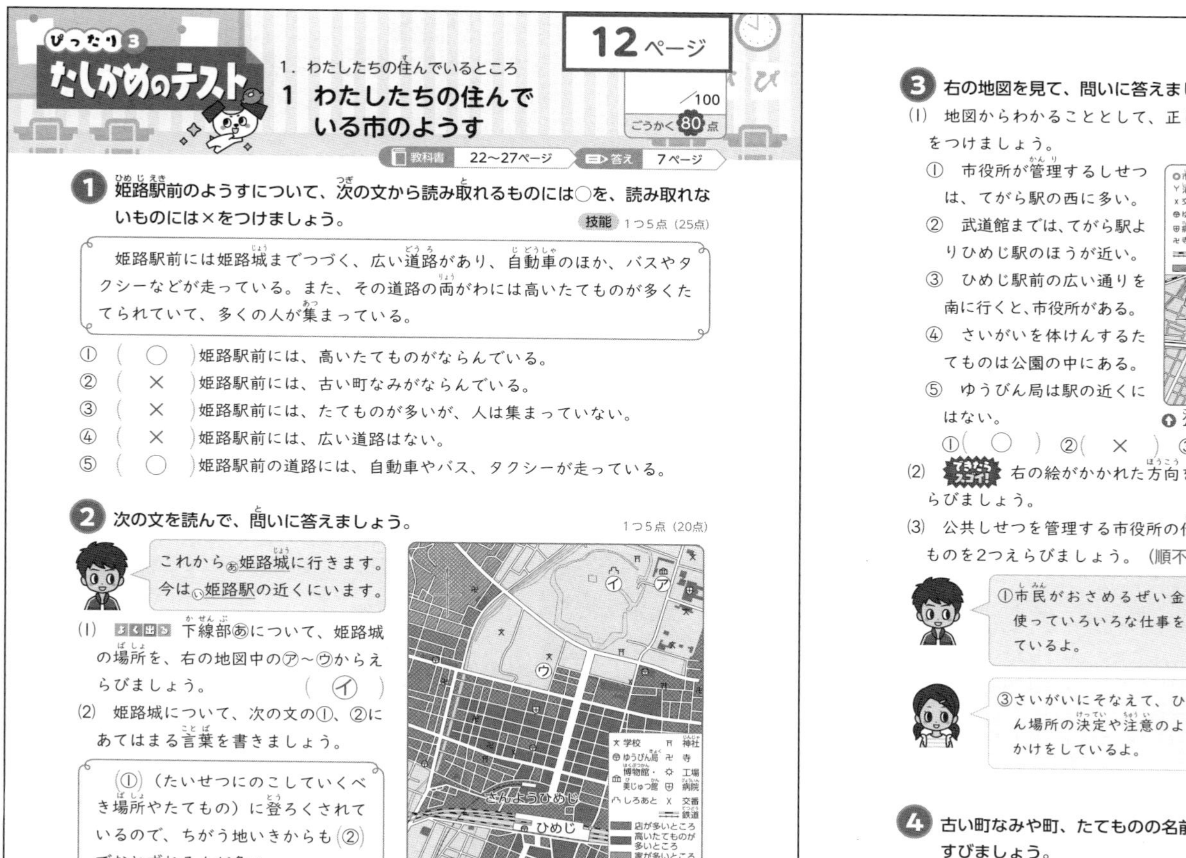

ぴったり3 たしかめのテスト

1. わたしたちの住んでいるところ

1 わたしたちの住んでいる市のようす

/100 ごうかく80点

教科書 22~27ページ　答え 7ページ

1 姫路駅前のようすについて、次の文から読み取れるものには○を、読み取れないものには×をつけましょう。　技能 1つ5点（25点）

> 姫路駅前には姫路城までつづく、広い道路があり、自動車のほか、バスやタクシーなどが走っている。また、その道路の両がわには高いたてものが多くたてられていて、多くの人が集まっている。

① （ ○ ）姫路駅前には、高いたてものがならんでいる。
② （ × ）姫路駅前には、古い町なみがならんでいる。
③ （ × ）姫路駅前には、たてものが多いが、人は集まっていない。
④ （ × ）姫路駅前には、広い道路はない。
⑤ （ ○ ）姫路駅前の道路には、自動車やバス、タクシーが走っている。

2 次の文を読んで、問いに答えましょう。　1つ5点（20点）

> これからあ姫路城に行きます。今はい姫路駅の近くにいます。

(1) よく出る 下線部あについて、姫路城の場所を、右の地図中のア～ウからえらびましょう。（ イ ）

(2) 姫路城について、次の文の①、②にあてはまる言葉を書きましょう。

> （①）（たいせつにのこしていくべき場所やたてもの）に登ろくされているので、ちがう地いきからも（②）でおとずれる人が多い。

①（ 世界いさん ）　②（ 観光 ）

姫路駅のまわりの地図

記述 (3) 下線部いについて、人が集まる理由を、「交通」という言葉を使って書きましょう。　思考・判断・表現

（（れい）鉄道や道路が集まっていて、交通の便がよいから。）

12

13ページ

3 右の地図を見て、問いに答えましょう。　1つ5点（40点）

(1) 地図からわかることとして、正しいものには○を、まちがっているものには×をつけましょう。　技能

① 市役所が管理するしせつは、てがら駅の西に多い。
② 武道館までは、てがら駅よりひめじ駅のほうが近い。
③ ひめじ駅前の広い通りを南に行くと、市役所がある。
④ さいがいを体けんするたてものは公園の中にある。
⑤ ゆうびん局は駅の近くにはない。

公共しせつが集まるところ

①（ ○ ）②（ × ）③（ ○ ）④（ × ）⑤（ × ）

(2) できたらスゴイ！ 右の絵がかかれた方向を、地図中のア～ウからえらびましょう。（ イ ）

(3) 公共しせつを管理する市役所の仕事について、あてはまるものを2つえらびましょう。（順不同）（ ① ）（ ③ ）

①市民がおさめるぜい金を使っていろいろな仕事をしているよ。
②市民をバスやタクシーに乗せて目的地まで運んでいるよ。
③さいがいにそなえて、ひなん場所の決定や注意のよびかけをしているよ。
④けがをした人や病気の人を手当てしたり、しんさつしたりするよ。

4 古い町なみや町、たてものの名前について、①～③の説明にあうものを線でむすびましょう。　1つ5点（15点）

① のこぎり横丁 ― ④てきから城を守るためにくふうした。
② 固寧倉 ― ⑤さいがいにそなえて食べ物をほかんした。
③ 米屋町 ― ⑦同じような仕事をする人が集まった。

ふりかえり ❷(3)がわからないときは、8ページの❶にもどってかくにんしてみよう。

13

記述問題のプラスワン

2 (3)ひめじ駅の近くには、広くてまっすぐな道路があり、バスやタクシー、鉄道など、さまざまな交通きかんがあります。このようなじょうたいを「交通の便がよい」というひょうげんにまとめて書けるようにしましょう。

たしかめのテスト　12～13ページ

2 (1)アは博物館・美じゅつ館、イは城あと、ウは学校をあらわす地図記号です。

(2)①世界にみとめられ、たいせつにのこすべき場所やたてものを世界いさんといいます。

3 (1)②武道館はてがら駅の方が近いです。④さいがいを体けんすることができるぼうさいセンターは、公園の外にあります。⑤ひめじ駅の中やひめじ駅、てがら駅の南がわにゆうびん局をあらわす地図記号があります。

(2)絵には、球場やりくじょうきょうぎ場がうつっています。これらのしせつが見える方向をさすやじるしをえらびます。

4 (1)①のこぎり横丁にのこるぎざぎざにつくられた道は昔、日本でいくさがあったころの、てきから城を守るためのくふうのひとつだと考えられています。②固寧倉は、さいがいにそなえて食べ物をほかんしていた倉庫です。

ぴったり1 じゅんび

1. わたしたちの住んでいるところ

1 わたしたちの住んでいる市のようす⑤

学習日 **14ページ**

めあて 地図や写真から田や畑、山にかこまれた土地のようすや特ちょうをりかいしよう。

教科書 28～31ページ　答え 8ページ

次の(　)に入る言葉を、下からえらびましょう。

1 田や畑の多いところ　教科書 28～29ページ

土地のようす

- 姫路市には森林や緑地、家のほかに、(① 田や畑)が多く広がっている。
- 2本の大きな川が流れていて、その近くには水不足にそなえた(② ため池)がある。

わかったこと

- (③ 平らな)土地と、川やため池の水を生かした(④ 農業)がさかんで、米や野菜などの(⑤ 農作物)が作られている。

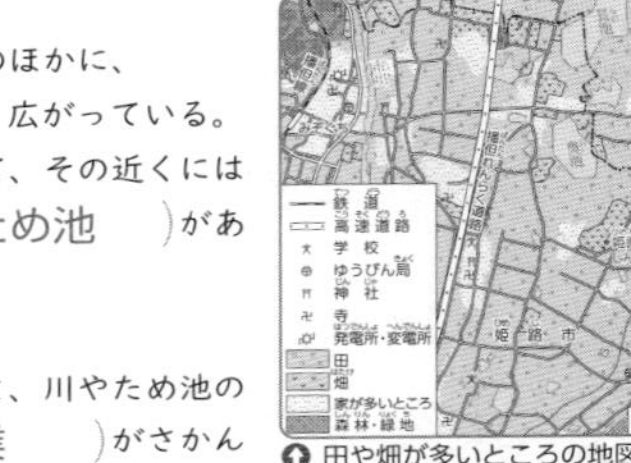

田や畑が多いところの地図

2 山にかこまれたところ　教科書 30～31ページ

土地のようす

- 姫路市の北の方は、ほとんど(⑥ 森林)にかこまれていて、たてものや店は少ない。
- 山おくまで(⑦ 細い)道がつづいている。

わかったこと

- ゆたかな自然を生かした(⑧ 林業)がさかんで、なかには**村おこし**をしているところもある。

木を切り出すようす

ワンポイント 農業と林業

- **農業**…田や畑で、米や野菜、くだものなどの農作物を作る仕事。ぶたや牛などをしいくすることも農業にふくまれる。
- **林業**…木を植えて育てたり、木を切って材木にしたりする仕事。

どちらも地いきの土地のようすや自然のよさを生かした仕事だね。

えらんだ言葉に ☑　□農作物　□森林　□細い　□林業　□ため池　□田や畑　□平らな　□農業

ぴったり2 練習

学習日 **15ページ**

ぴたトリビア 日本は国土のおよそ3分の2が森林である自然豊かな国です。日本でいちばん森林の面積が広いのは北海道です。

教科書 28～31ページ　答え 8ページ

1 右の地図を見て、次の問いに答えましょう。

(1) 地図の中にある姫路市農業しんこうセンターについて説明した次の文の(　)にあてはまる言葉を、下の[　]からえらびましょう。

このたてものは、まわりを多くの(① 田や畑)にかこまれているところに立っており、新しく(② 農業)をはじめたい人に(③ 農作物)の育て方を教えたりしている。

神社や寺　農業　ため池　田や畑　村おこし　農作物

田や畑が多いところのようす

(2) 次の文にあてはまる言葉を○でかこみましょう。

① この地図の場所の多くは{山がちな・(平たい)}土地になっている。

② 2本の川のあいだには{(道路)・鉄道}が通っている。

2 次の問いに答えましょう。

(1) 地図から読み取れることとして、正しいものには○を、まちがっているものには×をつけましょう。

①(×)湖から2本の川が流れている。

②(○)学校の北には神社、南には交番がある。

③(×)広くて長い道路が、山のおくまでつづいている。

(2) 木を植えて育てたり、木を切って材木にして売ったりする仕事を何といいますか。

(林業)

山にかこまれたところの地図

ヒント 1 (2)②西には「市川」、東には「平田川」が流れています。

練習　15ページ

1 (1)①②③姫路市農業しんこうセンターのまわりには、田や畑が広がっているため、農業がさかんな場所であることがわかります。

(2)①山がちな土地は、地図の東などに多くある森林・緑地の場所です。

②西を流れる市川と東を流れる平田川のあいだには、播但れんらく道路が通っています。

2 (1)①湖から流れている川は、林田川の1本だけです。

③山のおくまで、細い道がつづいています。

(2)林業は、木を植えて育てたり、木を切って木材を取り出したりする仕事です。農作物を作る仕事である農業とまちがえないようにしましょう。

できたかな？

□田や畑はどのようなところにあるか説明してみよう。

□農業、林業はそれぞれどんな仕事か、自分の言葉で説明してみよう。

おうちのかたへ

この単元では、対象となる地域が学校のまわりから市へと広がります。地図の読み取りも、方位と地図記号だけでなく、凡例を見ながら土地の高低や使われ方、交通機関や公共施設の分布など、いくつかの要素を関連させて読み取ることを学習します。

ぴったり1 じゅんび

1．わたしたちの住んでいるところ

1 わたしたちの住んでいる市のようす⑥

めあて 地図や写真から海に近い土地のようすや特ちょうをりかいしよう。

教科書 32〜35ページ　答え 9ページ

次の（　）に入る言葉を、下からえらびましょう。

1 海に近いところ

教科書 32〜33ページ

海の近くのようす

- 姫路市の南には、海を（① うめ立て ）ててきた場所に大きな（② 工場 ）が多く立地している。
- 海岸線は（③ まっすぐ ）なのが特ちょうで、近くに港があることから、大きな（④ 船 ）を使って原料やせい品を運ぶことができる。
- 広い道路があり、（⑤ トラック ）でものを運ぶのにもべんりである。

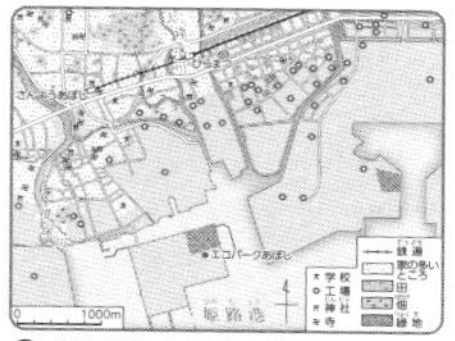

海に近いところの地図

2 まわりを海にかこまれているところ

教科書 34〜35ページ

海にかこまれている島

- 海にかこまれた家島諸島には大きな（⑥ 池や川 ）が少ないため、島の人の飲み水は、同じ兵庫県の赤穂市から（⑦ 海底送水管 ）で送られてくる。
- たてものの材料などに使う石を切り出して運ぶ仕事や、（⑧ 漁業 ）の仕事をしている。
- およそ200年前からつづく家島天神祭では、海の安全とほうさくをいのっておこなわれる。

家島諸島の地図

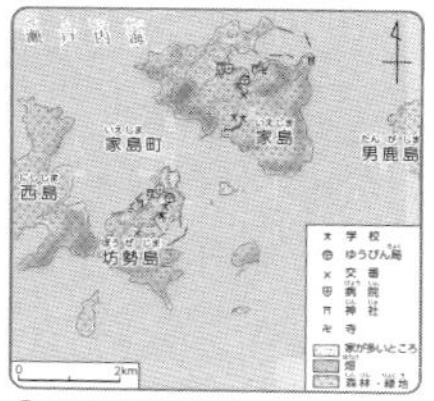

ワンポイント 漁業

- 魚や貝、海そうなどの海産物をとったり育てたりする仕事。

漁業のほかにも、船で買い物に出かけることもあるから、家島諸島の人にとって、船はくらしにかかせないものだね。

えらんだ言葉に✓　□トラック　□まっすぐ　□船　□工場　□漁業　□池や川　□うめ立て　□海底送水管

ぴったり2 練習

ぴたトリビア 兵庫県の赤穂市と家島をむすび、水をとどける配管である海底送水管はぜんぶでおよそ17.6kmあり、これは日本一の長さです。

教科書 32〜35ページ　答え 9ページ

1 次の問いに答えましょう。

(1) 右の地図で、多くの工場があるところの説明として正しいものを、㋐〜㋒からえらびましょう。（ ㋐ ）

㋐ 海をうめ立てたところにある。
㋑ 家が多いところにある。
㋒ 鉄道ぞいにある。

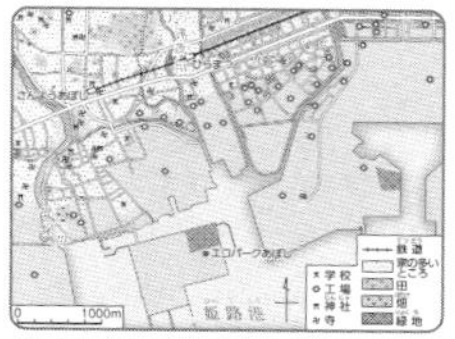

海に近いところの地図

(2) 次の文の（　）にあてはまる言葉を書きましょう。

工場が港の近くにあるのは、大きな船を使って原料や（ せい品 ）を運ぶのにべんりだからである。

(3) 右の図から、いちばん数が多い工場のしゅるいをえらびましょう。（ 機械 ）

(4) 図中の□にあてはまる食りょう品の工場の数を、㋐〜㋒からえらびましょう。（ ㋑ ）

㋐ 75　㋑ 125　㋒ 170

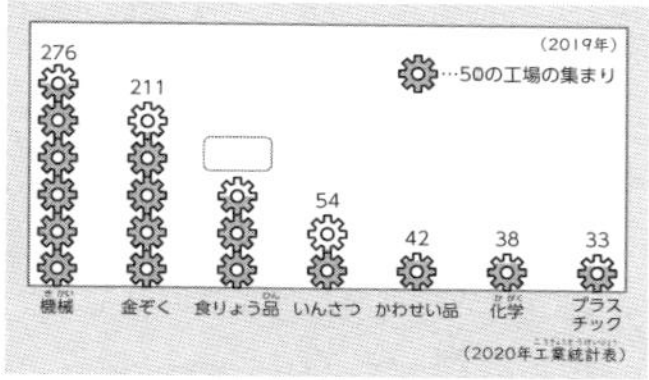

(2019年) …50の工場の集まり

機械	金ぞく	食りょう品	いんさつ	かわせい品	化学	プラスチック
276	211	□	54	42	38	33

(2020年工業統計表)

姫路市のしゅるい別の工場の数

2 右の地図を見て、次の問いに答えましょう。

(1) 地図から読み取れることとして、正しいものには○を、まちがっているものには×をつけましょう。

①（ ○ ）坊勢島には神社・病院・ゆうびん局・学校がある。
②（ × ）地図にある島のうち、交番があるのは家島だけである。
③（ × ）西島は坊勢島とつながっており、家が多くいちしている。

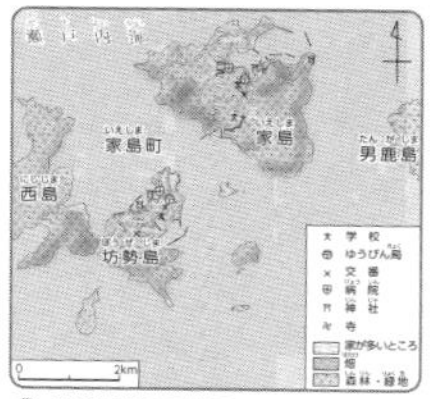

家島諸島の地図

(2) 家島諸島でさかんにおこなわれている、魚や貝、海そうなどをとったり育てたりする仕事を何といいますか。（ 漁業 ）

ヒント 1 (1)工場がたっている場所の海岸線がまっすぐになっているのはなぜか思い出しましょう。(4) マーク1つは50の工場の集まりであることに注目しましょう。

練習 17ページ

1 (1)海をうめ立ててつくられた場所であるため、海岸線がまっすぐになっているのが特ちょうです。

(3)グラフの中で、いちばんマークの数が多い工場のしゅるいをえらびましょう。

(4)１つのマークは50の工場の集まりをあらわしています。食りょう品工場は、このマークが２つと半分あるので、125であるとわかります。

１つのマークで50の工場
→２つのマーク…50が２つで100
１つの半分のマーク
…50の半分で25
→100+25=125

2 (1)②交番は坊勢島にもあります。
③西島と坊勢島はつながっていません。また、西島に家が多いところはなく、ほとんどが森林・緑地となっています。

できたかな？

□工業、漁業はそれぞれどんな仕事か、自分の言葉で説明してみよう。

おうちのかたへ

今回学習した「工業」は、先に学習した農業、林業に比べて小学生が身近に感じにくい仕事です。工業の説明の中に「原料を暮らしに必要な品物につくりかえる」とあるように、例えば「石油」からつくられる「プラスチック製品」や「ビニール袋」「ペットボトル」など、生活に身近なものを例に挙げ、徐々に工業の意味を把握していけるようにするとよいでしょう。

1. わたしたちの住んでいるところ

1 わたしたちの住んでいる市のようす⑦

めあて 姫路市のようすを、白地図とガイドマップにまとめてみよう。

教科書 36～41ページ　答え 10ページ

次の(　)に入る言葉を、下からえらびましょう。

1 姫路市を地図にまとめる/姫路市のようすについて話し合う　教科書 36～41ページ

色分けしてわかったこと

- 北の方は(① 山)が多い。
- わたしたちの学校の北がわには(② 田)や畑が多い。
- 姫路駅のまわりには(③ 家)や店が多い。
- 海ぞいには(④ 工場)が集まっている。

色分けした姫路市全体の地図

うちゅうから見た兵庫県

- 姫路市は兵庫県の(⑤ 南)の方にいちする。西にはたつの市、東には加古川市や加古川市がある。

兵庫県のようす

- 北にも南にも海があり、姫路市は南の海に面している。
- 県全体が(⑥ 自然)にめぐまれている。
- 瀬戸内海の(⑦ 家島諸島)には、人が住む四つの島とたくさんの(⑧ 無人島)がある。

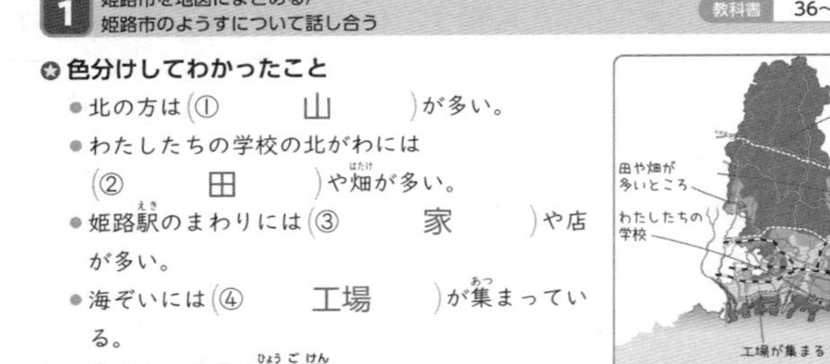

うちゅうから見た兵庫県

ワンポイント ガイドマップのつくり方

- 地いきのようすをしょうかいするときには、(⑨ ガイドマップ)を使う。
- 調べたことを白地図に書きこんだり、色分けをしたりする。
- 地いきのようすをみじかい言葉でまとめる。

えらんだ言葉に✓　□無人島　□家　□田　□自然　□ガイドマップ　□家島諸島　□工場　□山　□南

ぴたトリビア 兵庫県明石市には日本の時刻の基準となる標準時子午線が通っています。

教科書 36～41ページ　答え 10ページ

1 右の地図と絵を見て、正しいものには○を、まちがっているものには×をつけましょう。

① (○) 絵の㋐の部分は、土地が高い。
② (×) 絵の㋑の部分は、おもに畑にりようされている。
③ (○) 絵の㋒の部分には、工場が多い。
④ (○) 夢前川は北から流れている。

姫路市の土地りよう図　うちゅうからさつえいした姫路市

2 右の地図を見て、次の問いに答えましょう。

(1) 次の㋐～㋒のようすを、地図のあ～うからえらびましょう。

㋐ (あ)　㋑ (い)　㋒ (う)

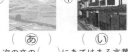

(2) 次の文の(　)にあてはまる言葉を、下の□からえらびましょう。

地図のえのあたりは、(① 商店)が いて買い物をする人、仕事をする人、姫路城へ(② 観光)に行く人たちでにぎわっている。

観光　交通　商店

姫路市ガイドマップ

(3) 地図のおのふきんにある市役所について説明した次の文の(　)にあてはまる言葉を書きましょう。

市役所は、市民センターや図書館などの(公共しせつ)を管理している。

ヒント 1 ②㋑がしめす場所の土地りよう図をかくにんしましょう。 2 (3)市民がゆたかにくらすことができるようにいろいろな仕事をしています。

練習 19ページ

1 ②畑ではなく、田に使われています。

2 (1)㋐田や畑が広がっているところのようすをあらわしているので地図のあ、㋑古い町なみがのこっているところのようすは、姫路城のまわりに多く見られ、姫路城は姫路駅から北の方にあることから地図のい、㋒海の近くのようすをあらわしているので地図のうをそれぞれえらびましょう。
(2)地図のえは、姫路駅のまわりをあらわしています。姫路駅には、鉄道や道路が集まっている交通の便がよい場所であるため、多くの人が集まります。
(3)市役所の仕事について、ふく習しましょう。

できたかな？

□住んでいる市区町村のよいところをつたえる、ガイドマップを書いてみよう。

おうちのかたへ

単元の中で、「白地図」「土地利用図」「宇宙から撮影した図」「ガイドマップ」など、同じ市を表しているさまざまな図が登場しています。このように、地図はそれぞれ目的に合わせて作られているため、いろいろな視点の地図に目を通すことで、初めて見る場所の情報を素早く正確に読み取ることができるようになります。

1. わたしたちの住んでいるところ

1 わたしたちの住んでいる市のようす

／100 ごうかく80点

教科書 28~41ページ　答え 11ページ

1 地図と写真などを見て、次の問いに答えましょう。　1つ5点（25点）

(1) 次の①~③は、地図のどのあたりをうつしたものですか。地図中の㋐~㋒からえらびましょう。　技能

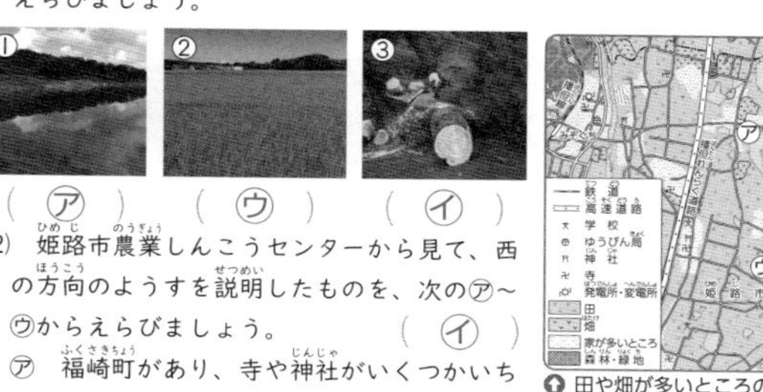

（㋐）（㋒）（㋑）

田や畑が多いところの地図

(2) 姫路市農業しんこうセンターから見て、西の方向のようすを説明したものを、次の㋐~㋒からえらびましょう。（㋑）

㋐ 福崎町があり、寺や神社がいくつかいちしている。

㋑ 播但れんらく道路が南北にはしっている。

㋒ 平田川が流れていて、川のまわりには発電所などがある。

(3) 米や野菜、くだものなどの農作物を田や畑で作る仕事を何といいますか。（農業）

2 次の問いに答えましょう。　1つ5点（30点）

(1) よく出る 次の文を読んで、①~④にあてはまる言葉を書きましょう。

> 工場があるあたりは、海を（①）てつくられたため、海岸線が（②）である。工場の近くに、港があり、（③）で原料やせい品を運ぶことができる。また、広い道路も通っているため、（④）でものを運ぶのにも便利である。

①（うめ立て）②（まっすぐ）
③（船）④（トラック）

(2) 姫路市の海に近いところに多く見られる、地図記号で「☼」とあらわすたてものは何ですか。（工場）

(3) 次の文にあてはまる言葉を◯でかこみましょう。
姫路市には、{ プラスチック ・ 食りょう品 ・ (機械) }をつくる工場が多い。

3 右の地図を見て読み取れることとして、正しいものには◯を、まちがっているものには×をつけましょう。　1つ5点（25点）

①（×）田としてりようされているのは、土地が高いところだけである。

②（×）姫路市のまわりには、いくつかの市や町があり、そのうちたつの市は、姫路市の東にいちしている。

③（◯）土地がひくいところには、家や店が集まっている。

④（◯）鉄道の線路が通っているところよりも南の場所に、工場がたくさん集まっている。

⑤（×）中国自動車道は、土地がひくく、家や店が多いところを中心に通っている。

姫路市の土地りよう図

4 右の①、②を見て、次の問いに答えましょう。　1つ5点（20点）

(1) ①をもとに、姫路市のいちを、②の写真中の㋐~㋓からえらびましょう。（㋓）

(2) 兵庫県について説明した次の文の（　）にあてはまる方位を、4方位で答えましょう。　技能

・②の写真を見ると、兵庫県は(あ　南　)と(い　北　)の2方向で海に面していることがわかる。（順不同）

① うちゅうからさつえいした姫路市

② うちゅうから見た兵庫県

記述 (3) 姫路市の土地の特色について、色に注目して書きましょう。　思考・判断・表現

（（れい）緑が多く、自然にめぐまれている。）

ふりかえり ❹(3)がわからないときは、18ページの❶にもどってかくにんしてみよう。

たしかめのテスト　20~21ページ

1 土地のようすに注目しましょう。①ため池のようすであることから㋐。②田のようすであることから㋒。③木を切り出しているので㋑。
(2)㋐福崎町は、姫路市農業しんこうセンターの北にあります。㋒平田川は、姫路市農業しんこうセンターの東を流れています。

2 (2)人の力や機械などを使い、原料をわたしたちのくらしにひつような品物につくりかえることを工業といい、工場ではこの作業がおこなわれています。

3 ①田は土地のひくいところから高いところまでの広いはんいで見られます。②たつの市は、姫路市の西にいちしています。⑤中国自動車道は、土地の高いところを通っています。

4 (2)「うちゅうから見た兵庫県」の地図を見て、文の「海に面している」という部分に着目し、海に面している方位を考えましょう。

記述問題のプラスワン

4 (3)「色に注目して」とあるので、2つの地図をみると「緑が多い」ことがわかります。緑色は森林や緑地をあらわすので、姫路市はたくさんの自然にめぐまれているということをまとめましょう。「森林などの自然が多い」でも正かいです。また、姫路市は、海に近いところから山のおくまでのびていて、南北に長い形であることがわかります。この市の土地の形について書くのもよいでしょう。

ぴったり1 じゅんび　せんたく　2. わたしたちのくらしとまちではたらく人びと

1 工場ではたらく人びとの仕事①

学習日　**22ページ**

めあて　かまぼこ工場の見学のしかたやかまぼこができるまでの流れを学ぼう。

教科書 44～51ページ　答え 12ページ

次の(　)に入る言葉を、下からえらびましょう。

1 わたしたちの市でつくられているもの／かまぼこづくりの調べ方を話し合う

教科書 46～49ページ

見学して調べること

- 工場のせつび、はたらく人の(① 服そう)や仕事のようす、1日でつくられるかまぼこの(② 数)などについて見て調べる。
- かまぼこが何からできているのか、かまぼこはどこへ運ばれるのかなどは(③ インタビュー)をして調べる。**インタビュー**をするときは、前もって聞きたいことをまとめておく。

かまぼこ

2 かまぼこができるまで

教科書 50～51ページ

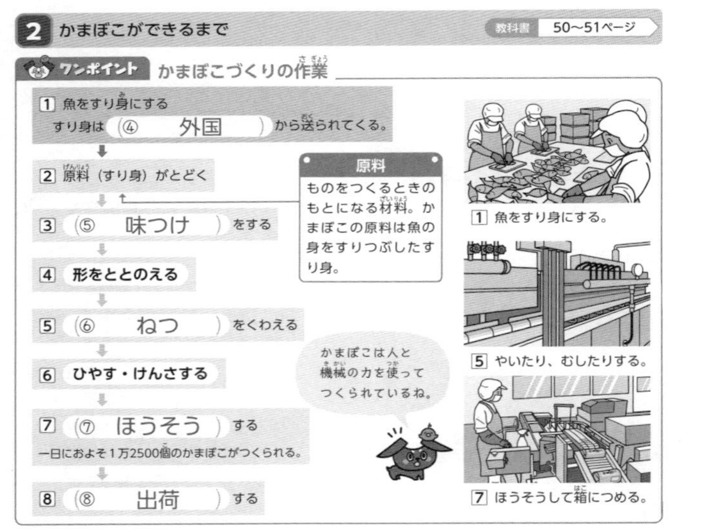

ワンポイント　かまぼこづくりの作業

1 魚をすり身にする
すり身は(④ 外国)から送られてくる。
2 原料（すり身）がとどく
3 (⑤ 味つけ)をする
4 形をととのえる
5 (⑥ ねつ)をくわえる
6 ひやす・けんさする
7 (⑦ ほうそう)する
一日におよそ1万2500個のかまぼこがつくられる。
8 (⑧ 出荷)する

原料　ものをつくるときのもとになる材料。かまぼこの原料は魚の身をすりつぶしたすり身。

1 魚をすり身にする。
5 やいたり、むしたりする。
7 ほうそうして箱につめる。

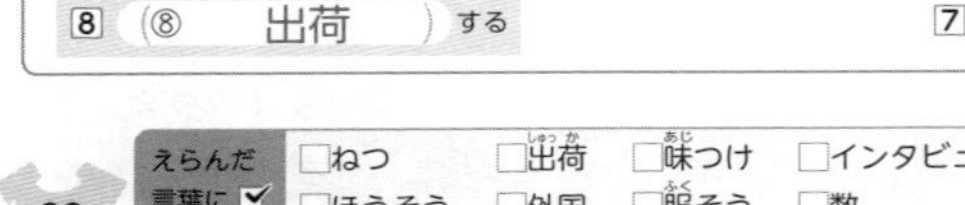

えらんだ言葉に✓　□ねつ　□出荷　□味つけ　□インタビュー　□ほうそう　□外国　□服そう　□数

ぴったり2 練習

学習日　**23ページ**

ぴたトリビア　かまぼこの原料には、ハモやアジ、トビウオ、ヒラメ、イワシなどさまざまな魚が使われます。

教科書 44～51ページ　答え 12ページ

1 次の問いに答えましょう。

(1) 次の㋐～㋔の文を、インタビューの流れになるようにならべかえましょう。

インタビューのしかた
㋐ インタビューをしながら、聞いた話をすぐに書きとめていく。
㋑ 聞きたいことをかならず前もってまとめ、聞く練習をしておく。
㋒ インタビューが終わったあとは、かならずお礼を言う。
㋓ あいさつをし、インタビューをしてもよいかどうかを、かならずたずねてからインタビューをはじめる。
㋔ 工場の人にインタビューをさせてもらえるかどうか、先生に聞いていただく。

①(㋔)→②(㋑)→③(㋓)→④(㋐)→⑤(㋒)

(2) 次の①～④の文のうち、かまぼこ工場ではたらいている人にインタビューをして調べることをすべてえらび、○をつけましょう。

① (　)工場の中はどんなようすなのか。
② (○)かまぼこは何からできているのか。
③ (○)はたらいている人がどんなことに気をつけているのか。
④ (　)はたらいている人はどんな服そうか。

2 次の①～③をかまぼこ作りの作業の流れになるように、(　)に番号を書きましょう。

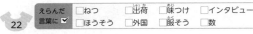

① ほうそうする　② 形をととのえる　③ 魚をすり身にする

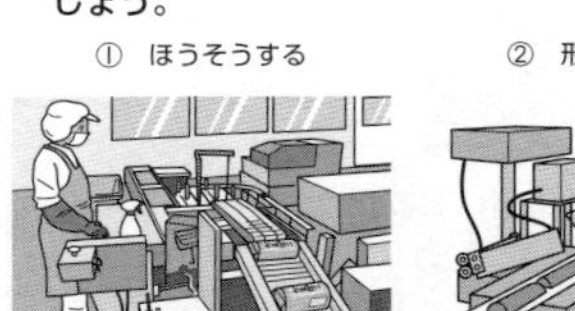

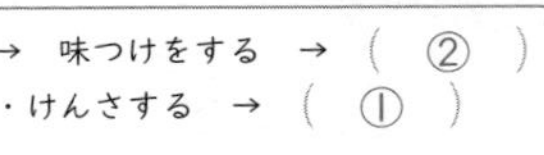

(③) → 原料がとどく → 味つけをする → (②)
→ ねつをくわえる → ひやす・けんさする → (①)
→ 出荷する

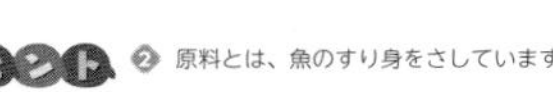

ヒント 2 原料とは、魚のすり身をさしています。

練習　23ページ

1 (2)①工場の中のようすや④のはたらいている人の服そうについては、インタビューをしなくても、じっさいに見てかくにんすることができます。

2 ③かまぼこの原料であるすり身は、魚の身をすりつぶしたもので、その作業は外国で行われ、れいとうされたじょうたいで日本へ送られてきます。まず、すり身にされた原料を味つけし、②かまぼこの形をととのえます。次に、かまぼこにねつをくわえ、ひやしてけんさをおこないます。①さいごにかまぼこをほうそうします。全体の作業の流れと合わせて、それぞれの作業の内容をかくにんしましょう。

できたかな？
□原料とはどのようなものか、説明してみよう。
□かまぼこ作りの作業はどのようなくふうがあるか、れいをあげてみよう。

おうちのかたへ
この単元では、身近な食べものを例に、工業で働く人のようすについて学習します。作業の工程、工場で働く人々の仕事の様子、工業の立地や出荷について学び、おいしくて安全なかまぼこをつくる人々の努力と工夫を理解することをねらいとしています。

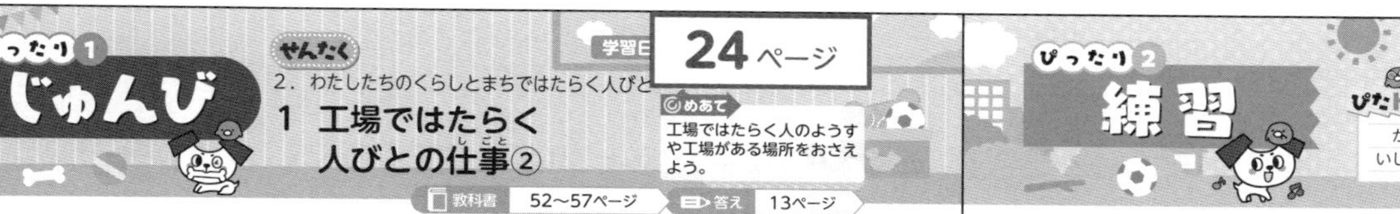

ぴったり1 じゅんび

せんたく 2. わたしたちのくらしとまちではたらく人びと

1 工場ではたらく人びとの仕事②

めあて 工場ではたらく人のようすや工場がある場所をおさえよう。

教科書 52〜57ページ　答え 13ページ

次の（　）に入る言葉を、下からえらびましょう。

1 はたらく人のようす　教科書 52〜53ページ

作業する人が気をつけていること

- よごれが目立つように（① 白い ）服を着ている。
- 強い風で（② ほこり ）を落とし、せんようのブラシで手をあらう。
- 体調を毎日チェックし、しょうどくをするなど（③ えいせい ）に気を配っている。
- ちょくせつせい品にさわらないように、作業中は（④ 手ぶくろ ）をはめている。

工場ではたらく人の服そう

そのほかの仕事

- （⑤ 新しいせい品 ）の開発やお客さんの（⑥ 注文 ）の受けつけなどをしている。
- 工場でつくりたてのせい品をはん売している。

工場の人たちはせいけつさをたもつことで安全な食品をつくっているんだね。

新しいせい品の開発をするための話し合い

2 山の中にあるかまぼこ工場／かまぼこはどこへ　教科書 54〜57ページ

かまぼこ工場が山の中にある理由

- およそ70年前の工場は（⑦ 海 ）の近くにあったが、今は山の中の（⑧ 高速道路 ）の入り口近くにある。

ワンポイント 工場と高速道路

- トラックで原料やせい品を運ぶのにべんりなため、高速道路の近くに工場がたてられることが多い。

かまぼこのゆくえ

- 工場からスーパーマーケットや駅前の（⑨ せんもん店 ）のほか、外国にも運ばれている。

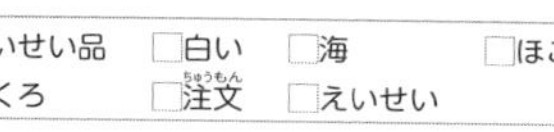

工場の場所のうつりかわり

えらんだ言葉に✓　□せんもん店　□新しいせい品　□白い　□海　□ほこり　□高速道路　□手ぶくろ　□注文　□えいせい

ぴったり2 練習

ぴたトリビア かまぼこ工場をはじめとする食品工場は、とくにえいせい管理をてっていしていて、「サニタリールーム」とよばれる部屋がもうけられています。

教科書 52〜57ページ　答え 13ページ

1 工場ではたらく人について、次の問いに答えましょう。

(1) 右の①、②であらわした作業について説明しているものを、㋐〜㋒から１つずつえらびましょう。

①（ ㋒ ）　②（ ㋐ ）

㋐ せんようのブラシで手をあらっている。
㋑ 体調チェック表に自分の体調を書きこんでいる。
㋒ 強い風でほこりを落としている。

(2) 次の文は、工場ではたらく人が①、②のようなことをおこなう理由を説明しています。（　）にあてはまる言葉を書きましょう。

工場ではたらく人は、かまぼこを安心して食べてもらうために、（ せいけつ ）さをたもつことに力をいれているから。

2 次の問いに答えましょう。

(1) 次の①〜③の工場のあった場所、ある場所を、右の地図の㋐〜㋒から１つずつえらびましょう。

① 70年ほど前の工場　② 60年ほど前の工場　③ 今の工場

（ ㋐ ）　（ ㋑ ）　（ ㋒ ）

工場の場所のうつりかわり

(2) かまぼこの出荷のようすについて説明した次の文の（　）にあてはまる言葉を、右の□からえらびましょう。

工場でつくられたかまぼこは、トラックでスーパーマーケットなどに運ばれたり、（① 高速道路 ）を通って市外に運ばれたりする。また、（② 外国 ）でも売られている。

飛行機　外国　高速道路

ヒント 2 (1) 今の工場は、広い土地ときれいな地下水が手に入る場所にあります。

練習 25ページ

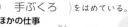

1 (1)(2)工場ではたらく人は、ほこりを落としたり、よごれに早く気づくようにしたりなど、せいけつさをたもっているほか、毎日の体調をきちんとかくにんするなど、えいせいにも気をつけています。

2 (1)(2)時代がすすむにつれて、工場のいちが山の中にうつっていっている点に着目しましょう。今の工場は、高速道路の入り口が近くにあります。トラックで原料を運び入れたり、かまぼこを出荷したりするのにべんりなことや、広い土地がありきれいな地下水が手に入りやすいことなどが理由にあげられます。

できたかな？

□山の中に工場がうつった理由を説明してみよう。

おうちのかたへ

今回はかまぼこ工場を例に、工場は製品の輸送に便利な場所に立地するという、工場の立地条件について学習しました。かまぼこ以外にも、例えばIC（集積回路）を生産している工場も輸送に便利な空港や高速道路の近くに立地しています。このように工場がどのような場所に多くあるのかという共通した背景を知ることで、姫路市以外の場所でも応用をきかせることができます。

26ページ

ぴったり3 たしかめのテスト

せんたく 2. わたしたちのくらしとまちではたらく人びと

1 工場ではたらく人びとの仕事

/100 ごうかく80点

教科書 48～57ページ　答え 14ページ

1 かまぼこ工場の見学のしかたやインタビューのしかたとして正しいものには○を、まちがっているものには×をつけましょう。 技能 1つ5点（20点）

① （ ○ ）聞きたいことなどはかならず前もって整理しておく。
② （ ○ ）写真をとる場合は、工場の人にかならずきょかをもらう。
③ （ × ）工場ではたらく人に会ったら、あいさつをせずに、すぐにインタビューをはじめる。
④ （ × ）見学してわかったことは、その場で絵や言葉を使ってくわしく、時間をかけてメモをする。

2 次の問いに答えましょう。 1つ5点（25点）

(1) よく出る かまぼこの原料は、□をすり身にしたものです。□にあてはまる言葉を、㋐～㋓からえらびましょう。
㋐ 大豆　㋑ 米　㋒ 牛肉　㋓ 魚　（ ㋓ ）

(2) 次のかまぼこがつくられる作業の流れを見て、下の問いに答えましょう。

原料（すり身）がとどく → ㋐味つけをする → ㋑形をととのえる → ねつをくわえる → ㋒ひやす・けんさする → ㋓ほうそうする → 出荷する

① 右の㋐、㋑は、下線部㋐～㋓のどの作業をあらわしたものですか。1つずつえらびましょう。
㋐（ ㋓ ）　㋑（ ㋑ ）

② てきたらスゴイ！ すり身に調味料やたまごの白身をくわえるのは、下線部㋐～㋓のどの作業ですか。（ ㋐ ）

(3) 一度にたくさんのおいしいかまぼこをつくることができる理由として正しいものを、㋐～㋒からえらびましょう。 思考・判断・表現 （ ㋒ ）
㋐ 人間の力だけでかまぼこをつくっているから。
㋑ 機械の力だけでかまぼこをつくっているから。
㋒ 人間と機械が協力し合って、かまぼこをつくっているから。

27ページ

学習日

3 次の問いに答えましょう。 1つ5点（35点）

(1) 工場ではたらく人の服そうとしてあてはまるものを、㋐～㋒から1つずつえらびましょう。
【服の色】㋐ 黒　㋑ 白　㋒ 決まっていない　（ ㋑ ）
【はく物】㋐ 長ぐつ　㋑ サンダル　㋒ スニーカー　（ ㋐ ）
【身につける物】㋐ マスクとぼうし　㋑ マスク　㋒ ぼうし　（ ㋐ ）

(2) 工場ではたらく人のようすについて、正しいものには○を、まちがっているものには×をつけましょう。
① （ ○ ）自分のその日の体調チェックをおこなうようにしている。
② （ × ）ついたほこりは、手ではらうようにしている。
③ （ ○ ）せいけつさをたもつことに力を入れている。

記述 (3) 右の絵は、できあがったかまぼこなどをはん売しているときのようすです。絵の中の人が、手ぶくろを使って作業をしている理由を書きましょう。 思考・判断・表現

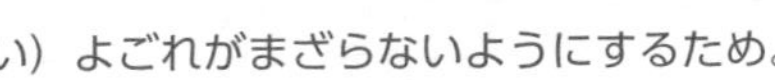

（（れい）よごれがまざらないようにするため。）

4 右の地図を見て、次の問いに答えましょう。 1つ5点（20点）

(1) 今のかまぼこ工場は、60年ほど前の工場の場所とくらべて、どの方向にうつりましたか。4方位で答えましょう。 技能 （ 北 ）

(2) 今のかまぼこ工場が、山の中にある理由を、㋐～㋒からえらびましょう。（ ㋒ ）
㋐ 工場ではたらく人のために、鉄道が近くにあるから。
㋑ 工場ではたらく人が住んでいる町に近いから。
㋒ 広い土地やきれいな地下水が手に入るから。

かまぼこ工場の場所のうつりかわり

(3) 今のかまぼこ工場の場所についてまとめた次の（　）にあてはまる言葉を書きましょう。

（ 高速道路 ）が近いので、トラックを使って、かまぼこの原料を運び入れたり、つくったせい品を出荷したりするのにべんりである。

(4) よごれた水をきれいにするせつびがととのった工場の場所を、地図の㋐～㋒から1つえらびましょう。（ ㋐ ）

ふりかえり 3(3)がわからないときは、24ページの1にもどってかくにんしてみよう。

記述問題のプラスワン

3 (3)手ぶくろを使うのは、かまぼこの安全をたもつためのくふうです。かまぼこをつくるときだけでなく、はん売するときにもせいけつさをたもつために手ぶくろをつけます。「品物をきれいなままで売るため」でも正かいです。

たしかめのテスト 26～27ページ

1 ③インタビューをする人にあいさつをし、インタビューをはじめてもだいじょうぶかどうかをたずねてからはじめます。④見学中には、かんたんなメモを取っておきます。

2 (3)一度にたくさんのかまぼこをつくるために機械が使われますが、安全をたもつために、人間の目でもしっかりかくにんしています。

3 (2)②人間の手だけでは、ついたほこりを完全に落とすことはできないので、強い風を使って落とします。

4 (2)(3)かまぼこをつくるには、広い土地と水がひつようで、どちらも手に入る山の中に工場がつくられました。また、高速道路の入り口が近いことも山の中にある理由のひとつです。

28ページ

せんたく 2. わたしたちのくらしとまちではたらく人びと
1 畑ではたらく人びとの仕事①

めあて れんこん作りの仕事について知ろう。

教科書 60~65ページ　答え 15ページ

次の（　）に入る言葉を、下からえらびましょう。

1 わたしたちの市で作られているもの／れんこん作りの調べ方を話し合う　教科書 60~63ページ

市で作られているれんこんを調べる

- 姫路市でいちばん多く作られている農作物は（① れんこん ）である。「（② 食育 ）の日」には、（③ 地元 ）でとれた野菜を使って給食をつくる、地産地消の取り組みが行われている。

れんこん

見学して調べること

- れんこんの畑や（④ はたらいている ）人のようす。
- 使っている道具。
- れんこんの作り方や作ったれんこんの運ばれ方。

2 れんこん作りの仕事を見学する　教科書 64~65ページ

ワンポイント れんこん作りの仕事

2月~4月 1 土づくり
- （⑤ ひりょう ）をまいて土をやわらかくしてせんようの（⑥ トラクター ）で畑をすく。

4月~5月 2 植えつけ
- 水をためた畑に、たねれんこんを植えつける。

5月~6月 3 （⑦ 農薬 ）をまく
- 農薬を入れたポンプをせおって、歩きながらまく。

8月~4月 4 れんこんを（⑧ しゅうかく ）する
- れんこんは土の中にうまっているため、（⑨ ポンプ ）を使って土からほり出す。

えらんだ言葉に ✓
□ひりょう □れんこん □農薬 □しゅうかく □地元
□食育 □トラクター □ポンプ □はたらいている

29ページ

ぴったり2 練習

ぴたトリビア れんこんは、漢字で「蓮根」と書きますが、わたしたちが食べているのは「根」ではなく、地下茎という「くき」の部分にあたります。

教科書 60~65ページ　答え 15ページ

1 右のグラフを見て、次の問いに答えましょう。

(1) 姫路市内の市場に入荷された姫路市産の農作物のりょうは合わせて何tですか。
（ 292 ）t

(2) グラフからわかることをまとめた次の文の①~③にあてはまる言葉や数字を書きましょう。

グラフの姫路市産の農作物のうち、いちばん多く入荷された農作物は（① れんこん ）で、そのりょうは（② 89 ）tだとわかる。また、ほうれんそうとトマトのりょうをくらべると、（③ ほうれんそう）のほうが多い。

姫路市内の市場に入荷した姫路市産の農作物のりょう

2 れんこん作りのおもな仕事について、次の問いに答えましょう。

(1) 右の絵を見て、あてはまる言葉に○をつけましょう。
- れんこん作りをするときに、①{ (長い) ・ 短い }てぶくろをして、長ぐつとズボンがつながった作業服を着るのは、②{ (水の中) ・ 畑 }で作業をするためです。

れんこん作りをするときの服そう

(2) 土づくりについて説明した次の①~③にあてはまる言葉を、下の［　］からそれぞれえらびましょう。
① （ ねんど質の土 ）だと、白く、見た目がよいれんこんができます。
② （ 小石 ）が多いと、れんこんにすじがついてしまいます。
③ （ ひりょう ）をまいて、土をやわらかくしたあとにせんようのトラクターを使って、畑をすきます。

［ 小石　ひりょう　ねんど質の土 ］

(3) 次の①~③の作業を、れんこん作りの流れになるように、（　）にあてはまる番号を書きましょう。
① 農薬をまく。　② しゅうかくしたれんこんをあらう。
③ たねれんこんを植えつける。

土づくりをする。 → （ ③ ） → （ ① ） → れんこんをしゅうかくする。 → （ ② ）

ヒント 1 (1) グラフにある農作物のりょうをすべてたしてみましょう。

できたかな？
□れんこん作りの仕事の流れを説明してみよう。

おうちのかたへ
農作物ひとつ作るのにも、これだけの作業が必要であるという過程を学習することで、身近な食べ物の見方や考え方が変わるきっかけとなります。また、その農作物についてお子様と調べてみると、「そうだったんだ」と思わされることも少なからず出てきます。例えば蓮根だと「蓮根は実際は茎の部位である」ことのほか、「蓮根の穴は空気の通り道のためにある」「切り方で食感が異なる」などが挙げられます。

練習　29ページ

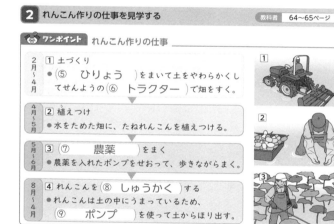

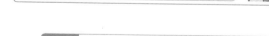

1 (1)(2)グラフにしめされている数字が、それぞれの農作物のりょうをあらわしています。■1つあたりのりょうが10tである点にも着目できるとよいでしょう。

2 (2)ねんど質の土だと、白くて見た目のよいれんこんができますが、しゅうかくのときにほりにくいというけってんがあります。また、小石が多いと、れんこんにすじができてしまい、見た目が悪くなってしまいます。
(3)れんこんは土の中にうまっているため、しゅうかくするときはポンプの水を使って土をどかし、しゅうかくしたれんこんについている土をあらい流します。

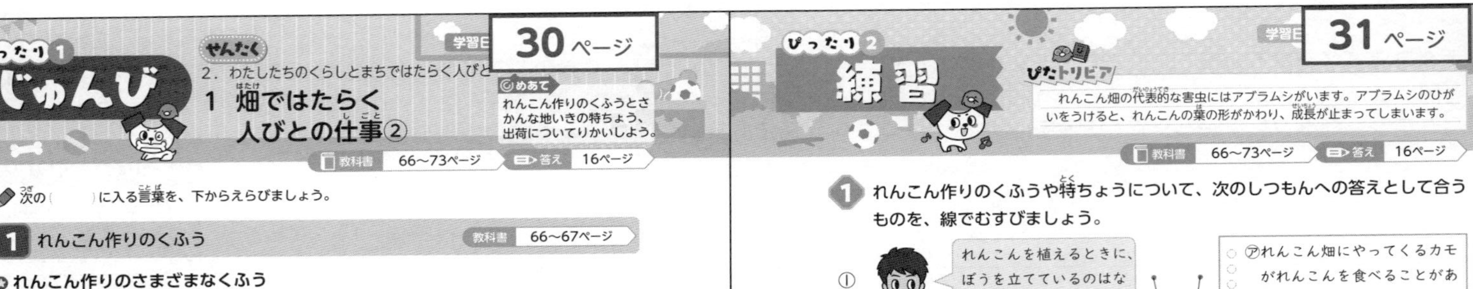

やんたく
2. わたしたちのくらしとまちではたらく人びと

1 畑ではたらく人びとの仕事②

学習日 30ページ

◎めあて れんこん作りのくふうとさかんな地いきの特ちょう、出荷についてりかいしよう。

教科書 66~73ページ　答え 16ページ

次の(　)に入る言葉を、下からえらびましょう。

1 れんこん作りのくふう　教科書 66~67ページ

れんこん作りのさまざまなくふう

植えるときのくふう	●たねれんこんどうしを近くに植えないよう、(① 目じるしのぼう)を立てて、かんかくを考えながら植えつけをする。
畑を守るくふう	●畑の上にネットをはり、(② カモ)がれんこんを食べるのをふせぐ。 ●畑を毎日見回ることで、れんこんが(③ 病気)になっていないかかくにんしたり、(④ 害虫)をふせぐための農薬をまいたりしている。

2 れんこん作りのさかんな大津区／れんこんはどこへ　教科書 68~73ページ

大津区でれんこん作りがさかんな理由

- れんこんは、あたたかくて(⑤ 日光)がよくあたる場所で育つ。
- 大津区の海ぞいの地いきは、ほとんどがもともと海だった(⑥ かんたく地)である。また、かんたく地は、土地がひくく、近くに川が流れていることから、れんこん作りにてきしている。

しゅうかくされたれんこんが家にとどくまで

おろし売り市場：野菜や魚などの品物を仕入れ、やお屋や魚屋などの店に売るところ。

れんこん畑 → (⑦ 直売所) → わたしたちの家
れんこん畑 → (⑧ おろし売り市場) → スーパーマーケット → わたしたちの家

ワンポイント　かんたく
- 海の中にていぼうをつくり、もともとあった海水を外に出して土地をつくること。

えらんだ言葉に✓　□日光　□直売所　□目じるしのぼう　□害虫　□病気　□かんたく地　□おろし売り市場　□カモ

30

学習日 31ページ

ぴたトリビア　れんこん畑の代表的な害虫にはアブラムシがいます。アブラムシのひがいをうけると、れんこんの葉の形がかわり、成長が止まってしまいます。

教科書 66~73ページ　答え 16ページ

1 れんこん作りのくふうや特ちょうについて、次のしつもんへの答えとして合うものを、線でむすびましょう。

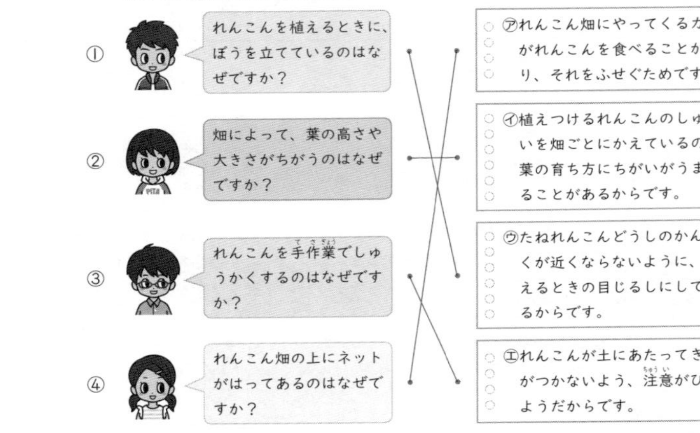

① れんこんを植えるときに、ぼうを立てているのはなぜですか？
② 畑によって、葉の高さや大きさがちがうのはなぜですか？
③ れんこんを手作業でしゅうかくするのはなぜですか？
④ れんこん畑の上にネットがはってあるのはなぜですか？

㋐れんこん畑にやってくるカモがれんこんを食べることがあり、それをふせぐためです。
㋑植えつけるれんこんのしゅるいを畑ごとにかえているので、葉の育ち方にちがいがうまれることがあるからです。
㋒たねれんこんどうしのかんかくが近くならないように、植えるときの目じるしにしているからです。
㋓れんこんが土にあたってきずがつかないよう、注意がひつようだからです。

2 次の問いに答えましょう。

(1) 地図からわかることをまとめた次の①、②にあてはまる言葉を書きましょう。ただし、①には4方位のいずれかがあてはまります。
① 地図に□であらわした地いきは、姫路市の(　南　)がわにいちしています。
② 地図に□であらわした地いきの近くには、(　瀬戸内海　)という海が広がっています。

(2) 次の文の(　)にあてはまる言葉を書きましょう。

野菜や魚などを作ったり、とったりする人から品物を多く仕入れ、やお屋や魚屋などの店に売るところを(　おろし売り　)市場という。

姫路市のようす

ヒント ❷(1) ②地図の中に、海をあらわす言葉が書かれています。

31

練習 31ページ

1 ①㋒たねれんこんどうしのかんかくが近くなってしまうと、れんこんの育ちが悪くなってしまいます。②㋑植えつけるれんこんのしゅるいを畑ごとにかえることで、長くしゅうかくできるようにしています。③㋓ポンプの水によってまきあげられた土が、れんこんをきずつけることがあります。④㋐カモは畑をあらし、れんこんを食べてしまうことがあります。

2 (1)地図は上が北をしめしています。地図に□であらわした地いきは姫路市の下の方にいちしているので南がわです。
(2)おろし売り市場に運ばれたれんこんは、そこから、さらにトラックでスーパーマーケットなどに運ばれて、わたしたちのもとにとどけられます。

できたかな？
□れんこん作りのくふうや特ちょうについて、説明してみよう。
□おろし売り市場とはどのような場所のことか、説明してみよう。

おうちのかたへ
この単元では、取り上げた地域でれんこん作りがさかんな理由を、地理的条件と歴史的背景を関連づけて学びます。お住まいの地域の特産物に注目し、「なぜこの地域では○○作りがさかんなんだろう？」とお子様と一緒に調べてみてください。

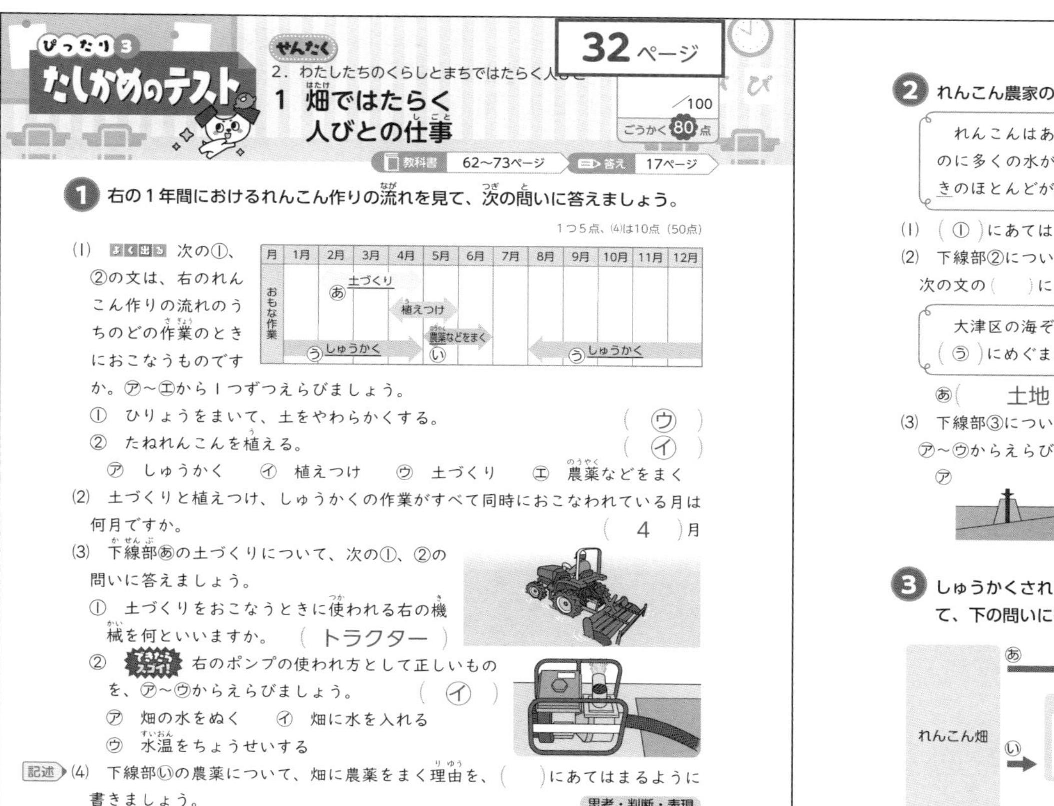

ぴったり3 たしかめのテスト

せんたく 2. わたしたちのくらしとまちではたらく人びと

1 畑ではたらく人びとの仕事

32ページ

100 ごうかく80点

教科書 62〜73ページ　答え 17ページ

1 右の1年間におけるれんこん作りの流れを見て、次の問いに答えましょう。　1つ5点、(4)は10点（50点）

(1) よく出る 次の①、②の文は、右のれんこん作りの流れのうちのどの作業のときにおこなうものですか。㋐〜㋓から1つずつえらびましょう。

月	1月	2月	3月	4月	5月	6月	7月	8月	9月	10月	11月	12月
おもな作業	㋐土づくり／植えつけ／㋑農薬などをまく／㋒しゅうかく											㋒しゅうかく

① ひりょうをまいて、土をやわらかくする。（ ㋒ ）
② たねれんこんを植える。（ ㋑ ）
㋐ しゅうかく　㋑ 植えつけ　㋒ 土づくり　㋓ 農薬などをまく

(2) 土づくりと植えつけ、しゅうかくの作業がすべて同時におこなわれている月は何月ですか。（ 4 ）月

(3) 下線部㋐の土づくりについて、次の①、②の問いに答えましょう。
① 土づくりをおこなうときに使われる右の機械を何といいますか。（ トラクター ）
② てきたらスゴイ! 右のポンプの使われ方として正しいものを、㋐〜㋒からえらびましょう。（ ㋑ ）
㋐ 畑の水をぬく　㋑ 畑に水を入れる
㋒ 水温をちょうせいする

記述 (4) 下線部㋑の農薬について、畑に農薬をまく理由を、（　）にあてはまるように書きましょう。　思考・判断・表現
（（れい）害虫がつかないように）するため。

(5) 下線部㋒のしゅうかくについて、れんこんのしゅうかくの説明として正しいものには○を、まちがっているものには×をつけましょう。　技能
①（ × ）しゅうかくは1年間ずっとおこなわれている。
②（ × ）冬は水がつめたいので、しゅうかくはしない。
③（ ○ ）1本ずつ手作業で、しゅうかくしている。

32

学習日 33ページ

2 れんこん農家の人の話を読んで、下の問いに答えましょう。　1つ5点（25点）

れんこんはあたたかくて（ ① ）がよく当たる場所で育ちます。また、育つのに多くの水がひつようでれんこん作りがさかんな②大津区の海ぞいの地いきのほとんどが③かんたく地です。

(1) （ ① ）にあてはまる言葉を書きましょう。（ 日光 ）
(2) 下線部②について、この地いきがれんこん作りにてきしている理由をまとめた次の文の（　）にあてはまる言葉を書きましょう。

大津区の海ぞいの地いきは、（ ㋐ ）がひくく、近くを（ ㋑ ）が流れており、（ ㋒ ）にめぐまれているから。

㋐（ 土地 ）　㋑（ 川 ）　㋒（ 水 ）

(3) 下線部③について、かんたく地のようすをあらわした絵として正しいものを、㋐〜㋒からえらびましょう。（ ㋑ ）
㋐　㋑　㋒

3 しゅうかくされたれんこんがわたしたちの家にとどくまでをあらわした図を見て、下の問いに答えましょう。　1つ5点（25点）

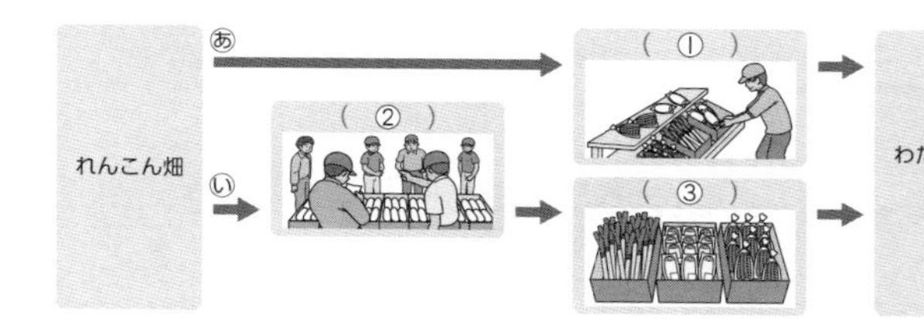

(1) ①〜③にあてはまる場所の名前を、㋐〜㋒から1つずつえらびましょう。
①（ ㋑ ）　②（ ㋒ ）　③（ ㋐ ）
㋐ スーパーマーケット　㋑ 直売所　㋒ おろし売り市場
(2) れんこんを真空パックにつめて運ぶのは㋐、㋑のどちらですか。（ ㋐ ）
(3) ふつう、れんこんをより安く買うことができるのは、(1)の㋐、㋑のどちらですか。（ ㋑ ）

ふりかえり ❶(4)がわからないときは、30ページの❶にもどってかくにんしてみよう。

この本の終わりにある「夏のチャレンジテスト」をやってみよう！

33

たしかめのテスト 32〜33ページ

1 (2)土づくりは2月から4月、植えつけは4月と5月、しゅうかくは8月から4月におこなわれるため、土づくりと植えつけとしゅうかくが同時におこなわれているのは4月です。

(5)① 5〜7月は、しゅうかくがおこなわれません。②冬のあいだもしゅうかくはおこなわれています。

2 (3)㋑かんたく地とは、海や湖だったところから水をぬいてつくった土地です。㋒は水をぬいた場所を土でうめた「うめ立て地」です。

3 (1)しゅうかくされたれんこんは、おろし売り市場を通さず、直売所で売られることもあります。

(2)れんこん畑から直売所に出荷する場合は「真空パックづめ」、おろし売り市場に出荷する場合は「箱づめ」にします。

(3)れんこん畑からわたしたちの家までに、れんこんが通る場所が少ないほど、れんこんのねだんは安くなります。

記述問題のプラスワン

1 (4)農薬は、れんこんが病気にかかるげんいんのひとつである、「害虫」がれんこんにつかないようにまくものです。したがって、答えの中には「害虫」という言葉を書くようにしましょう。

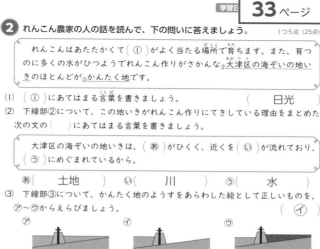

2. わたしたちのくらしとまちではたらく人びと

2 店ではたらく人びとの仕事①

ぴったり1 じゅんび　　34ページ

めあて　身近にある店について知ろう。

教科書 74～77ページ　答え 18ページ

次の（　）に入る言葉を、下からえらびましょう。

1 知っている店をしょうかいし合う　教科書 74～75ページ

買い物調べカードのつくり方

- 家の人に（① レシート ）をもらって調べる。
- 買い物をした日づけや店を書く。
- 買った品物と、その（② しゅるい ）を書く。
- 家の人にその店で買った理由を聞く。

日づけ	買い物をした店	買った品物	品物のしゅるい	話を聞いたこと
9/16(土)				
9/17(日)				
9/18(月)				
9/19(火)				
9/20(水)				

買い物調べカード

その店にどうやって行ったのかも聞いてみよう。

品物のしゅるいの分け方

- 食りょう品…肉や魚、野菜、（③ 飲み物 ）など。
- （④ 日用 ）品…ティッシュペーパーやノートなど。
- （⑤ いるい ）…服や下着、くつ下など。
- 電気せい品…テレビやれいぞう庫など。　●そのほか…自転車など。

2 買い物をしている店を調べる　教科書 76～77ページ

買い物調べカードのまとめ方

- 品物別にシールのしゅるいを決める。
- 買い物をした店ごとに品物別のシールをはる。
- その店で買い物をした（⑥ 人数 ）を品物のしゅるいごとに書く。

スーパーマーケット	●46　◆20　▼5　▲12
コンビニエンスストア	●4　◆2
せんもん店	●3　◆1　■1
ショッピングモール	●4　◆2　▲1
そのほか(インターネットなど)	●3　▼3　■2　◆1

（品物のしゅるい）●食りょう品　◆日用品　▼いるい　■電気せい品　▲そのほか

3年1組の買い物調べ

まとめた表からわかること

- 買い物をしている人がいちばん多い店は（⑦ スーパーマーケット）。
- いちばん多く買われている品物は（⑧ 食りょう品 ）。

えらんだ言葉に☑　□しゅるい　□いるい　□日用　□スーパーマーケット　□レシート　□食りょう品　□人数　□飲み物

34

ぴったり2 練習　　35ページ

ぴたトリビア　ショッピングモールの「モール」とは、さんぽ道のような道の両がわにお店がならんでいる、屋根つきの商店がいのことです。

教科書 74～77ページ　答え 18ページ

1 次の①～④は、どの品物のしゅるいに分けられますか。あてはまるものを、それぞれ下の　からえらびましょう。

①（食りょう品）　②（いるい）　③（電気せい品）　④（日用品）

いるい　食りょう品　電気せい品　日用品

2 次の3年1組の買い物調べカードについて、正しく読み取っているものに○をつけましょう。

スーパーマーケット	●46　◆20　▼5　▲12
コンビニエンスストア	●4　◆2
せんもん店	●3　◆1　■1
ショッピングモール	●4　◆2　▲1
そのほか(インターネットなど)	●3　▼3　■2　◆1

（品物のしゅるい）●食りょう品　◆日用品　▼いるい　■電気せい品　▲そのほか

3年1組の買い物調べ

①（ ○ ）買い物をしている人がいちばん多い店はスーパーマーケットである。
②（　）いちばん多く買われている品物は日用品である。
③（　）コンビニエンスストアで電気せい品を買った人がいる。
④（ ○ ）せんもん店で食りょう品を買った人がいる。
⑤（ ○ ）コンビニエンスストアとショッピングモールで食りょう品を買った人数は同じである。

ヒント　2 ①～⑤品物のしゅるいやシールの数に注目します。

35

練習　35ページ

1 (1)①肉や魚、野菜、飲み物など、食りょうとする品物を食りょう品といいます。
②服や下着、くつ下など、人が着るものをいるいといいます。
③テレビやれいぞう庫など、電力をあつかうせい品を電気せい品といいます。
④ティッシュペーパーやえんぴつなど、わたしたちの生活にかかわるものを日用品といい、いろいろなしゅるいの品物があてはまります。

2 ②シールの数から、いちばん多く買われているのは、日用品ではなく食りょう品です。③コンビニエンスストアで買われた品物のしゅるいは、食りょう品と日用品で、電気せい品はありません。

できたかな？

□家の人がどのような店で買い物をしているのか、れいをあげてみよう。

おうちのかたへ

スーパーマーケットにはどのような品物が売られているか、実際にお子様と一緒に買い物に行って見せてあげるとよいでしょう。またスーパーマーケットで売られていない品物は、どこに行けば買うことができるのかを品物ごとに教えてあげたり、実際に出向いてみたりすると、より学習が深まります。

ぴったり1 じゅんび

2．わたしたちのくらしとまちではたらく人びと

2 店ではたらく人びとの仕事②

学習日

めあて
スーパーマーケットの売り場のようすを知ろう。

教科書 78〜83ページ　答え 19ページ

次の(　　)に入る言葉を、下からえらびましょう。

1 スーパーマーケットのくふうを予想する　教科書 78〜81ページ

スーパーマーケットのよさ

- 買い物がしやすく、いちどにたくさんの(① 用事)をすませることができる。安売りの品物があったり、家族が(② 安心)して食べられる品物が売られていたりする。

スーパーマーケットのくふうの予想と見学の計画

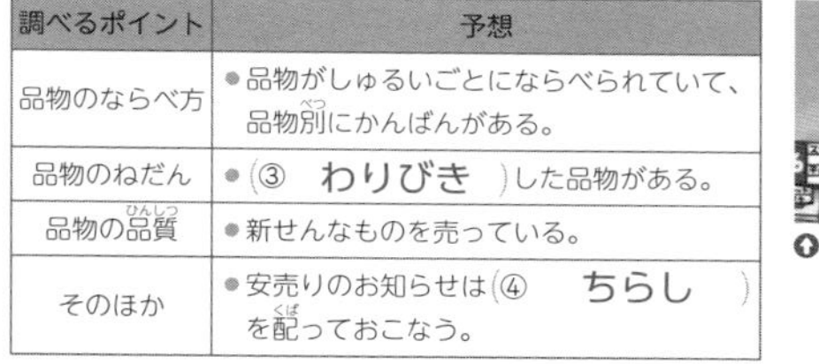

調べるポイント	予想
品物のならべ方	●品物がしゅるいごとにならべられていて、品物別にかんばんがある。
品物のねだん	●(③ わりびき)した品物がある。
品物の品質	●新せんなものを売っている。
そのほか	●安売りのお知らせは(④ ちらし)を配っておこなう。

品物の名前が書かれたかんばん

2 店内のようすを見て調べる　教科書 82〜83ページ

スーパーマーケットの店内のようす

- 品物のならべ方…たくさんの(⑤ しゅるい)の品物がならんでいる。
- 品物のねだん…ねだんが(⑥ 安い)、お買いどく品コーナーがある。
- 品物の品質…(⑦ つくりたて)のそうざいやパンが売られている。
- そのほか…たくさんの(⑧ レジ)がならんでいる。

ワンポイント　レジ

- レジは品物の(⑨ 会計)をするためのもので、自分で会計ができるレジがおかれているところもある。

自分で会計ができるレジ

えらんだ言葉に ☑　□しゅるい　□用事　□レジ　□わりびき　□つくりたて　□ちらし　□安い　□会計　□安心

ぴったり2 練習

ぴたトリビア
日本でスーパーマーケットが登場する前までは、やお屋や魚屋など店の人に品物をえらんでもらって買うのがふつうでした。

教科書 78〜83ページ　答え 19ページ

1 次の図は、スーパーマーケットの店内図をあらわしています。あとの①〜④の文は、スーパーマーケット内のどの場所を説明していますか。図中の㋐〜㋓からそれぞれえらびましょう。

スーパーマーケットの店内図

① お客さんが品物をえらびやすいように、品物はしゅるいごとにおかれている。(㋒)

② ほしい品物がどこにあるのかをわかりやすくするために、品物の名前が書かれた大きなかんばんがある。(㋓)

③ せいけつさをたもつために、お店の人が白いマスクやぼうしをつけている。(㋑)

④ 品物がなくならないように、たなに品物をならべている。(㋐)

2 スーパーマーケットのくふうについて、正しいものには○を、まちがっているものには×をつけましょう。

① (×)同じしゅるいの品物は、ねだんもりょうもすべて同じである。

② (×)レジは１つしかおかず、会計までの待ち時間を長くしている。

③ (○)お買いどく品コーナーをもうけて、品物をとくべつに安く売っている。

ヒント　1 ①〜④スーパーマーケットの店内図のようすを見て、かくにんしましょう。

練習　37ページ

1 ①「品物はしゅるいごとにおかれている。」という部分に着目して、同じ品物がならんでいるところをえらびます。②しゅるいごとに分けられた品物が、どこにあるかわかりやすくするために、大きなかんばんをせっちします。③せいけつさをたもつために白いマスクやぼうしをつけて、食りょう品をあつかっている人がいるところをえらびます。④品物をならべている人がいるところをえらびます。

2 ①ねだんもりょうもさまざまな品物が、しゅるいごとに同じところにおかれています。②レジは１つだけでなくいくつかあり、自分で会計するようになっているものもあります。

できたかな？
□スーパーマーケットの売り場を見て、気づいたことをあげてみよう。

おうちのかたへ
スーパーマーケットで売られている商品の陳列は、消費者が見やすく、選びやすく、手に取りやすいよう工夫して配置されています。私たちが普段何気なく歩いているスーパーマーケット内のルートを、お子様とともに、どのような順序で店内を回っているか、改めて思い返してみるとよいでしょう。

ぴったり3 たしかめのテスト

2. わたしたちのくらしとまちではたらく人びと

2 店ではたらく人びとの仕事

38ページ

/100 ごうかく80点

教科書 74〜83ページ　答え 20ページ

1 次の表は、調べたことを買い物調べカードに、まとめたものです。この表を見て、問いに答えましょう。　1つ5点（50点）

(1) 買った品物のしゅるいがいちばん多かった日づけとして正しいものを、㋐〜㋓からえらびましょう。　技能

日づけ	買い物をした店	品物のしゅるい	話を聞いたこと（その店で買い物をしたわけなど）
9/16(土)	スーパーマーケット、パン屋	食りょう品、日用品	スーパーマーケットは、いろいろな品物がいちどに買えてべんりだから。パンは、やきたてのパンがおいしい近所のパン屋で買うようにしている。
9/17(日)	ショッピングモール	食りょう品、いるい、日用品	家族みんなで自動車に乗って出かけた帰りに買い物をした。
9/18(月)	駅前のデパート、インターネット	電気せい品、そのほか	会社から帰るとちゅうで買い物をした。インターネットでは、重いものを買っても無料ではいたつしてくれる。
9/19(火)	コンビニエンスストア、和がし屋	食りょう品	牛にゅうが急にひつようだったからコンビニエンスストアへ買いに行った。しんせきの人に送るおかしはいつも和がし屋で買っている。
9/20(水)	スーパーマーケット	食りょう品	スーパーマーケットのお客さまかんしゃデーで安売りをしていたから。

㋐ 9/16（土）　㋑ 9/17（日）　㋒ 9/18（月）　㋓ 9/19（火）

（㋑）

(2) 買い物をした店としてあてはまらないものを、㋐〜㋕から2つえらびましょう。

（順不同）（㋒）（㋔）

㋐ 駅前のデパート　㋑ ショッピングモール　㋒ やお屋
㋓ 和がし屋　㋔ 魚屋　㋕ コンビニエンスストア

(3) よく出る 次の㋤、㋥にあてはまる言葉を書きましょう。

品物のしゅるいを見ると、9/16（土）・17（日）の2日間は、食りょう品のほかに（㋤ 日用品）も買っているね。

買い物をした店でいちばん多いのは（㋥ スーパーマーケット）だね。

(4) 下線部の電気せい品に分るいされるものを、1つ答えましょう。
テレビ、すいはんき、そうじき　など（（れい）れいぞう庫）

(5) 次の①〜④の文のうち、表から読み取れることとして、正しいものには○を、まちがっているものには×をつけましょう。　技能

① （×）スーパーマーケットで買い物をしたのは3日間である。
② （○）9/16（土）〜9/20（水）のうち、毎日かならず買い物をしている。
③ （○）いるいを買ったのは、9/17（日）である。
④ （×）インターネットでは、軽いものを買ったときにだけ、無料ではいたつをしてくれる。

39ページ

2 次の図は、スーパーマーケットの店内図をあらわしています。この図を見て、問いに答えましょう。　1つ5点（50点）

(1) スーパーマーケットで売っている品物としてあてはまらないものを、㋐〜㋔から2つえらびましょう。

（㋑）（㋓）（順不同）

㋐ 野菜　㋑ ベッド　㋒ お酒　㋓ テレビ　㋔ パン

(2) できたらスゴイ！ 次の①、②の文は、図のスーパーマーケットの店内図について説明しています。（　）にあてはまる言葉をそれぞれ書きましょう。

① （サービスカウンター）では、買った品物を送ったり、おくりもの用につつんでもらったりすることができます。
② 店内には（自分）で会計ができるセルフレジがあります。

(3) 次の文の（　）にあてはまる言葉を書きましょう。

そうざいコーナーでは、いちばんおいしいものを食べてもらうために、（できたて）のものが売り場に出されています。

記述 (4) スーパーマーケットの店内で見かけた「お買いどく品コーナー」とはどのようなコーナーですか。（　）にあてはまるないようを、「安く」という言葉を使って書きましょう。　思考・判断・表現

品物が（（れい）安く売られている）コーナー。

(5) 次の①〜④の文のうち、図から読み取れることとして、正しいものには○を、まちがっているものには×をつけましょう。　技能

① （○）いろいろなしゅるいの品物が売られている。
② （○）スーパーマーケットの品物は、トラックで運ばれてきている。
③ （×）品物の名前が書かれたかんばんがない。
④ （×）レジは1つしかおかれていない。

ふりかえり　2(4)がわからないときは、36ページの2にもどってかくにんしてみよう。

記述問題のプラスワン

2 (4)「「安く」という言葉を使って」という部分を見落とさないようにしましょう。「お買いどく」とは、その品物のねだんがいつもより安くなって、買いやすくなったということです。「安くはん売されている」でも正かいです。

たしかめのテスト　38〜39ページ

1 買い物調べカードには、左から「日づけ」「買い物をした店」「品物のしゅるい」「話を聞いたこと」のじゅんに調べたことが書かれているので、それぞれに注意しながら問題をときましょう。

2 (2)①サービスカウンターとは、そのお店でうけることができるサービスがあつまっているところです。サービスカウンターでは、買った品物を送ったり、プレゼント用につつんでもらったりすることができるほか、まいごのうけつけや、お客さんのよびだしもします。

(3)いつでもできたてのものを買ってもらえるように、つくる時間が考えられています。

(5)③品物の名前が書かれたかんばんはいろいろな場所にあり、どの品物がどこにあるのかが一目でわかるようになっています。④この図では、レジはサービスカウンターの横にいくつかおかれています。

ぴったり1 じゅんび

2．わたしたちのくらしとまちではたらく人びと

2 店ではたらく人びとの仕事③

学習日 **40ページ**

めあて スーパーマーケットのさまざまなくふうを知ろう。

教科書 84～87ページ　答え 21ページ

次の（　）に入る言葉を、下からえらびましょう。

1 インタビューをして調べる

教科書 84～85ページ

はたらく人のくふう

- 買う人の生活に合わせて、いろいろな（① 大きさ ）に切った野菜を売っている。
- 品物にはられているねふだシールには、**賞味期限**や**消費期限**が書かれている。
- 多くのお客さんに足を運んでもらえるように、特売日を決めたり、（② ねびき ）をしたりしている。

品物にはってあるねふだとシール

そうざいをつくる人	魚をさばく人
●できたてのそうざいを売り場に出せるように、（③ つくる時間 ）を考える。 ●ほこりなどがつかないように（④ 服そう ）に気をつける。	●魚はいたみやすいので、仕入れてすぐ、いろいろな大きさの切り身やさしみにする。 ●服そうなどはせいけつにする。
事む所ではたらく人	品物を運ぶ人
●（⑤コンピューター）で品物の売れゆきを調べ、注文数を決める。	●（⑥ トラック ）で運ばれてきた品物を、たななどにならべる。

2 そのほかのくふうを調べる

教科書 86～87ページ

品物を売る以外のくふう

ワンポイント リサイクル

- **リサイクル**は一度使ったものを、もう一度使えるようにしたり、別のものにつくりかえたりすること。
  →スーパーマーケットには、空きかんやペットボトルなどを回収するリサイクルコーナーがある。

- お客さんの意見を（⑦ ご意見ボード ）で集めている。
- 遠くから来るお客さんのために（⑧ ちらし ）を広いはんいに配っている。
- 身体しょうがい者用のちゅう車場は、りようしやすいよう店の入り口近くにある。

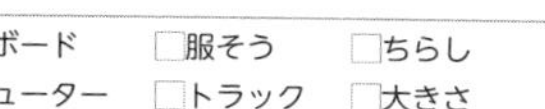

えらんだ言葉に✓
□つくる時間　□ご意見ボード　□服そう　□ちらし
□ねびき　□コンピューター　□トラック　□大きさ

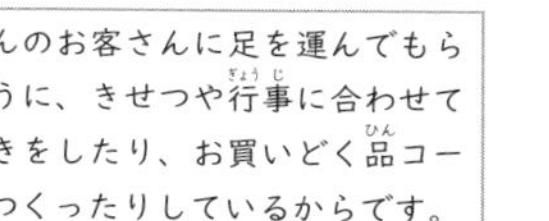

ぴったり2 練習

学習日 **41ページ**

ぴたトリビア リサイクルのために、ペットボトルは、ラベルとふた、ペットボトルそのものに分けて、すてるとよいでしょう。

教科書 84～87ページ　答え 21ページ

1 スーパーマーケットの店長にインタビューをしたときのしつもんとそのしつもんに対する店長の答えとして合うものを、線でむすびましょう。

①日によって、品物のねだんがちがうのはなぜですか。 ― ㋐たくさんのお客さんに足を運んでもらえるように、きせつや行事に合わせてわりびきをしたり、お買いどく品コーナーをつくったりしているからです。

②売れのこった野菜や肉はどのようにしていますか。 ― ㋓ねだんを下げて安く買ってもらえるようにしたり、ひりょうの一部に再生りようしたりなどしています。

③いろいろな大きさの野菜が売られているのはなぜですか。 ― ㋑買う人の生活に合わせて、いろいろな大きさをえらべるようにしているからです。

④ねふだに、つくられた場所が書かれているのはなぜですか。 ― ㋒どこでつくられたかわかれば、お客さんは安心して買うことができるからです。

2 次のスーパーマーケットで見られるくふうの説明としてあてはまるものを、下の㋐～㋓から1つずつえらびましょう。

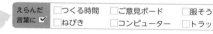

① （ ㋒ ）　② （ ㋐ ）　③ （ ㋑ ）

㋐ 広い通路を用意し、買い物をしやすくしています。
㋑ お年よりや車いすの方が乗りおりしやすいちゅう車場を用意しています。
㋒ 空きかんやペットボトルなどを回収し、しげんをたいせつにする取り組みです。
㋓ 品物を送ったり、ほうそうしたりすることができる場所です。

ヒント **1** ①～④しつもんに出てくる言葉が、しつもんに対する答えにも出てくることがあります。

練習 41ページ

1 しつもんの形に着目します。「～なぜですか。」というしつもんには、「～からです。」や「～のためです。」と答えます。また、「ねだん」や「いろいろな大きさの野菜」、「場所」などの言葉にも着目して考えましょう。

2 ①空きかんやペットボトルなどを回収する、リサイクルコーナーのようすです。②通路を広くすることで、車いすを使う人も買い物がしやすくなります。③身体しょうがい者用のちゅう車場は、お年よりや車いすを使う人が乗りおりしやすいよう、広いことにくわえ、店の入り口の近くにつくられています。

できたかな？

□スーパーマーケットでみられるくふうについて、いくつかあげて説明してみよう。

おうちのかたへ

リサイクル事業は今では私たちの身近なものになっていますが、不要なものが回収されたあと、それらがどのように生まれ変わるのかについてまで詳しく知っているお子様は多くありません。例えば「ペットボトルが服に変わる」と教えてあげるだけでも、それまでのリサイクルに対する考えが変わるでしょう。さまざまなものがどのように変わるのか、ここで改めて調べてみましょう。

2 店ではたらく人びとの仕事④

めあて いろいろな品物はどこから とどくのかをかくにんしよう。

教科書 88~93ページ 答え 22ページ

次の（　）に入る言葉を、下からえらびましょう。

1 品物の産地を調べる

教科書 88~89ページ

いろいろな品物の産地

- 品物をつくっている土地のことを産地という。
- 産地は（① ちらし ）や品物の（② ねふだ ）に書かれている。

産地マップからわかること

- いちばん多くのしゅるいの野菜やくだものをつくっているのは（③ 北海道 ）で、みかんは（④ 和歌山 ）県がおもな産地。
- 同じ品物を、日本国内や（⑤ 外国 ）から仕入れている。

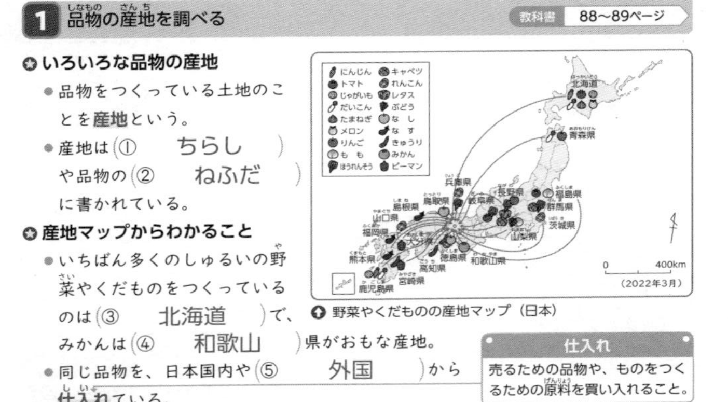

野菜やくだものの産地マップ（日本）

仕入れ
売るための品物や、ものをつくるための原料を買い入れること。

ワンポイント 国旗

- （⑥ 国旗 ）は、その国をあらわす旗のことで、それぞれの国に国旗があり、たいせつにされている。

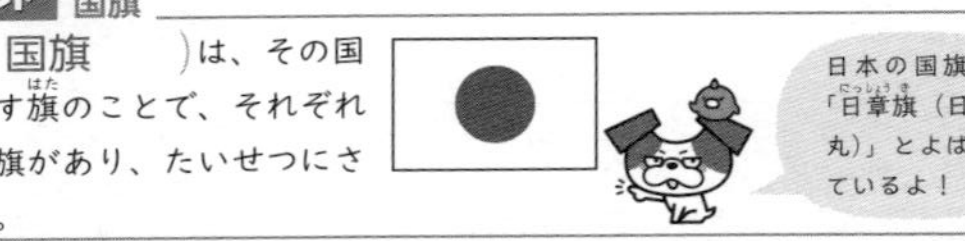

2 スーパーマーケットのくふうをまとめよう / 食べられずにすてられてしまう食品をへらすために　はってん

教科書 90~93ページ

スーパーマーケットのくふうのまとめ方

- お客さんのねがいと店のくふうを、それぞれ別の色のたんざくカードに書いて、かんけいの強いカードを組み合わせて整理し、カードを見ながら発表し合う。

食品ロスをへらすために

- ほんとうならば食べられるはずの食品が、食べられずにすてられてしまうことを、（⑦ 食品ロス ）という。

えらんだ言葉に☑　□食品ロス　□ねふだ　□和歌山　□国旗　□外国　□北海道　□ちらし

ぴったり2
練習

ぴたトリビア
日本が外国から仕入れているくだもののうち、一番多く仕入れているのはバナナで、そのほとんどがフィリピンから運ばれてきます。

教科書 88~93ページ 答え 22ページ

1 右の地図を見て、問いに答えましょう。

(1) 地図には、いくつの国の国旗がのっていますか。
（ 8 ）つ

(2) 次の野菜やくだものはどこの国でつくられていますか。
① いちご （アメリカ合衆国（アメリカ））
② グレープフルーツ （南アフリカ共和国）
③ レモン （ チリ ）

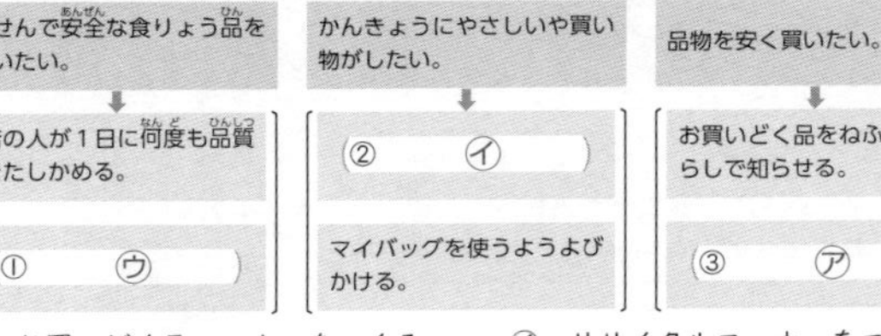

野菜やくだものの産地マップ（世界）

(3) 地図からわかることをまとめた文の（　）にあてはまる言葉を書きましょう。

国内からだけでなく、外国からもくだものが多く日本に運ばれてきていることがわかります。このように、くだものなどがつくられている土地を（ 産地 ）といいます。

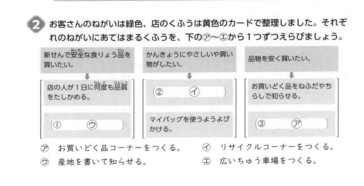

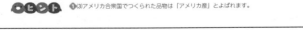

2 お客さんのねがいは緑色、店のくふうは黄色のカードで整理しました。それぞれのねがいにあてはまるくふうを、下の㋐～㋓から１つずつえらびましょう。

新せんで安全な食りょう品を買いたい。	かんきょうにやさしいや買い物がしたい。	品物を安く買いたい。
店の人が１日に何度も品質をたしかめる。	（② ㋑ ）	お買いどく品をねふだやちらしで知らせる。
（① ㋒ ）	マイバッグを使うようよびかける。	（③ ㋐ ）

㋐ お買いどく品コーナーをつくる。　㋑ リサイクルコーナーをつくる。
㋒ 産地を書いて知らせる。　㋓ 広いちゅう車場をつくる。

ヒント　1(3)アメリカ合衆国でつくられた品物は「アメリカ産」とよばれます。

できたかな？
□品物の産地を調べるにはどこを見ればいいか、れいをあげてみよう。
□スーパーマーケットがお客さんに来てもらうために行っているくふうにはどのようなものがあるか、れいをあげてみよう。

おうちのかたへ
お子様と一緒にスーパーマーケットへ行き、品物の産地がどこに書かれているか探してみてください。さらに、産地がどこかを確認して、その品物と地域の結びつきを考えると、「○○は△△県で生産量が多い」など、産地の理解が深まります。県の特産物は４年生で詳しく学習します。

練習 43ページ

1 (2)地図の下にある野菜やくだもののマークをたよりにしてさがしましょう。
(3)野菜やくだものは産地によってしゅうかくされる時期やりょうがちがっており、中には日本では手に入れることがむずかしいしゅるいのものもあるため、日本や外国のいろいろな場所から仕入れています。

2 ①買い物をする人に安心してもらえるようなくふうはどれかを考えましょう。②お客さんの家などから出たひつようのないものを集めたり、ごみをへらしたりするくふうはどれかを考えましょう。③ねだんが安くなった品物は何とよばれるかを考えましょう。

ぴったり3 たしかめのテスト

2. わたしたちのくらしとまちではたらく人びと

2 店ではたらく人びとの仕事

44ページ

/100 ごうかく80点

教科書 84〜93ページ　答え 23ページ

1 スーパーマーケットではたらく人が気をつけていることとして、正しいものには○を、まちがっているものには×をつけましょう。　1つ5点（25点）

① （ ○ ）買う人の生活に合わせて、自由にえらべるように、いろいろな大きさの野菜を売っている。
② （ × ）店長のその日の気分によって、品物のねだんを決めている。
③ （ ○ ）できたてのそうざいを出せるよう、つくる時間を考えている。
④ （ × ）魚は仕入れたら、しばらくは切らずにれいとうしておく。
⑤ （ ○ ）コンピューターで品物がどのくらい売れているかを調べて、注文する数を決めている。

2 次のあ〜うは、スーパーマーケットで見られるくふうです。これらについて、問いに答えましょう。　1つ5点（25点）

あ 
い 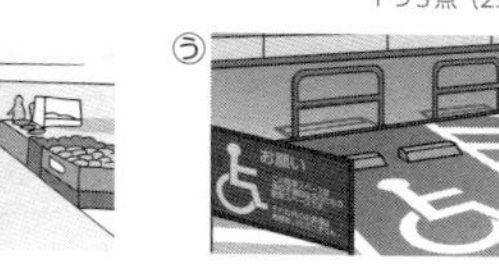
う 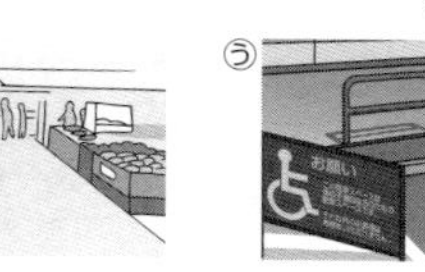

(1) よく出る あはペットボトルなどを回収できる（　）コーナーです。（　）にあてはまる言葉を、カタカナ5文字で答えましょう。　（ リサイクル ）

(2) てきたらスゴイ！ いのくふうについて説明した次の①〜③にあてはまる言葉を、下のア〜エからえらびましょう。

通路を（① ア ）することで、車いすの人や（② エ ）を乗せられるカートを使う人など、お客さんが（③ ウ ）をしやすくしている。

ア 広く　イ 車　ウ 買い物　エ 子ども

記述 (3) うの身体しょうがい者用のちゅう車場に見られるくふうについて説明した次の文の（　）にあてはまるないようを書きましょう。　思考・判断・表現

・ちゅう車場は店の入り口の近くにあり、お年よりや車いすの方などが、

（　（れい）乗りおりしやすい　）。

44

45ページ

3 次の問いに答えましょう。　1つ5点（35点）

(1) 右の絵からわかる、たまねぎの産地を書きましょう。　（ 北海道 ）

北海道産 たまねぎ

(2) 野菜などの産地を調べるために見るところを、ア〜エから2つえらびましょう。　（ ア ）（ エ ）

ア ちらし　イ レシート　ウ レジぶくろ　エ ねふだ　（順不同）

(3) 右の地図を見て、問いに答えましょう。

① 北海道は何しゅるいの野菜やくだものをつくっていますか。　技能

（ 6 ）しゅるい

② なしをつくっている都道府県を2つ書きましょう。（順不同）　技能

（ 鳥取県 ）
（ 徳島県 ）

③ 4つの都道府県でつくられている野菜をア〜エからえらびましょう。　（ ア ）

ア ほうれんそう　イ キャベツ　ウ きゅうり　エ なす

野菜やくだものの産地マップ（日本）（2022年3月）

4 次の文を読んで、問いに答えましょう。　1つ5点（15点）

（ あ ）や消費期限が切れるなど、まだ食べられるはずの品物がすてられてしまう（ い ）をへらすため、うさまざまな取り組みが行われている。

(1) （ あ ）には、「おいしく食べられる期間」といういみの言葉があてはまります。あてはまる言葉を書きましょう。　（ 賞味期限 ）

(2) （ い ）にあてはまる言葉を、ア〜ウからえらびましょう。　（ イ ）

ア お買いどく品　イ 食品ロス　ウ 品質

(3) てきたらスゴイ！ 下線部うについて、ある地いきで「食べきりチャレンジ運動」という、いをへらすための運動がおこなわれています。この地いきの取り組みの説明としてあてはまるものを、次のア〜ウからえらびましょう。　（ ウ ）

ア 野菜やくだもの、魚などをすきなだけ食べることをよびかける。
イ いらない食品を集めて、ひつような人にとどけている。
ウ 自分たちが食べられる分だけの食品を買うことをよびかける。

ふりかえり ②(3)がわからないときは、40ページの2にもどってかくにんしてみよう。

45

記述問題のプラスワン

2 (3)「店の入り口の近くにあり」という部分に着目します。お年よりや車いすを使う身体が不自由な人にとって、車に乗りおりする場所が店の近くにあると、すぐに店に入ることができ、出るときもすぐに車に乗りこむことができます。「よゆうをもって、乗ったりおりたりできる」や「りようしやすくなっている」でも正かいです。

たしかめのテスト　44〜45ページ

1 ②たくさんのお客さんが来るように、ねだんはきせつや行事に合わせて特売日をもうけるなど、考えられています。④いたみやすい魚は、仕入れるとすぐに、いろいろな大きさにさばいて、切り身やさしみにされます。

2 (1)リサイクルは、一度使ったものを、もう一度使えるようにしたり、別のものにつくりかえたりすることです。

3 (3)①北海道には、にんじん、トマト、じゃがいも、だいこん、たまねぎ、メロンの6しゅるいが書かれています。③ほうれんそうは、群馬県、長野県、岐阜県、兵庫県の4つの県でつくられています。

4 (1)賞味期限は、食りょう品の品質がかわらずにおいしく食べることができる期間、消費期限は、安全に食べることができる期間のことです。

(3)食品ロスをへらすための運動であることから、「食べられる分だけの食品を買う」とあるウをえらびましょう。

ぴったり1 じゅんび

3．安全なくらしを守る

1 火事から人びとを守る①

学習日 46ページ

めあて 消火や救助のためにはたらく人たちや消ぼう車のしゅるいについてりかいしよう。

教科書 94～98ページ　答え 24ページ

次の（　）に入る言葉を、下からえらびましょう。

1 わたしたちの市の火事を調べる

教科書 96～97ページ

火事現場のようす

- 火事がおこると（① 消ぼう ）自動車が来て火を消す。
- けいさつしょの人が、交通整理をしている。
- （② 救急車 ）にけがをした人を運んでいる。

どうして火事がおこるのかな？

ワンポイント 火事がもえ広がるようす

- 火事のげんいんは、放火、（③ たき火 ）、電気機器の順で多い。
- 木ぞうの家では、火事がおこって（④ 1 ）分でまわりのもえるものにもえうつる。
- （⑤ 8 ）分以内に放水をはじめることができれば、まわりの家に火のもえうつりをふせげる。

…1件　※そのほか38件

放火	12件
たき火	9
電気機器	6
たばこ	4
こんろ	4
てんぷら油	2

（2020年）（2021年 湖南広域消防局しりょう）

火事のげんいん

0分 （木ぞうの家の場合）火事がおこる
1分 まわりのもえるものにもえうつる
3分 しょうじやふすまにもえうつる
5分 天じょううらや屋根にもえうつる
8分 全面ねんしょう このころに放水をはじめられれば、まわりの家にもえうつるのをふせぐことができる。
10分 家全体がやけ落ちる

火事がもえ広がるようす

2 消ぼうしょへ見学に行こう①

教科書 98ページ

いろいろな消ぼう自動車

⑥ はしご車	高いたてものが火事になったときの消火や救助をおこなう。
⑦ 救助工作車	いろいろな道具をつんで、人を助けるはたらきをする。
⑧ 化学車	あわを使って油やガソリンの火事を消火する。
⑨ タンク車	約1500Lの水をつむことができ、現場でさいしょに放水をする。

はしご車

消ぼう自動車のしゅるいによって、そうびや役わりがちがうんだね！

えらんだ言葉に☑　□タンク車　□消ぼう　□たき火　□化学車　□救助工作車　□はしご車　□8　□1　□救急車

46

ぴったり2 練習

学習日 47ページ

ぴたトリビア 日本では消ぼう自動車の色はしゅ色、救急車は白色になっていますが、これはほうりつによって、それぞれ色が決められているからです。

教科書 94～98ページ　答え 24ページ

1 次の問いに答えましょう。

(1) 次の文の①、②にあてはまる数字を、下の［　］からえらびましょう。

①（2020）　②（70）

右のグラフから、火事の件数がいちばん多いのは（①）年で、（②）件をこえている。

2017　2020　80　70

●…10件

年	2016	17	18	19	20年
件数	49件	71	61	61	75

（2021年 湖南広域消防局しりょう）

火事の件数

(2) 右上のグラフと右の表から読み取れるものを、㋐～㋒からえらびましょう。

（㋒）

㋐ 火事の件数がいちばん多い年は、けがをした人の数もいちばん多い。

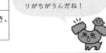

㋑ けがをした人の数が、なくなった人の数より少ない年がある。

㋒ 火事によってなくなった人は毎年1人以上いる。

年	けがをした人	なくなった人
2016	6人	3人
2017	5	3
2018	17	1
2019	8	3
2020	11	2

火事による人のひがい

2 次の絵にあてはまる説明を、下の㋐～㋓からえらびましょう。

① はしご車（㋓）　② タンク車（㋐）　③ 救助工作車（㋑）

㋐ 1500Lもの水をつんで、火事の現場でさいしょに放水する。

㋑ さまざまな道具をつみこんで、火事から人を助けるときに、かつやくする。

㋒ 油やガソリンでおきた火事に対して、あわを使って消火する。

㋓ 高いところにはしごをのばして、消火や救助するときに、かつやくする。

ヒント 1 (1) グラフの左から右にいくほど、新しい年の件数がしめされています。

47

できたかな？

□火事にかんするグラフと表を読み取ってみよう。

□消ぼう自動車のしゅるいについて説明してみよう。

おうちのかたへ

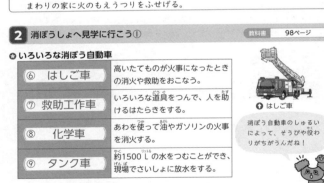

この単元では、火事が起きた時に私たちの暮らしを守るためのしくみがあることを学び、多くの機関や人々のはたらきについての理解を深めます。日頃から火事への備えはもちろんのこと、万が一のときの対応をお子様といっしょに話し合っておきましょう。

練習 47ページ

1 (1)このグラフのたてじくは火事の件数、横じくは年をあらわしています。1つのマークは10件の火事をあらわしていることに着目して、グラフを読み取りましょう。

(2)㋐火事の件数がいちばん多い年は2020年で、けがをした人の数がいちばん多い年は2018年です。㋑いずれの年もけがをした人の数の方が、なくなった人の数よりも多くなっています。

2 消ぼう自動車には、はしご車や救助工作車、化学車、タンク車などさまざまなしゅるいがあります。㋓ははしご車、㋐はタンク車、㋑は救助工作車、㋒は化学車の説明です。それぞれのとくちょうをかくにんしておきましょう。

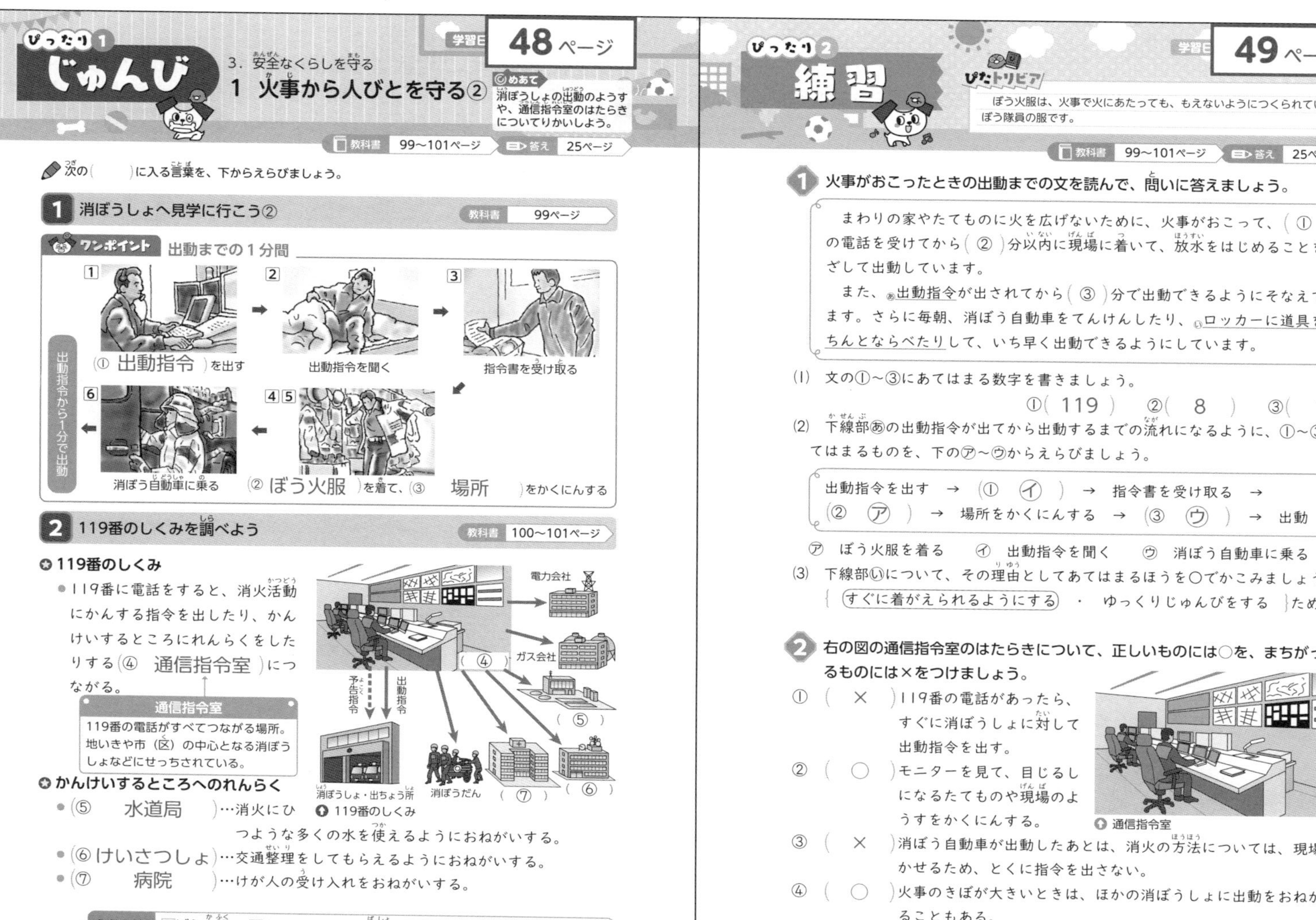

48ページ

ぴったり1 じゅんび

3. 安全なくらしを守る

1 火事から人びとを守る②

めあて 消ぼうしょの出動のようすや、通信指令室のはたらきについてりかいしよう。

教科書 99~101ページ 答え 25ページ

次の（　）に入る言葉を、下からえらびましょう。

1 消ぼうしょへ見学に行こう② 教科書 99ページ

ワンポイント 出動までの1分間

1 （① 出動指令 ）を出す → 2 出動指令を聞く → 3 指令書を受け取る → 4 5 （② ぼう火服 ）を着て、（③ 場所 ）をかくにんする → 6 消ぼう自動車に乗る

出動指令から1分で出動

2 119番のしくみを調べよう 教科書 100~101ページ

119番のしくみ

- 119番に電話をすると、消火活動にかんする指令を出したり、かんけいするところにれんらくをしたりする（④ 通信指令室 ）につながる。

通信指令室
119番の電話がすべてつながる場所。地いきや市（区）の中心となる消ぼうしょなどにせっちされている。

119番のしくみ

かんけいするところへのれんらく

- （⑤ 水道局 ）…消火にひつような多くの水を使えるようにおねがいする。
- （⑥ けいさつしょ ）…交通整理をしてもらえるようにおねがいする。
- （⑦ 病院 ）…けが人の受け入れをおねがいする。

えらんだ言葉に ☑ □ぼう火服 □出動指令 □場所 □けいさつしょ □水道局 □通信指令室 □病院

48

49ページ

ぴったり2 練習

ぴたトリビア ぼう火服は、火事で火にあたっても、もえないようにつくられている消ぼう隊員の服です。

教科書 99~101ページ 答え 25ページ

1 火事がおこったときの出動までの文を読んで、問いに答えましょう。

まわりの家やたてものに火を広げないために、火事がおこって、（①）番の電話を受けてから（②）分以内に現場に着いて、放水をはじめることをめざして出動しています。

また、㋐出動指令が出されてから（③）分で出動できるようにそなえています。さらに毎朝、消ぼう自動車をてんけんしたり、㋑ロッカーに道具をきちんとならべたりして、いち早く出動できるようにしています。

(1) 文の①~③にあてはまる数字を書きましょう。

①（ 119 ）　②（ 8 ）　③（ 1 ）

(2) 下線部㋐の出動指令が出てから出動するまでの流れになるように、①~③にあてはまるものを、下の㋐~㋒からえらびましょう。

出動指令を出す → （① ㋑ ） → 指令書を受け取る → （② ㋐ ） → 場所をかくにんする → （③ ㋒ ） → 出動

㋐ ぼう火服を着る　㋑ 出動指令を聞く　㋒ 消ぼう自動車に乗る

(3) 下線部㋑について、その理由としてあてはまるほうを○でかこみましょう。

｛ （すぐに着がえられるようにする） ・ ゆっくりじゅんびをする ｝ため。

2 右の図の通信指令室のはたらきについて、正しいものには○を、まちがっているものには×をつけましょう。

① （ × ）119番の電話があったら、すぐに消ぼうしょに対して出動指令を出す。

② （ ○ ）モニターを見て、目じるしになるたてものや現場のようすをかくにんする。

③ （ × ）消ぼう自動車が出動したあとは、消火の方法については、現場にまかせるため、とくに指令を出さない。

④ （ ○ ）火事のきぼが大きいときは、ほかの消ぼうしょに出動をおねがいすることもある。

通信指令室

ヒント 1 (1) ①けいさつしょに電話するときの110番とにているので、注意しましょう。

49

練習 49ページ

1 (1)出動指令から出動までの時間と、119番の電話を受けてから放水までの時間を整理して考えましょう。火事がおこってから8分たつと全面ねんしょうがはじまるので、このころまでに放水をはじめることができれば、火のもえひろがりをふせぐことができます。

(3)出動指令が出されてから1分以内に出動できるようにするためのくふうです。

2 ①119番の電話が入ると、通信指令室は、すべての消ぼうしょや出ちょう所に予告指令を出します。出動指令はそのあとに出されます。③通信指令室は、出動指令を出したあとも、モニターを見て、消火の方法や現場のようすを伝えます。また、「通信指令室」のよび名は、市町村によってちがいます。自分の住むまちのよび名を調べてみましょう。

できたかな？

□消防隊員は、火事にそなえてどのようなじゅんびをしているか、説明してみよう。

□119番の電話はどこにつながるか言ってみよう。

おうちのかたへ

119番通報をしてつながる先は、今回本書では「通信指令室」として扱いましたが、ほかにも「災害救急情報センター」や「消防指令センター」、「消防本部指令室」など、自治体によって名称が異なっていますので、この機会にお子様と一緒に自分たちの住んでいる地域での呼び名を一緒に調べてみましょう。

50ページ

3. 安全なくらしを守る
1 火事から人びとを守る③

めあて
消ぼう隊員の火事のないときの仕事と、さまざまな場所での事故への対応について知ろう。

学習日

教科書 102〜105ページ　答え 26ページ

次の（　）に入る言葉を、下からえらびましょう。

1 消ぼう隊員の仕事

教科書 102〜103ページ

消ぼう隊員の仕事

- 車両や器具、消火せんや（① ぼう火水そう）などのてんけんをしている。
- 消火や救助のための訓練や、体力づくりのためのトレーニングなどをしている。
- **救急救命士**は、かんじゃを救急車で運ぶあいだ、けがや病気にひつような手当てをすることができる。

午前8:30	1引きつぎ→2車両のてんけん →3消火せんのてんけん→4ミーティング
12:00	5ぼう火しどう→6救助訓練
午後5:00	7トレーニング
10:30	8かみん

消ぼうしょではたらく人の1日

消火用の道具は重いから、体力づくりは欠かせないね。

ワンポイント 消ぼう隊員のきんむ

- 24時間きんむなので、（② 交代 ）ではたらく。きんむの次の日は「（③ ひばん ）」になる。
- **ひばん**とは、完全な休日ではなく、きんむがつづくこともあるため、それにそなえる日のことである。

2 琵琶湖や高速道路などへの出動

教科書 104〜105ページ

琵琶湖や高速道路での事故

- 琵琶湖や川での水なん事故…知らせが入ると、救助にひつような道具や（④ ゴムボート ）などがつまれた（⑤ 水なん救助車）で出動する。
- （⑥ 高速道路 ）での事故…高速道路は走る方向が決まっているため、ふだんよりも遠くまで出動する。車の出動台数をふやし、（⑦ 二次 ）さいがいに気をつけて現場へ向かう。

→消ぼうしょは、湖や川、高速道路での事故、（⑧ 自然さいがい）などへの出動にもそなえている。

出動のときは近くの消ぼう本部などと協力して取り組むよ。

えらんだ言葉に☑
□水なん救助車　□ゴムボート　□ぼう火水そう　□二次
□自然さいがい　□交代　□高速道路　□ひばん

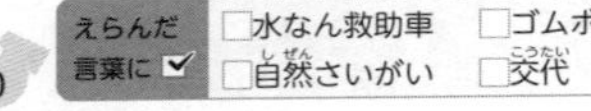

51ページ

学習日

ぴたトリビア
水なん事故とは、海や川、湖などの水辺でおこる事故のことで、海水浴や水あそびなどをするきかいがふえる夏場に多く発生します。

教科書 102〜105ページ　答え 26ページ

1 次の問いに答えましょう。

(1) 右の表の①〜③にあてはまる言葉を、次の文からえらびましょう。

消ぼう隊員は、24時間きんむのため、きんむ、ひばん、休みを交代してはたらいている。

	1日目	2日目	3日目	4日目
佐藤さん	きんむ	①	休み	きんむ
中山さん	②	きんむ	ひばん	休み
小野寺さん	ひばん	休み	③	ひばん

①（ ひばん ）　②（ 休み ）　③（ きんむ ）

(2) 次の①〜④の消ぼう隊員の１日の仕事としてあてはまる図を、㋐〜㋔からそれぞれえらびましょう。

① 車両のてんけん（ ㋒ ）
② ぼう火しどう（ ㋐ ）
③ 救助訓練（ ㋔ ）
④ トレーニング（ ㋓ ）

(3) 右の絵を見て、次の問いに答えましょう。

① 何をしていますか。㋐〜㋒からえらびましょう。
㋐ 消火せんをてんけんしている。
㋑ けがや病気の手当てをする訓練をしている。
㋒ 水道局やけいさつしょにれんらくをしている。
（ ㋑ ）

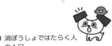

② 右の絵のような訓練をしている消ぼう隊員の名前を書きましょう。
（ 救急救命士 ）

2 消ぼうしょの取り組みについて、正しいものを２つえらびましょう。

①水なん事故の救助のときは、水なん救助車で現場に向かうよ。

②高速道路での事故のときは、近くの消ぼう局にれんらくはしないよ。

③大きな自然さいがいがおこったときは、他の地いきの救助活動も行うよ。

（順不同）（ ① ）（ ③ ）

ヒント ❶ (3)かんじゃを救急車で運ぶあいだ、手当てをすることができる消ぼう隊員のことです。

できたかな？
□消ぼう隊員の仕事や訓練について、説明してみよう。

おうちのかたへ
ふつうの火事や事故に加え、海や川、湖など水辺で起こる水難事故や高速道路での事故、自然災害など、身近に起こりうる事故や災害への理解も重要です。消防署の救助活動について、お子様と一緒に確認してみてください。

練習　51ページ

❶ (1)消ぼう隊員は、いつ火事がおこるかわからないので、24時間交代できんむします。24時間きんむ→ひばん→休みという流れで仕事をしています。
(2)㋑は消火せんのてんけんをあらわしている図です。
(3)②救急救命士は、救急車でかんじゃを運ぶあいだ、手当てをすることができる消ぼう隊員です。

❷ ①水なん事故の知らせが入ると、水なん救助隊員は、救助にひつような道具やゴムボートなどがつまれた水なん救助車で出動します。②走る方向が決まっている高速道路の現場に早くたどり着くために、ふつうの火事や事故のときよりも遠くまで出動することがあり、消ぼう本部と協力して取り組みます。③大きな自然さいがいがおきたときは、他の都道府県へ救助活動に行くことがあります。

ぴったり1 じゅんび

3. 安全なくらしを守る
1 火事から人びとを守る④

めあて 学校や地いきの火事へのそなえと消ぼうだんについてりかいしよう。

教科書 106〜109ページ 答え 27ページ

次の（　）に入る言葉を、下からえらびましょう。

1 学校や地いきを火事から守るために

教科書 106〜107ページ

学校の消ぼうせつび

①（消火器）と消火せん	●ろう下にあり、どの階も同じいちにある。
②（火さいほう知せつび）	●どの部屋にも取りつけられている。
③（ぼう火とびら）	●火事が広がらないようにするためのせつび。
④（プール）の水	●消火に使う。

消火器　火さいほう知せつび

火事へのそなえ

- 学校の消ぼうせつびは、国の⑤（きまり）で決められている。
- 学校で定期的におこなわれる⑥（ひなん訓練）には、しんけんに取り組み、火事にそなえる。

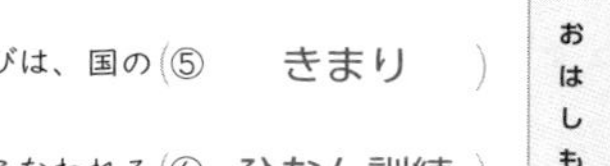

お　おさない
は　走らない
し　しゃべらない
も　もどらない

ひなんするときのやくそく

地いきの消ぼうせつび

- 家が多いところには、⑦（消火せん）がたくさんある。
- 学校や保育園などが地いきの人たちの⑧（ひなん場所）になっている。

自分の地いきのひなん場所をさがしてみよう。
予定ひなん場所

ひなん場所のかん板

2 地いきの消ぼうだん

教科書 108〜109ページ

ワンポイント 消ぼうだん

- **消ぼうだん**は、消火活動をする、⑨（地いき）の人たちによる集まり。
- 消ぼうだんの人は、ふだんは自分の仕事をしていて、火事などの知らせがあると、現場へかけつけ、消ぼうしょの人と協力して消火活動をおこなう。
- 消火活動のほかにも、地いきの人びとへのぼう火しどうや、消ぼうしせつのてんけん、火事のよぼうのよびかけなどをしている。

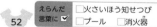

えらんだ言葉に☑　□火さいほう知せつび　□ぼう火とびら　□ひなん訓練　□地いき　□プール　□消火器　□ひなん場所　□消火せん　□きまり

ぴったり2 練習

ぴたトリビア　けいほうそうちは、火事などの非常じたいが発生したことを、大きな音で知らせるものです。

教科書 106〜109ページ 答え 27ページ

1 次の問いに答えましょう。

(1) 次の①〜③の説明は、右の図のどれにあてはまりますか。図中の㋐〜㋔からそれぞれえらびましょう。

① 火事を知らせるそうちで、教室に一つずつある。（㋒）
② 火を消すためのホースが入っている。（㋑）
③ 火事が広がらないようにする。（㋔）

学校の消ぼうせつび

(2) 次の文は、学校の消ぼうについて定めた国のきまりです。（　）に共通してあてはまる言葉を書きましょう。（消火）

学校などのしせつは、（　）活動などにひつようなせつびを、じっさいの（　）活動に役にたつ場所においておかなければならない。（一部をやさしくしたもの）

(3) ひなんするときのやくそくに「お」「は」「し」「も」があります。それぞれの文字を頭文字にしてできる言葉を、あとにつづけて書きましょう。

（お　さない）（は　しらない）
（し　ゃべらない）（も　どらない）

2 右の地図を見て、次の問いに答えましょう。

(1) 地図のはんいで、いちばん多くおかれている消ぼうせつびは何ですか。右の地図から言葉をえらびましょう。（消火せん）

(2) ひなん場所になっているのは、わたしたちの学校、文化会館のほかにどこがありますか。右の地図から言葉をえらびましょう。（保育園）

地いきの消ぼうせつびのあるところ

ヒント 1 (2)学校で火事がおこったとき、火を消すための道具やせつびを使います。

できたかな？
□身近な消ぼうせつびについて、れいをあげてみよう。
□地いきの消ぼうだんの活動について、説明してみよう。

おうちのかたへ
家の近所には、消火栓がどこに設置されているかを実際にお子様と一緒に調べてみましょう。その際、家族で避難場所の確認もあわせてしておくとよいでしょう。

練習 53ページ

1 (1)㋐は消火器、㋑は消火せん、㋒は火さいほう知せつび、㋓はけいほうそうち、㋔はぼう火とびらをあらわしています。
①教室に一つずつあるせつびは㋒です。
②火を消すためのホースが入っているせつびは㋑です。
③火が広がらないようにするためのせつびは㋔です。
(3)「お・は・し・も」は、学校によって頭文字がちがう場合もあります。自分の学校のやくそくをかくにんしてみましょう。

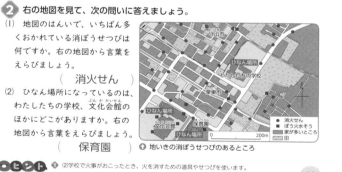

2 (1)地図から、消火せんの記号がいちばん多いことを読み取りましょう。

ぴったり3

たしかめのテスト

3. 安全なくらしを守る

1 火事から人びとを守る

54ページ

/100 ごうかく80点

教科書 94~109ページ　答え 28ページ

1 右のグラフや表から読み取れることとして、正しいものには○を、まちがっているものには×をつけましょう。 技能 1つ5点（20点）

①（ ○ ）火事はどの年も40件より多くおきている。

②（ × ）火事がいちばん少なかったのは、2020年である。

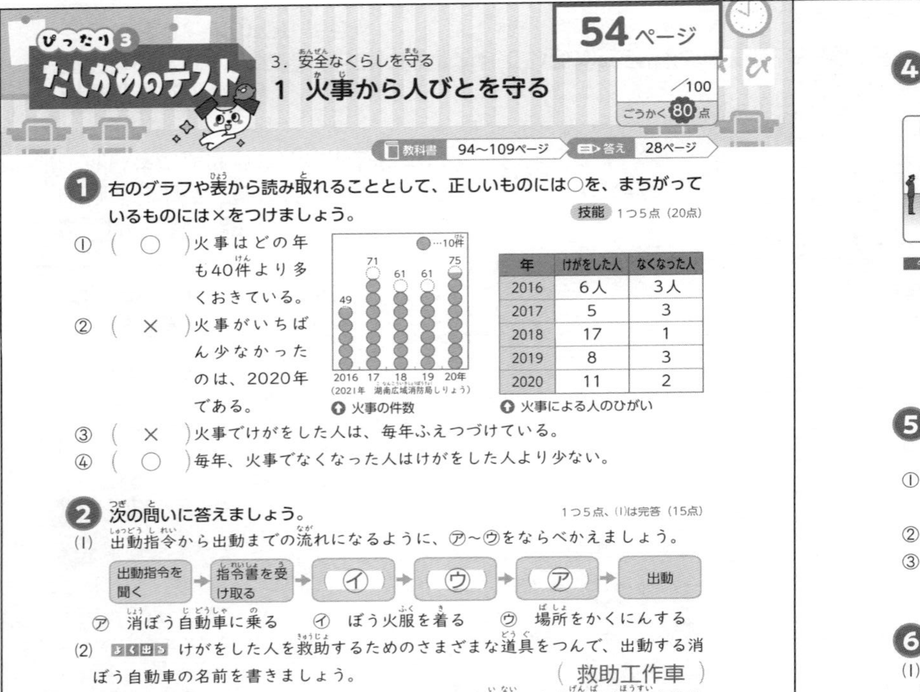

火事の件数（2021年 湖南広域消防局しりょう）

火事による人のひがい

年	けがをした人	なくなった人
2016	6人	3人
2017	5	3
2018	17	1
2019	8	3
2020	11	2

③（ × ）火事でけがをした人は、毎年ふえつづけている。

④（ ○ ）毎年、火事でなくなった人はけがをした人より少ない。

2 次の問いに答えましょう。 1つ5点、(1)は完答（15点）

(1) 出動指令から出動までの流れになるように、㋐～㋒をならべかえましょう。

出動指令を聞く → 指令書を受け取る → （㋑） → （㋒） → （㋐） → 出動

㋐ 消ぼう自動車に乗る　㋑ ぼう火服を着る　㋒ 場所をかくにんする

(2) よく出る けがをした人を救助するためのさまざまな道具をつんで、出動する消ぼう自動車の名前を書きましょう。（ 救助工作車 ）

記述 (3) 消ぼう自動車が、火事の知らせを聞いてから8分以内に火事現場で放水をはじめることをめざして出動している理由を書きましょう。 思考・判断・表現

（（れい）火事がおこってから8分をすぎると、まわりにもえうつるから。）

3 次の①～③は、図の㋐～㋒のどの場所を説明したものですか。 1つ5点（15点）

①（ ㋐ ）119番の電話でつながるところ。

②（ ㋑ ）消火活動をおこなっている地いきの人たち。

③（ ㋒ ）交通整理をおねがいするところ。

119番のしくみ

4 てきたらスゴイ！ 次の消ぼうしょではたらく人の1日をあらわした図の①～④にあてはまる言葉を、下の　からえらびましょう。 1つ5点（20点）

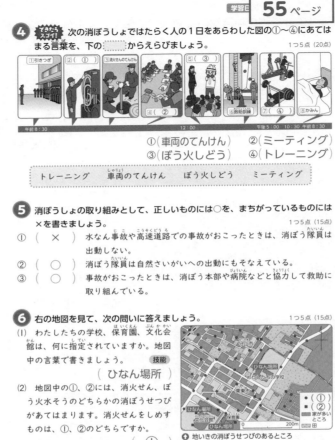

①（車両のてんけん）　②（ミーティング）
③（ぼう火しどう）　④（トレーニング）

トレーニング　車両のてんけん　ぼう火しどう　ミーティング

5 消ぼうしょの取り組みとして、正しいものには○を、まちがっているものには×を書きましょう。 1つ5点（15点）

①（ × ）水なん事故や高速道路での事故がおこったときは、消ぼう隊員は出動しない。

②（ ○ ）消ぼう隊員は自然さいがいへの出動にもそなえている。

③（ ○ ）事故がおこったときは、消ぼう本部や病院などと協力して救助に取り組んでいる。

6 右の地図を見て、次の問いに答えましょう。 1つ5点（15点）

(1) わたしたちの学校、保育園、文化会館は、何に指定されていますか。地図中の言葉で書きましょう。 技能

（ ひなん場所 ）

(2) 地図中の①、②には、消火せん、ぼう火水そうのどちらかの消ぼうせつびがあてはまります。消火せんをしめすものは、①、②のどちらですか。

（ ① ）

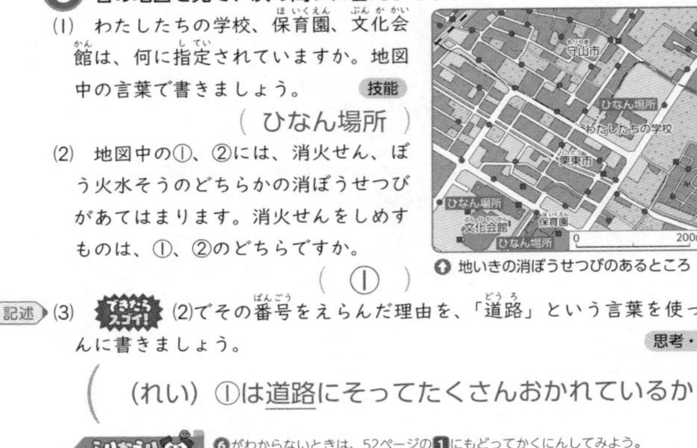

地いきの消ぼうせつびのあるところ

記述 (3) てきたらスゴイ！ (2)でその番号をえらんだ理由を、「道路」という言葉を使ってかんたんに書きましょう。 思考・判断・表現

（（れい）①は道路にそってたくさんおかれているから。）

ふりかえり ❻がわからないときは、52ページの❶にもどってかくにんしてみよう。

たしかめのテスト　54～55ページ

1 ②火事がいちばん少なかったのは、49件の2016年です。③火事でけがをした人は、毎年ふえつづけてはおらず、ふえたりへったりをくりかえしています。

3 ㋐は通信指令室、㋑は消ぼうだん、㋒はけいさつしょをあらわしています。

4 消ぼう隊員は、毎日、車両や器具のてんけんをしたり、訓練をしたりして、消火活動にそなえています。訓練には、けが人を救助するためのものや、体をきたえるトレーニングなどがあります。

5 ①消ぼう隊員は、地いきでおこった火事だけではなく、水なん事故や高速道路での事故にも出動します。

6 (1)学校や公民館、保育園など、広い場所がある公共のしせつがひなん場所に指定されていることが多いです。

記述問題のプラスワン

2 (3)木ぞうの家の場合は、火事がおこってから8分で全面ねんしょうします。このころに放水をはじめれば、まわりの家にもえうつるのをふせぐことができます。「火がまわりにもえうつることをふせぐため」なども正かいです。

6 (3)消火せんは、どこで火事がおきてもすぐに消火できるように、地下に水道管が通っている道路にそってもうけられています。

ぴったり1 じゅんび

3. 安全なくらしを守る

2 交通事故や事件から人びとを守る①

学習日　**56ページ**

めあて　事故や事件の現場のようすや、れんらくの流れについてりかいしよう。

教科書 112〜115ページ　答え 29ページ

次の（　）に入る言葉を、下からえらびましょう。

1 身近な交通事故や事件　教科書 112〜113ページ

交通事故をふせぐために

- 交通事故がおこると（① けいさつしょ）の人が出動する。
- 交通事故の現場には、けいさつしょの人のほかにも（② 消ぼうしょ）の人も出動することもある。
- グラフをみると、交通事故や事件の件数が少しずつ（③ へっている）ことがわかる。

年	2016	17	18	19	20年
交通事故（件）	409	416	388	315	285
事件（件）	1682	1598	1513	1450	1121

●…100件　◆…500件

府中市でおこった交通事故と事件の件数（警視庁ホームページをもとに作成）

2 交通事故がおこったら　教科書 114〜115ページ

交通事故がおこったときの仕事

- すぐに現場へかけつけ、（④ 交通整理）をしたり、交通事故がおこった理由について（⑤ 運転手）の人などから話を聞いたりする。
- 交通事故を見かけたときは、すぐに（⑥ 110番）する。

110番　110番のれんらくはそれぞれの都道府県のけいさつ本部にある通信指令センターにつながる。

ワンポイント　110番のしくみ

- 110番にかけると、けいさつ本部の（⑦ 通信指令センター）につながる。
- **通信指令センター**はパトロールをしている（⑧ パトロールカー）や白バイ、近くにあるけいさつしょに無線でれんらくをする。
- 消ぼうしょは救急車を出動させる。

通信司令センター　交番　けいさつしょ　消ぼうしょ

110番のしくみ

えらんだ言葉に☑　□通信指令センター　□110番　□けいさつしょ　□へっている　□パトロールカー　□交通整理　□運転手　□消ぼうしょ

56

ぴったり2 練習

学習日　**57ページ**

ぴたトリビア　青色のランプをつけた車をみかけることがありますが、これはけいさつの人たちではなく、ぼうはん活動をおこなっているボランティアの人たちが運転しています。

教科書 112〜115ページ　答え 29ページ

1 右のグラフを見て、正しいものには○を、まちがっているものには×をつけましょう。

①（ ○ ）グラフの■が1つで、交通事故が100件おきていることをしめしている。

②（ ○ ）交通事故の件数がはじめて400件より少なくなったのは2018年である。

③（ × ）交通事故の件数は毎年ふえてきている。

年	2016	17	18	19	20年
件数	409	416	388	315	285

警視庁ホームページをもとに作成

府中市でおこった交通事故の件数

2 次の問いに答えましょう。

(1) 交通事故がおこったときのけいさつしょの人の仕事について、次の文の①〜③にあてはまる言葉を、［　］からえらびましょう。

- 交通事故の知らせをうけたら、いち早く（① 現場 ）にかけつける。
- 別の交通事故やじゅうたいがおきないように、（② 急いで ）交通整理をおこなうひつようがある。
- 交通事故がおこったのはなぜか、（③ 運転手 ）の人や交通事故を見た人から話を聞いたり、現場のようすを調べたりする。

［運転手　現場　急いで　ゆっくり］

(2) 右の図を見て、次の問いに答えましょう。

① 次の文の（　）にあてはまる数字を書きましょう。

交通事故や事件があったとき、（ 110 ）番に電話すると、都道府県のけいさつ本部にある通信指令センターにつながる。

110番のしくみ

② 図のあは通信指令センターかられんらくを受け、現場に向かいます。この乗り物の名前を正しく書きましょう。（パトロールカー）

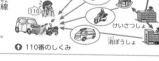

ヒント　1 ③グラフの左から右にいくほど、新しい年の件数がしめされています。

57

できたかな？

□身近な交通事故や事件にかんする資料を読み取ろう。

□交通事故がおこったときのけいさつしょの仕事を説明してみよう。

おうちのかたへ

この単元では、複数のグラフを見比べて、目盛りの数の違いや、数の変化の違いの読み取り方を学びます。事故と事件を例に、年によってそれぞれの件数がどのように変わっているのか、p.56の2つのグラフの類似点と相違点を読み取ってみましょう。

練習　57ページ

1 ③交通事故の件数は、2016年から2017年はふえましたが、2017年からは毎年へってきています。

2 (1)けいさつしょの人は、交通整理や事故現場のようすを調べるためにも、いち早く現場に着くひつようがあります。また、別の交通事故やじゅうたいがおきないように交通整理をすることも、けいさつしょの人の仕事です。

(2)①交通事故がおこったときには、すぐに110番に電話します。火事がおこったときに、119番に電話することとまちがえないようにしましょう。②パトロールカーはパトカーともよばれます。

ぴったり1 じゅんび

3. 安全なくらしを守る
2 交通事故や事件から人びとを守る②

めあて 地いきの安全を守る交番の仕事、市役所や地いきの取り組みについてりかいしよう。

教科書 116〜121ページ　答え 30ページ

次の(　　)に入る言葉を、下からえらびましょう。

1 地いきで見かけるけいさつしょの人の仕事
教科書 116〜117ページ

けいさつしょの人の仕事のようす

- 交番につとめるけいさつしょの人は、地いきの(① パトロール)がおもな仕事である。
- (② 地いきの人)の家をたずねたり、ぬすまれた自転車をさがしたりする仕事もある。
- 交通事故をふせぐには、(③ 信号)をかならず守ることや、道路をわたるときには横断歩道をわたるなど、交通ルールのような法やきまりを守ることがたいせつである。

交番：地いきの見回りなどをするために、人通りの多い場所などにもうけられたしせつ。

前につとめた人と交代する。
↓
地いきの人の家をたずねる。
↓
道案内やこまりごとの相談を聞く。
↓
地いきの人が見つけた落としものを受け取る。
↓
休けい
↓
ぬすまれた自転車をさがす。
↓
地いきのパトロール
↓
次につとめる人と交代する。

交番につとめるけいさつしょの人のある日の仕事のようす

2 安全に登下校ができるように／地いきの人たちとともに
教科書 118〜121ページ

市役所の取り組み

- (④ カーブミラー)…交差点や道路の曲がり角など見通しの悪いところにある。
- (⑤ ぼうはんカメラ)…通学路などにせっちされている。
→おもに(⑥ 市役所)がせっちしている。

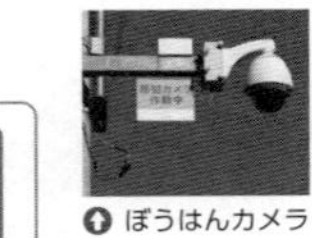

カーブミラー

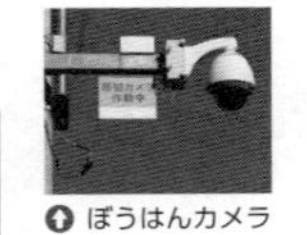

ぼうはんカメラ

地いきの安全を守る活動

- 地いきの人は、子どもたちの登下校の見守りや、(⑦ きけん)な場所のパトロールなど、けいさつと協力して地いき全体の(⑧ 安全)を守っている。

ワンポイント 緊急ひなんの家
- 地いきの人が、市役所やけいさつしょと協力して、子どもの安全を守るためにつくられた場所で、「**子ども110番の家**」とよばれることもある。

えらんだ言葉に☑
□信号　□安全　□カーブミラー　□ぼうはんカメラ
□市役所　□きけん　□パトロール　□地いきの人

ぴったり2 練習

ぴたトリビア 世界でさいしょのぼうはんカメラは、今からおよそ90年前にイギリスでたん生し、にわとりのたまごをぬすんだ人をさつえいするためにせっちされたといわれています。

教科書 116〜121ページ　答え 30ページ

1 交番につとめるけいさつしょの人の、ふだんの仕事として正しいものには○を、まちがっているものには×をつけましょう。

① (○)ぬすまれた自転車をさがしたり、事件の現場にかけつけたりする。
② (×)けがや病気の手当てができるように、ふだんから訓練している。
③ (○)道案内やこまりごとの相談などを聞く。
④ (×)地いきの会社や学校などに、ぼう火しどうに出かける。

2 次の問いに答えましょう。

(1) 交通事故がおきないようにするためのせつびや活動についてまとめた次の文の①、②にあてはまる言葉を書きましょう。

㋐　㋑

左の㋐の絵のように道路のまがり角などにせっちされた、見えない方向をうつし出すかがみを(① カーブミラー)という。
左の㋑の絵のような歩行者や車が安全に道路を利用できるように交通ルールをしめしたかん板を(② 道路ひょうしき)という。

(2) 次の絵にあてはまる説明を、下の㋐〜㋓からえらびましょう。

① (㋓)　② 緊急ひなんの家 (㋐)　③ (㋑)　④ ゾーン30 (㋒)

㋐ 地いきの人たちが、市役所やけいさつしょと協力して、子どもの安全を守るためにつくった場所である。
㋑ 市役所やけいさつしょの人が協力して、小学校などで自転車の安全な乗り方をしどうしている。
㋒ 歩く人の安全のため、自動車の運転手の速度の制限を表示している。
㋓ 子どもが登下校のときなどに交通事故にあわないように、地いきの人が通学路に立って見守っている。

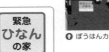

ヒント ❶ 消ぼうしょの人の仕事とまちがえないようにしましょう。

練習　59ページ

1 ②救命救急士の仕事です。救命救急士は、かんじゃを救急車で運ぶあいだに、手当てをすることができる消ぼう隊員です。④「ぼう火しどう」とあるので、消ぼう隊員の仕事です。

2 (1)①カーブミラーは交差点や道路の曲がり角など、見通しの悪い場所にせっちされます。②道路ひょうしきは、交通ルールを知らせたり、道案内をしたりする役わりがあります。歩行者や車が、安全でスムーズに道路を利用できるように、見やすく、わかりやすいひょうしきになっています。

3 ①は登校を見守る地いきの人たち、②は緊急ひなんの家、③は学校の交通安全教室、④は自動車速度制限の表示をあらわしています。

できたかな?
□けいさつしょの人のおもな仕事には、どのようなものがあるか、れいをあげよう。

おうちのかたへ
この単元では、警察官の仕事と安全を守るための地域の取り組みについて学びます。お子様と一緒に買い物や散歩などに出かけた際に、子ども110番のステッカーがある家や店がどこにあるかを確認しておくとよいでしょう。また、いざという時にどうすればよいかをお子様と話し合うことで、安全に対する意識を高めることができます。

3. 安全なくらしを守る

2 交通事故や事件から人びとを守る③

めあて 地いきの安全を守るために、わたしたちができることをまとめよう。

教科書 122〜125ページ　答え 31ページ

次の（　）に入る言葉を、下からえらびましょう。

1 市の安全を守るために

教科書 122〜123ページ

市の安全を守るための取り組み

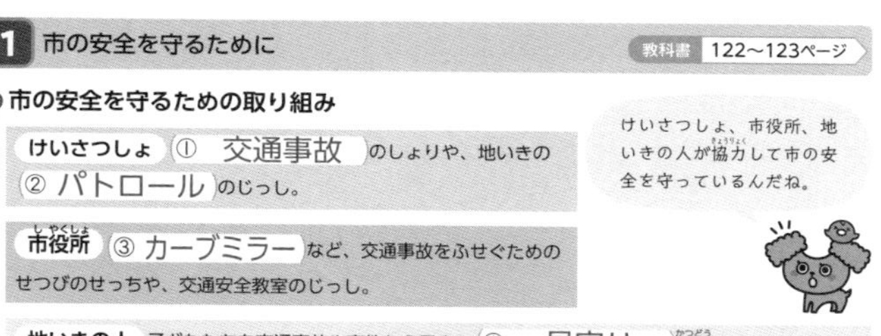

けいさつしょ （① 交通事故 ）のしょりや、地いきの（② パトロール ）のじっし。
市役所 （③ カーブミラー ）など、交通事故をふせぐための せつびのせっちや、交通安全教室のじっし。
けいさつしょ、市役所、地いきの人が協力して市の安全を守っているんだね。

地いきの人 子どもたちを交通事故や事件から見守る（④ 見守り ）活動や、事件にまきこまれそうになったときにかけこむことができる（⑤ 緊急ひなんの家 ）のしくみ。

交通事故

- 東京都内で交通事故にあった小学生の数をみてみると、大きなけがをした人の数は、（⑥ 2018 ）年が一番多く、（⑦ 2020 ）年が一番少ない。また、なくなった人の数は、2018年が一番多く、2019年は一人もいない。

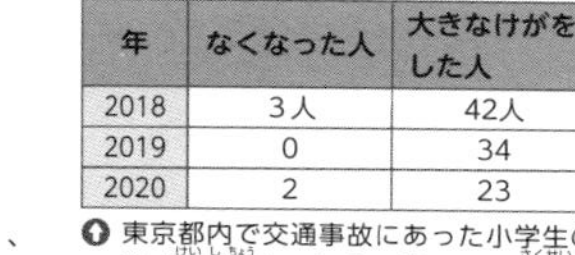

年	なくなった人	大きなけがをした人
2018	3人	42人
2019	0	34
2020	2	23

東京都内で交通事故にあった小学生の数（警視庁ホームページをもとに作成）

2 わたしたちにできること

教科書 124〜125ページ

ポスターや標語にまとめる

ワンポイント 標語の作り方

- 見学メモやノートを見返して、たいせつだと思ったことばをいくつかえらぶ。
- みじかくはっきりとしめすことに注意する。
- 作ったことばと、安全を守る取り組みとのかかわりを考える。

わたしたちにできること

- 交通事故や事件がおこりやすい（⑧ 場所と時間 ）を知っておく。
- 地いきの人におねがいして、作ったポスターや標語をまちのけいじばんにはってもらう。

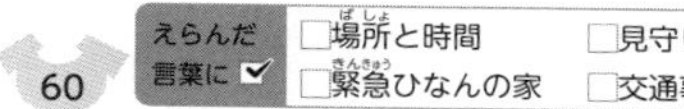

えらんだ言葉に✔
□場所と時間　□見守り　□2018　□カーブミラー
□緊急ひなんの家　□交通事故　□パトロール　□2020

ぴったり2

練習

ぴたトリビア 「カーブミラー」とはひろい意味の言葉で、そのなかでも試験にごうかくして、きちんとしたきじゅんをみたしたものは「道路反射鏡」とよびます。

教科書 122〜125ページ　答え 31ページ

1 交通事故や事件から市の安全を守ることについてまとめた次の図の①〜④に入る言葉を、[　　]からそれぞれえらびましょう。

けいさつしょ
・交通事故のしょり
・②
・交通ルールいはんの取りしまり

地いきの人や学校
・①活動
・④

市役所
・カーブミラーのせっち
・③

①活動や②で協力
③やしせつのせっちで協力
交通事故や事件から市の安全を守る
④で協力

見守り　交通安全教室　緊急ひなんの家　パトロール　道案内

①（ 見守り ）　②（ パトロール ）
③（ 交通安全教室 ）　④（ 緊急ひなんの家 ）

2 地いきの安全を守るためにわたしたちができることについて話し合っている会話の①〜③に入るセリフを㋐〜㋒からえらびましょう。

れん：わたしは、けいさつしょの人の話を聞いて、①が、交通事故をふせぐことにつながると知ったので、交通安全ポスターをかいてみました。
りこ：交通事故だけではなく、事件にあわないためにはどうしたらいいかな。
れん：②をおぼえておくと、いざというときに助けをもとめられるよ。
まな：わたしは、安全のためにみんなが協力して取り組んでいることを③ことがたいせつだと思い、標語を作ってみました。
りこ：標語で地いきの一員としてのいしきが高まりそうだね。

①（ ㋑ ）　②（ ㋐ ）　③（ ㋒ ）

㋐ 「緊急ひなんの家」がどこにあるのか
㋑ 交通ルールを守ること
㋒ より多くの人に知ってもらう

ヒント 1 ③交通安全教室は、けいさつしょと市役所が協力してひらかれています。

できたかな？
□地いきの安全を守るために自分たちができることを考えてみよう。

おうちのかたへ
私たちが安心して生活できるように、警察署や市役所、地域などでの活動がありますが、私たち一人ひとりの安全に対する意識も重要です。登下校の通学路で、特に危ない道や気を付ける必要があることについてお子様と話し合ってみましょう。

練習 61ページ

1 ③交通安全教室は、市役所がけいさつしょと協力しておこなわれます。④緊急ひなんの家は、地いきの人が市役所やけいさつしょと協力してつくられます。

2 ②あとに「助けをもとめられる」とあるので、事件にまきこまれそうになったときにひなんすることができる、緊急ひなんの家にかんけいするセリフをえらびましょう。③標語をつくる目的として、合うセリフをえらびましょう。標語とは、目ひょうや考えなどを短い言葉でわかりやすくまとめたものです。

62ページ

3. 安全なくらしを守る
2 交通事故や事件から人びとを守る

/100 ごうかく80点

教科書 112〜125ページ　答え 32ページ

1 右のグラフを見て、次の問いに答えましょう。　1つ5点（15点）

(1) 作図 グラフ内にあらわした件数にあうように、○のマークに色をぬりましょう。　技能

(2) 府中市で交通事故がいちばん多くおこった年はいつですか。
（ 2017 ）年

(3) いちばんさいきん、府中市でおこった事件の件数はいくつですか。
（ 1121 ）件

●…100件　409件 416 388 315 285　2016 17 18 19 20年
◆…500件　1682件 1598 1513 1450 1121　2016 17 18 19 20年

府中市でおこった交通事故の件数（左）と事件の件数（右）（警視庁ホームページをもとに作成）

2 次の文を読んで、下の問いに答えましょう。　1つ5点（30点）

けいさつ本部にある（ ① ）は、110番の電話を受けると、近くをパトロールしているパトロールカーや②{ タクシー・白バイ }、近くのけいさつしょや③交番に、無線でれんらくをする。けいさつしょの人たちは現場に着くと、事故のげんいんを、④{ 運転手・消ぼうだん }から直接、話を聞く。また、車のじゅうたいや新たな交通事故がおこらないように、⑤{ 予告指令・交通整理 }もする。事故のようすによっては（ ⑥ ）にもれんらくが行き、消ぼう自動車が出動する。

(1) 上の文の①、⑥にあてはまる言葉を書きましょう。
①（通信指令センター）　⑥（ 消ぼうしょ ）

(2) 上の文の②、④、⑤にあてはまる言葉をえらびましょう。
②（ 白バイ ）　④（ 運転手 ）　⑤（ 交通整理 ）

記述 (3) 下線部③の交番は、けいさつしょの人が地いきの見回りなどをするために、どのような場所にもうけられていますか。　思考・判断・表現
（（れい）人通りの多い場所。）

62

63ページ

3 よく出る 次のア〜エから、交通事故から身を守るためのしせつやせつびを2つえらびましょう。　1つ5点（10点）

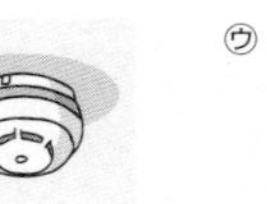
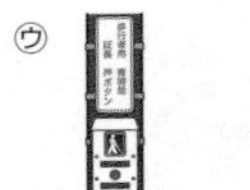

（順不同）（ ア ）（ ウ ）

4 次の問いに答えましょう。　1つ5点（35点）

(1) てきたらスゴイ！ 次の文が、けいさつしょの人の仕事の説明ならア、地いきの人の仕事の説明ならイ、どちらでもなければウを書きましょう。

① （ イ ）子どもが登校するときに、安全に学校に行くことができるように、通学路に立って見守り活動をしている。
② （ ア ）ぬすまれた自転車をさがしたり、道案内やこまりごとの相談を聞く。
③ （ ウ ）子どもたちの通学路にぼうはんカメラをせっちする。
④ （ ウ ）火事がおこったら、通信指令室の出動指令のもと、消ぼう自動車に乗って出動する。

(2) 次の写真は(1)の①〜④のどれをうつしたものですか、番号で答えましょう。

あ 
い 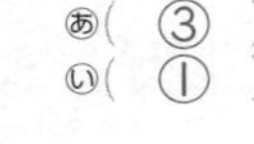

あ（ ③ ）
い（ ① ）

(3) 交通事故をふせぐには、交通ルールのような（ ⑤ ）やきまりを守ることがたいせつです。⑤に入る言葉を書きましょう。
（ 法 ）

5 次の問いに答えましょう。　1つ5点（10点）

記述 (1) アの絵の道が白い線で分けられているのは、なぜですか。かんたんに書きましょう。　思考・判断・表現

ア 
イ 

（（れい）自転車に乗っている人と歩く人が通る道をわけるため。）

(2) イの絵のような、市役所とけいさつしょが協力してひらいている教室を何といいますか。
（交通安全教室）

この本の終わりにある「冬のチャレンジテスト」をやってみよう！

ふりかえり 4(1)がわからないときは、58ページの1にもどってかくにんしてみよう。

63

たしかめのテスト 62〜63ページ

1 (1)このグラフでは、1つの○が100件をあらわしています。416件ということは、○を4つ分ぬり、のこりの16件を左の図のようにぬりつぶしてあらわします。同じようにして、388件、315件をぬりつぶしていきます。
(2)交通事故がいちばん多い年は、左のグラフから2017年の416件だとわかります。

2 (1)⑥交通事故のようすによっては、火事につながることもあります。

3 アは自動車速度制限の表示、ウは体が不自由な人や目が不自由な人のための信号のボタンをあらわしており、いずれも交通事故から身を守るためのせつびです。イは火さいほう知せつび、エはぼう火水そうの道路ひょうしきをあらわしています。

4 (1)③は市役所の仕事についての説明です。④は消ぼうしょの仕事についての説明です。

記述問題のプラスワン

2 (3)交番にいるけいさつしょの人は、地いきの見回りをして、わたしたちのくらしを守ってくれます。見回りしやすいように、交番は人通りの多い場所にもうけられています。「人が多いところ」なども正かいです。

5 (1)かたがわの道は自転車に乗っている人が、もういっぽうの道は歩く人が通る道であることに着目してまとめましょう。「自転車と歩く人の事故をふせぐため」なども正かいです。

4. 市のようすとくらしのうつりかわり
1 うつりかわる市とくらし①

ぴったり1 じゅんび

学習日

◎めあて 市のようすや人びとのくらしのうつりかわりについて考えよう。

教科書 128〜133ページ　答え 33ページ

次の（　）に入る言葉を、下からえらびましょう。

1 博物館の見学
教科書 130〜131ページ

あかりの道具のうつりかわり

- 昔の市のようすと人びとのくらしを調べるために、（① 博物館 ）へ見学に行く。
- あかりの道具に注目すると、昔は、（② あんどん ）という道具を使っていた。そのあと、石油を使った（③ 石油ランプ ）が使われはじめ、さらにそのあと、電とうを使うようになった。
- 昔は（④ 電気 ）がひかれていなかった。

あんどん

部屋の明るさにはどんなちがいがあるのかな

博物館の見学のしかた

・博物館の中はしずかに歩く。　・てんじぶつにはさわらないようにする。
・気づいたことなどは（⑤ メモ ）をとる。

2 市が大きくかわった時期
教科書 132〜133ページ

人やものを運ぶ方法のへんか

- 江戸時代の川越…（⑥ ふね ）を使って人やものを運んだ。
- 今から130年前から80年前…（⑦ 鉄道 ）が通り、まちのようすがかわった。
- 1973（昭和48）年…（⑧ 高速道路 ）ができて、遠くまで行けるようになった。
- 元号…明治、大正、昭和、平成、令和など、年につけられたよび名のこと。
→1926年から1989年までの元号を（⑨ 昭和 ）という。

江戸時代
今からおよそ420年前から160年前の時代のこと。

えらんだ言葉に☑
□博物館　□あんどん　□高速道路　□電気　□ふね
□鉄道　□石油ランプ　□昭和　□メモ

ぴったり2 練習

学習日

ぴたトリビア
埼玉県には川越市などのような市がぜんぶで40あり、日本でいちばん市の数が多い県となっています（2023年）。

教科書 128〜133ページ　答え 33ページ

1 次の問いに答えましょう。

(1) 右の地図を見て、次の文の（　）にあてはまる言葉や数字を書きましょう。

- 川越市は、（① 埼玉 ）県にいちする。
- （①）県は、（② 7 ）つの都県にかこまれる、（③ 海 ）に面していない県である。

関東地方の地図

(2) 次の文の（　）にあてはまる言葉を、下の　からえらびましょう。

- （① 江戸 ）時代…今からおよそ420年前から160年前の時代
- （② 昭和 ）…1926年から1989年までの元号

大正　江戸　明治　昭和

2 次の①〜③の道具の名前を、㋐〜㋒からえらびましょう。

①（ ㋑ ）　②（ ㋒ ）　③（ ㋐ ）

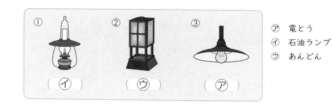

㋐ 電とう
㋑ 石油ランプ
㋒ あんどん

3 博物館の見学のしかたとして、正しいものには○を、まちがっているものには×をつけましょう。

①（ ○ ）博物館の中はしずかに歩く。
②（ × ）たいせつなてんじぶつはじっさいにさわってたしかめる。
③（ ○ ）気づいたことなどはメモをとる。

ヒント　2 ③の道具は、電気の力であかりがつきます。

できたかな？
□あかりの道具のうつりかわりを説明してみよう。

おうちのかたへ
この単元では、まちの移り変わりを通して、今と昔を比べながら暮らしの変化について学んでいきます。昔という時間軸に触れる機会にもなりますので、おうちの方が子どもだったときの話なども、ぜひお子様に話してみてください。地域の博物館や資料館には、昔の道具を展示しているところがあります。お子様と一緒に見学し、気づいたことを話し合ってみるとよいでしょう。

練習　65ページ

1 (1)地図から、埼玉県は、長野県、群馬県、栃木県、茨城県、千葉県、東京都、山梨県の7都県にかこまれていて、海に面していないことがわかります。
(2)江戸時代と昭和時代の間には、明治時代と大正時代があります。それぞれ何年から何年までの元号か調べてみましょう。

2 ②あんどんは、江戸時代から使われていた昔のあかりの道具です。あんどんのあとは石油ランプ、電とうと、時代とともにあかりの道具がうつりかわっていきました。

3 ②博物館のたいせつなてんじぶつには、さわらないように見学します。

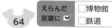

ぴったり1 じゅんび

4．市のようすとくらしのうつりかわり
1 うつりかわる市とくらし②

学習日 66ページ

めあて 鉄道が通ったころの市のようすについて知ろう。

教科書 134～137ページ　答え 34ページ

次の（　）に入る言葉を、下からえらびましょう。

1 鉄道が通ったころ～交通のようす～
教科書 134～135ページ

鉄道のひろがり

- 1895（明治28）年から1916（大正5）年のおよそ（① 20 ）年のあいだに、川越には3つの鉄道ができた。
- ふねを使うと、東京まで（② 1日 ）近くかかったが、鉄道を使うと（③ 1時間 ）ほどで行けるようになった。
- 鉄道が通ったあとの地図を見ると、（④ 家 ）が多いところのはんいが広がり、まわりには学校やゆうびん局などの（⑤ たてもの ）がつくられた。
- 鉄道ができたことによって、（⑥ 交通 ）の便がよくなり、人のいどうがさかんになった。

鉄道が通ったあと（1924年ごろ）
※開通当時の鉄道名を使っています。

2 鉄道が通ったころ～人口や公共しせつのようす～
教科書 136～137ページ

鉄道が通ったころの人口と公共しせつ

ワンポイント ぼうグラフの読み取り方

1. 表題や、（⑦ たてじく ）とよこじくは何をあらわすかをたしかめる。
2. 最大と最小の数を読み取り、全体のへんかのようすをとらえる。
3. 読み取ったことから、ぎもんや予想を立てる。

鉄道が通ったころの人口のうつりかわり

- グラフをみると、1922年に川越市がたん生したあと人口が（⑧ ふえて ）いることがわかる。
- 鉄道が通ったころに人びとのくらしにひつような、町役場や図書館などの（⑨ 公共しせつ ）がつくられた。

えらんだ言葉に ☑　□家　□1日　□1時間　□20　□たてもの　□ふえて　□たてじく　□公共しせつ　□交通

ぴったり2 練習

学習日 67ページ

ぴたトリビア 今でも埼玉県を走っている東武鉄道や西武鉄道の「武」は、げんざいの東京都や埼玉県などをふくむ地いきであった「武蔵国」をあらわしています。

教科書 134～137ページ　答え 34ページ

1 右の地図を見て、次の問いに答えましょう。

(1) 地図からわかることをまとめた次の文の（　）にあてはまるないようを、下の［　］からえらびましょう。

- 地図は鉄道が（① 通る前 ）のようすをあらわしている。
- 道ぞいには（② 家 ）が多く集まっている。

［通る前　通ったあと　学校　家］

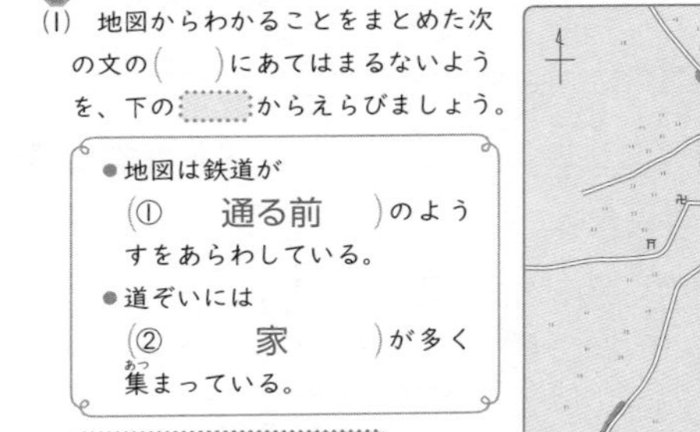

鉄道が通る前（1881年ごろ）

(2) 地図に見られる地図記号の意味をそれぞれ書きましょう。

① ⛩（ 神社 ）　② 卍（ 寺 ）
③ ‶（ 田 ）

(3) 1918年の東上鉄道の時こく表などからわかることについて、次の文の①、②にあてはまる言葉を書きましょう。

それまでは、東京まで（① ふね ）を使って1日近くかかっていたが、鉄道が通ったことで、川越から東京まで（② 1時間 ）ほどで行くことができるようになった。

時こく表（東京方面行き）

川越西町駅（今の川越駅）	東京の池袋駅
午前5：14発	午前6：25着
7：01	8：14
8：35	10：00
10：47	午後0：14
午後1：05	2：30
3：17	4：42
5：31	6：46
7：08	8：33

東上鉄道の時こく表（1918年）

2 鉄道が通ったころの人口や公共しせつのようすの説明として、正しいものには○を、まちがっているものには×をつけましょう。

①（ × ）川越市ができると、人口がだんだんへっていった。
②（ ○ ）鉄道が通ったころ、町役場や図書館などの公共しせつがつくられた。
③（ × ）当時の小学校は、いまの小学校とほとんどようすがかわっていない。

ヒント 1 (2)‶は、いねなどをさいばいしている土地を表しています。

練習 67ページ

1 (1)地図の表題にある「鉄道が通る前」と、地図の色わけの「家が多いところ」の２つに着目しましょう。②地図から学校の地図記号は見つかりません。

(3)鉄道が通るまでは、川越から東京まで人やものを運ぶのにふねを使っていました。また、時こく表の川越西町駅を出発した時こくと東京の池袋駅にとうちゃくする時こくの差を見ると、川越から東京まで１時間ほどで行くことができるようになったとわかります。

2 ①川越市ができてからは、市の人口はだんだんとふえていきました。③当時の小学校は、たてものや学校生活などが、今の小学校とかなりちがっていました。

できたかな？
□鉄道が通ったころの交通のようすを読み取ろう。
□鉄道が通ったころの人口や公共しせつのようすを説明してみよう。

おうちのかたへ
お子様が通っている小学校を例に、当時の人々の暮らしや様子について理解を深めるのもよいでしょう。おじいさんやおばあさんに話を聞いたり、図書館の文献やインターネットで調べたりしてみましょう。

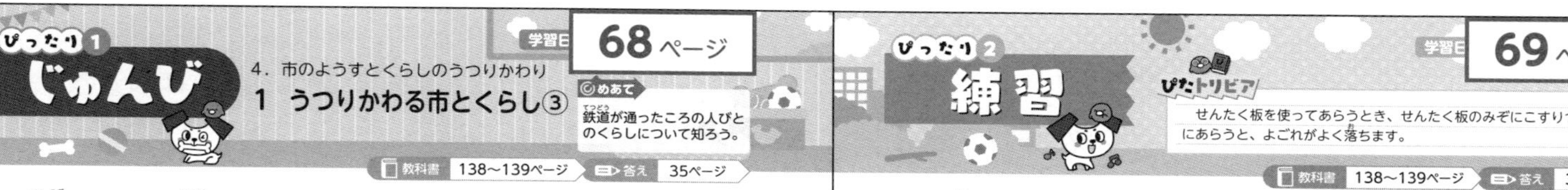

ぴったり1 じゅんび　68ページ

4．市のようすとくらしのうつりかわり
1　うつりかわる市とくらし③

◎めあて　鉄道が通ったころの人びとのくらしについて知ろう。

教科書 138～139ページ　答え 35ページ

次の（　）に入る言葉を、下からえらびましょう。

1 鉄道が通ったころ～人びとのくらし～　教科書 138～139ページ

鉄道が通ったころのくらし

- 川越は、埼玉県でさいしょに（① 電気 ）が通った。
- 水道はまだなく、（② 井戸 ）の水を使っていた。
- 家族そろって食事をし、テーブルのかわりにおぜんや（③ はこぜん ）を使っていた。
- （④ せんたく板 ）とたらいを使ってせんたくをしていた。

鉄道が通ったころのくらし

川越でおきた大火事のようす

- 今からおよそ130年前の1893（明治26）年3月17日に（⑤ 大火事 ）がおこり、1300戸くらいの家がもえた。
- もえのこった家は（⑥ くらづくり ）の家だった。

昔のできごとがきっかけで、今のくらしにもつながっているんだね。

大火事のあとのようす

- 大火事のあと、火事に（⑦ 強い ）くらづくりの店が多くならぶようになり、今の川越のくらづくりの町なみができた。

ワンポイント　くらづくり

- 柱の外がわにも（⑧ 土かべ ）をぬって、土かべをあつくすることで、火事に強くしたたてもの。
- はこむね…屋根を守るためのせの高い棟。
- めぬり台…火事が起きたときに、とびらのすきまに土をぬるために立つ場所。
- かんのんびらきとびら…とびらをしめたときに、空気、けむり、火が中に入りにくい。

くらづくりのたてもの

えらんだ言葉に✓				
	□くらづくり	□大火事	□土かべ	□井戸
	□せんたく板	□電気	□はこぜん	□強い

68

ぴったり2 練習　69ページ

ぴたトリビア　せんたく板を使ってあらうとき、せんたく板のみぞにこすりつけるようにあらうと、よごれがよく落ちます。

教科書 138～139ページ　答え 35ページ

1 次の①～④の道具の使い方を説明したものを、下の㋐～㋓からそれぞれえらびましょう。

①（㋒）　②（㋐）　③（㋑）　④（㋓）

㋐ あかりをともすときに使う。
㋑ よごれを落とすときに使う。
㋒ 部屋や体をあたためるときに使う。
㋓ お米をたくときに使う。

2 次の問いに答えましょう。

(1) 右の図は、川越でおこった大火事でやけた家の数をあらわしています。図からわかることをまとめた次の文の（　）にあてはまる数字を書きましょう。

□…家の数(100戸)（そのうち、やけてしまった家には色をぬっています。）　3315戸

図から家の数は全部で（① 3315 ）戸あったことがわかる。
そのうち、やけてしまった家の数はおよそ（② 1300 ）戸である。

(2) 右の①～③は、くらづくりのたてもののとくちょうをあらわしています。①～③にあてはまる言葉を、㋐～㋒から1つずつえらびましょう。

①（㋑）　②（㋒）
③（㋐）

㋐ めぬり台
㋑ はこむね
㋒ かんのんびらきとびら

① 屋根を守るための、しっくいでぬられた、せの高い棟。中は空どうになっている。
かべには土が何そうも重ねてぬられている。
② 階だんのようになっていて、とびらをしめたときに空気やけむり、火などが入りにくい。
③ 火事がおきたとき、ここに立ってとびらのすきまに土などをぬる。

ヒント　1 ①は火ばち、②は石油ランプ、③はせんたく板とたらい、④はかまどです。

69

できたかな？
□昔に使われていた道具について、それぞれ説明してみよう。

おうちのかたへ
昔の道具や建物は、ただ古いだけでなく、当時の人々のさまざまな工夫や思いが込められています。大火事の反省をふまえてつくられた蔵造りの建物がその例です。当時の人々の知恵は、より生活が便利になった現代で、思いもかけないところで役立つことがあります。お子様と一緒に昔から現在まで受け継がれている当時の工夫などを探してみるのも面白いでしょう。

練習　69ページ

1 ①は火ばちで、部屋や体をあたためるときに使うので㋒。②は石油ランプで、あかりをともすときに使うので㋐。③はせんたく板とたらいで、衣服のよごれを落とすときに使うので㋑。④はかまどで、お米をたくときに使うので㋓。

2 (1)図中の1つの□が100戸をあらわしており、□が13こ分あることから1300戸とわかります。
(2)大火事がおこったあと、川越には火事に強いくらづくりの家が多くつくられるようになりました。
②かんのんびらきとびらは、しめたときに空気やけむり、火などが家の中に入りにくくなります。

70ページ

4．市のようすとくらしのうつりかわり
1 うつりかわる市とくらし

/100 ごうかく80点

教科書 128～139ページ　答え 36ページ

1 下の①～③は、あかりの道具として使われたものです。これらについて、次の問いに答えましょう。　1つ5点、(3)は完答（30点）

(1) ①～③の道具名をそれぞれ書きましょう。
①（ 電とう ）
②（ あんどん ）
③（ 石油ランプ ）

(2) ①、②のあかりのつけ方を説明した次の文のあ、いにあてはまる言葉を、下のア～オからえらびましょう。

①は、（ あ ）の力であかりをつけるが、②は、中の皿に（ い ）を入れて、あかりをつける。

あ（ ア ）　い（ エ ）

ア 電気　イ 水　ウ 太陽の光　エ 油　オ もやした木

(3) ①～③の道具を、使われていた時期が古いじゅんになるようにならべましょう。　思考・判断・表現

（ ② ）→（ ③ ）→（ ① ）

2 右のたてものは、川越で大火事がおこったときにもえのこった家の一つです。これについて、次の問いに答えましょう。　1つ5点（20点）

(1) 火事に強いたてもののつくりを何といいますか。
（ くらづくり ）

(2) (1)で答えたたてもののとくちょうを説明した次の文の（　）にあてはまるものを、ア、イからそれぞれえらびましょう。　技能

①（ イ ）　②（ ア ）　③（ イ ）

このたてものは、まどが①{ア 多く ・ イ 少なく}、かべは②{ア あつく ・ イ うすく}つくられている。たてもののとくちょうの1つである、かんのんびらきとびらは、とびらをしめたときに③{ア 空気が入りやすい ・ イ 空気が入りにくい}つくりになっている。

かんのんびらきとびら

70

71ページ

学習日

3 右のあ、いの川越の地図を見て、次の問いに答えましょう。　1つ5点（25点）

(1) あといの地図の□にあてはまる言葉を書きましょう。
（ 家 ）

(2) できたらスゴイ！ あといの地図をくらべたとき、新しくふえたものとしてあてはまらないものを、ア～オから2つえらびましょう。
（ イ ）（ オ ）（順不同）

ア 工場　イ 病院　ウ 学校　エ ゆうびん局　オ 神社

鉄道が通る前（1881年ごろ）　鉄道が通ったあと（1924年ごろ）

(3) よく出る いの鉄道が通ったことで、川越から東京まで行くのにかかる時間は、ふねを使っていたころとくらべて、どうなりましたか。ア～ウからえらびましょう。
ア 長くなった。　イ みじかくなった。
ウ かわらなかった。　（ イ ）

記述 (4) いの鉄道が通ったあと、川越に住む人口がふえたと考えられます。その理由を、「交通」という言葉を使って、あとの文につづくように書きましょう。　思考・判断・表現

（（れい） 交通の便がよくなった ことで、人のいどうがさかんになったから。）

4 右の絵は、鉄道が通ったころの人びとのくらしのようすをあらわしています。これを見て、次の問いに答えましょう。　1つ5点（25点）

(1) 絵のア、イの道具の名前を書きましょう。
ア（ かまど ）　イ（ 火ばち ）

(2) このころのくらしのようすについて、正しいものには○を、まちがっているものには×をつけましょう。
①（ × ）井戸ではなく水道を使っていた。
②（ ○ ）せんたく板とたらいを使ってせんたくをしていた。
③（ ○ ）家族がそろって食事をすることが多かった。

ふりかえり　3(4)がわからないときは、66ページにもどってかくにんしてみよう。

71

記述問題のプラスワン

3 (4)鉄道が通ったことで、人のいどうがさかんになってきました。町に人や店、工場などが集まるようになり、そこに住む人もふえてきました。答えはあとの文の「ことで、人のいどうがさかんになったから。」につながるように書きましょう。「交通がせいびされた」なども正かいです。

たしかめのテスト　70～71ページ

1 ①～③は部屋や外を明るくするために使われる道具です。①の電とうは1950年代から1960年代（およそ70年から50年前）に広く使われるようになりました。②のあんどんは江戸時代から広く使われていた、①～③のなかでいちばん古い道具です。③の石油ランプはおよそ150年前に外国から日本につたわりました。

2 (2)くらづくりのたてものは、柱の外がわにも土かべをぬって、かべをあつくしています。そうすることで火事に強いたてものになっています。他にも、はこむねやめぬり台、かんのんびらきとびらなどのくふうが見られます。

3 (2)イの病院はあの地図にもいの地図にもありません。また、オの神社はあの地図のときよりへっています。

4 (2)①鉄道が通った100年ほど前は、水道ではなく井戸が使われていました。③昔は絵のように、はこぜんの前にすわって家族そろって食事をすることが多くありました。

ぴったり1 じゅんび

4. 市のようすとくらしのうつりかわり

1 うつりかわる市とくらし④

めあて 高速道路が通ったころの交通や人口、公共しせつのようすを知ろう。

教科書 140〜143ページ　答え 37ページ

次の(　　)に入る言葉を、下からえらびましょう。

1 高速道路が通ったころ〜交通のようす〜　教科書 140〜141ページ

今からおよそ50年前の高速道路ができたころの交通

- 川越市は、1955（昭和30）年にまわりの九つの村といっしょになり、大きな一つの（① 市 ）になった。
- 1960年から80年代には、市内に大きな（② 工業団地 ）がつくられた。
- 高速道路以外にも、バイパスやかんじょう線のような道路ができ、（③ 交通 ）の便がよくなった。
- 右のグラフの通り、（④ 自動車 ）の数がふえて、交通じゅうたいが発生した。

埼玉県の自動車の数（自動車検査登録情報協会しりょう）

ワンポイント 工業団地

- **工業団地**とは（⑤ 工場 ）を集めるために道路や水道などの、せい品をつくるのにひつようなせつびを整えたところ。

川越狭山工業団地（1995年）

2 高速道路が通ったころ〜人口や公共しせつのようす〜　教科書 142〜143ページ

高速道路ができたころの人口や公共しせつ

- 今からおよそ70年から50年前のあいだで、川越市の人口が（⑥ ふえた ）ため、市民のための（⑦ 公共しせつ ）がひつようになった。
- 1972年に今の（⑧ 市役所 ）がたてられた。
- ほかにも、（⑨ 学校 ）や公民館、市民会館、武道館などの公共しせつが多くたてられた。

交通の発達は、市の人口と公共しせつに大きなかかわりがあることがわかったね。

高速道路が通ったころの人口のうつりかわり（令和2年度版統計かわごえ）

えらんだ言葉に✓　□公共しせつ　□ふえた　□工業団地　□市役所　□学校　□工場　□交通　□市　□自動車

ぴったり2 練習

ぴたトリビア　日本では、ふつう高速道路を使うときには料金をしはらうひつようがありますが、海外では高速道路が無料になっている国や地いきがあります。

教科書 140〜143ページ　答え 37ページ

1 右の高速道路ができたころの地図を見て、問いに答えましょう。

(1) 地図中には3つの鉄道が通っています。その鉄道の名前を書きましょう。（順不同）
（東武東上線）
（西武新宿線）
（川越線）

(2) 地図中には高速道路が通っています。その高速道路の名前を書きましょう。
（関越自動車道）

(3) 高速道路ができたことによって、川越市の人口と埼玉県の自動車の数はそれぞれどうなりましたか。正しいほうを○でかこみましょう。

- 川越市の人口は{（ふえた）・へった}。
- 埼玉県の自動車の数は{（ふえた）・へった}。

2 川越市に関けいする表とグラフをみて、次の文の①・②に入る言葉を書きましょう。

1964年から1977年のあいだに、公民館や市役所など、多くの（① 公共しせつ ）がたてられたことがわかる。これは、川越市の（② 人口 ）がふえたためである。

年	できごと
1964	市民会館ができる
1966	南公民館が開かれる
1969	学校給食センターができる
1972	今の市役所ができる
1974	川越武道館ができる
1977	くらづくりしりょう館が開かれる

高速道路が通ったころの人口のうつりかわり（令和2年度版統計かわごえ）

ヒント **1** (3)高速道路が通ったころの道路では、じゅうたいなどがみられました。

できたかな？

□高速道路が通ったころの交通のようすをあらわす資料を読み取ろう。

おうちのかたへ

公共施設は、3年生の初めの単元で学びました。市役所が市民に必要な公共施設を建てていることを復習し、自分の住んでいる場所の近くにはどんな公共施設があるのか、今後どのような新しい公共施設が建設されるのかにも着目してみましょう。

練習 73ページ

1 (1)(2)地図から、鉄道の名前と高速道路の名前を、それぞれさがして書きぬきましょう。
(3)高速道路や鉄道ができたことで交通の便がよくなりました。そのため、人が集まってくるようになり、川越市の人口はふえ、埼玉県の自動車の数もふえました。

2 表とグラフの両方を読み取って、取り組む問題です。表のできごとのらんを見ると、「公民館」や「市役所」などの公共しせつが新しくできていることがわかります。これは、グラフからも読み取れるように、川越市の人口がだんだんとふえてきたことによるものだと考えられます。

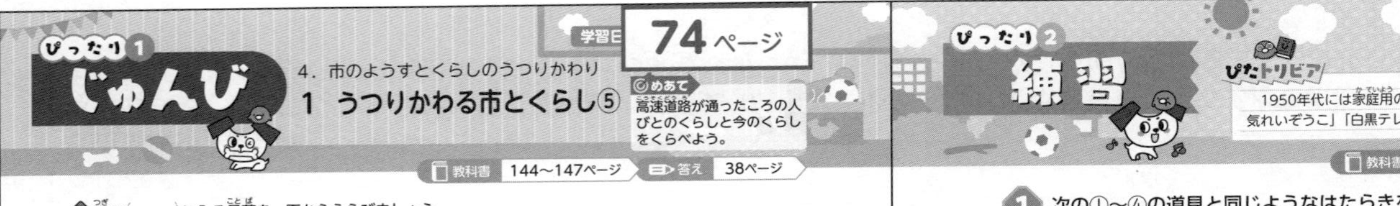

4. 市のようすとくらしのうつりかわり

1 うつりかわる市とくらし⑤

学習日 **74**ページ

◎めあて 高速道路が通ったころの人びとのくらしと今のくらしをくらべよう。

教科書 144~147ページ　答え 38ページ

次の(　)に入る言葉を、下からえらびましょう。

1 高速道路が通ったころ~人びとのくらし~

教科書 144~145ページ

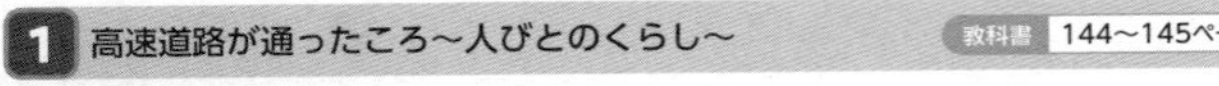

道具のうつりかわりと生活

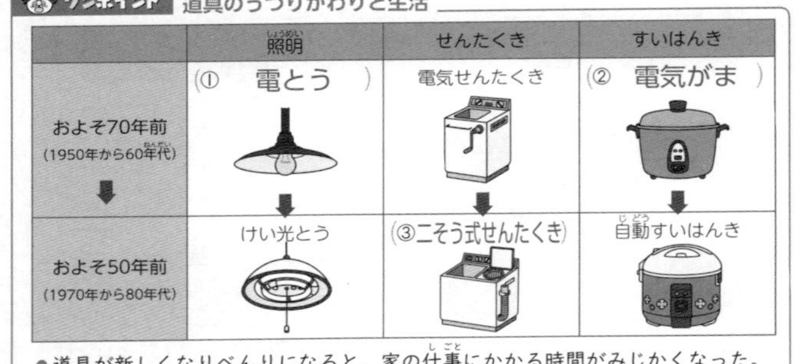

	照明	せんたくき	すいはんき
およそ70年前(1950年から60年代)	(① 電とう)	電気せんたくき	(② 電気がま)
↓	↓	↓	↓
およそ50年前(1970年から80年代)	けい光とう	(③二そう式せんたくき)	自動すいはんき

●道具が新しくなりべんりになると、家の仕事にかかる時間がみじかくなった。

2 川越市の今

教科書 146~147ページ

今の川越市のようす

●道路がせいびされて、新しい(④ 高速道路)ができ、いろいろな場所へでかけやすくなった。

●川越駅のまわりは、歩行者の(⑤ 通路)ができ、歩きやすくなった。

●多くの人が住んでいるが、(⑥ お年より)の数がふえて、15~64才の人口がへっているため、(⑦ 人口)がへっていくと予想されている。

今のくらしで使われている道具

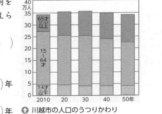

⑧ LED照明	⑨ドラム式せんたくき	いろいろなたきかたができるすいはんき

えらんだ言葉に✓　□通路　□人口　□ドラム式せんたくき　□二そう式せんたくき　□電気がま　□高速道路　□お年より　□LED照明　□電とう

ぴったり2

練習

学習日 **75**ページ

ぴたトリビア　1950年代には家庭用の電気を使った道具がふえ、「電気せんたくき」「電気れいぞうこ」「白黒テレビ」は「三種の神器」とよばれました。

教科書 144~147ページ　答え 38ページ

1 次の①~④の道具と同じようなはたらきをするものを、下の㋐~㋓から1つずつえらびましょう。

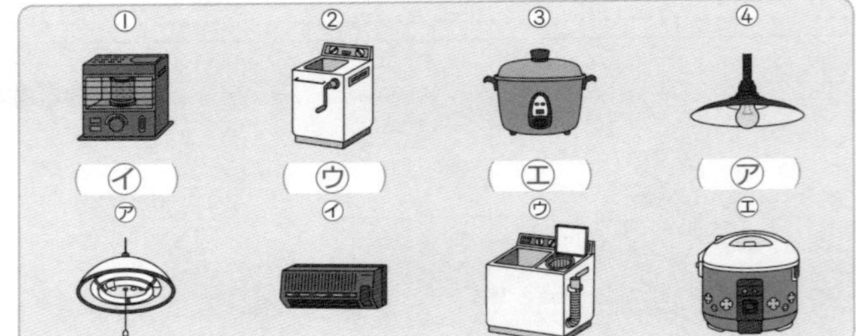

① (㋑)　② (㋒)　③ (㋓)　④ (㋐)

2 右のグラフを見て、次の問いに答えましょう。

(1) グラフのたてじくと横じくは、それぞれ何をあらわしていますか。㋐~㋒からそれぞれえらびましょう。

①たてじく(㋒)　②横じく(㋑)

㋐ 年れい　㋑ 年　㋒ 人口

(2) (1)①がいちばん多いのは何年ですか。
(2030)年

(3) (1)①がいちばん少ないのは何年ですか。
(2050)年

(4) (3)から川越市の人口はどうなっていくと考えられますか。㋐~㋒からえらびましょう。
(㋑)

㋐ ふえていく　㋑ へっていく　㋒ かわらない

グラフ（縦軸：万人 0~40、横軸：2010, 20, 30, 40, 50年。区分：65才以上、15~64才、14才以下）

川越市の人口のうつりかわり (川越市役所しりょう)
※2030年からは予想

ヒント 2 (4)お年よりの数は多くなっていき、わかい人の数は少なくなっていきます。

練習 75ページ

1 ①は部屋をあたためる道具である石油ストーブ、②はよごれたものなどをきれいにあらう道具である電気せんたくき、③はご飯をたく道具である電気がま、④は部屋や外を明るくする電とうです。

2 (1)まずグラフをみて、たてじくと横じくはそれぞれ何をあらわしているかをかくにんしましょう。①たてじくは人の数をあらわしています。人の年れいではないので、まちがえないように気をつけましょう。

(4)グラフから川越市の人口は、2030年からだんだんとへっていくと予想されていることがわかります。

できたかな?

□およそ70年前、50年前、今の道具のうつりかわりを整理しよう。

□人口のうつりかわりをあらわすグラフを読み取ろう。

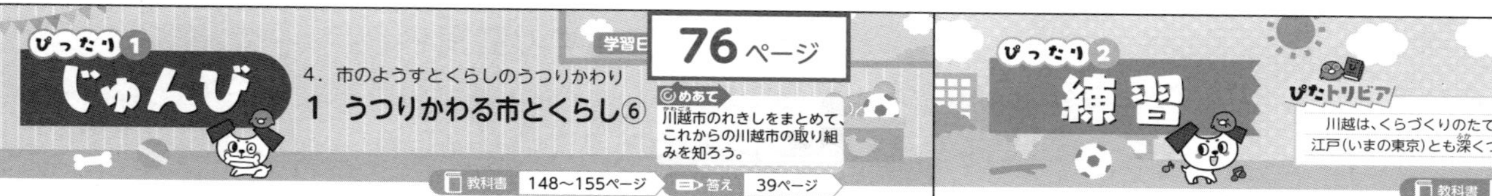

4. 市のようすとくらしのうつりかわり
1 うつりかわる市とくらし⑥

学習日 **76ページ**

◎めあて 川越市のれきしをまとめて、これからの川越市の取り組みを知ろう。

教科書 148～155ページ　答え 39ページ

次の(　)に入る言葉を、下からえらびましょう。

1 年表にまとめる　教科書 148～151ページ

年表のまとめ方

(② 工業団地)　(④ 人口)

年代	明治	大正	昭和	平成	令和
川越市のできごと	・はじめて鉄道が通る ・川越町になる	・川越市になる	・関越自動車道ができる ・川越狭山(②)ができる	・(④)が三十五万人をこえる	・東京2020オリンピック・パラリンピックがかいさいされる
人びとのくらし	・はじめて(①)がつく ・くらづくりのたてものがふえる ・大火事がおこる		・(③)をもつ家がふえてくる ・電気せい品を使いはじめる	・お年よりの数がふえはじめる	

(① 電とう)　(③ 自動車)

2 市の取り組み/未来の川越市　教科書 152～155ページ

川越市がおこなっていること

- 市の仕事は、市民のぜい金でおこなわれている。
- 市役所では、市に住む人のための取り組みがおこなわれている。

→(⑤ 外国人)のために、日本語教室をふやしたり、さまざまな国のことばを使ってじょうほうをつたえたりする。

これからの川越市

- 川越市は、(⑥ 子育て)がしやすく、(⑦ 交通)の便がよく、だれもが住みやすい市にしていくひつようがある。

えらんだ言葉に☑　□工業団地　□子育て　□人口　□交通　□電とう　□自動車　□外国人

76

ぴったり2
練習

学習日 **77ページ**

ぴたトリビア
川越は、くらづくりのたてものなど昔のころのまちなみがのこっており、江戸(いまの東京)とも深くつながっていたため、「小江戸」とよばれています。

教科書 148～155ページ　答え 39ページ

1 次の年表の①～④にあてはまるないようを、㋐～㋓からえらびましょう。

年代	明治	大正	昭和	平成
川越市のできごと	(①)		(②)	
人びとのくらし	(③)			(④)

㋐ はじめて鉄道が通る
㋑ 関越自動車道ができる
㋒ お年よりの数がふえる
㋓ はじめて電とうがつく

①(㋐)　②(㋑)　③(㋓)　④(㋒)

2 次の問いに答えましょう。

(1) くらづくりの町なみを守る活動について説明した文の①、②にあてはまる言葉を、それぞれ○でかこみましょう。

今から①{ (40) ・ 80 }年ほど前から商店がいのお客さんがへりはじめ、商店がいのにぎわいをとりもどすための活動がはじまった。
この運動が広がり、市や地いきの人の協力があって、1999（平成11）年には、国から②{ がいこくてき ・ (でんとうてき) }なたてものや町なみをたいせつにしている地いきだとみとめられ、多くの人がおとずれるようになった。

(2) これからの川越市をどのような市にしていくのかをまとめた次の①～③の文の(　)にあてはまる言葉を、下の[　]からえらびましょう。

① オリンピックやパラリンピックをきっかけに(スポーツ)を楽しむことができる市にしたい。
② いろいろな人たちが川越市に住んだり、観光に来てくれたりするように(交通)の便をよくしたい。
③ (お年より)や体の不自由な人などが、住みやすい市にしたい。

[スポーツ　お年より　交通]

(3) 川越市は、そこに住んでいる人がおさめるお金でさまざまな仕事をしていますが、そのようなお金のことを何といいますか。(ぜい金)

ヒント 1 「お年よりの数がふえはじめた」のは、令和のひとつ前の元号のときです。

77

できたかな?
□年表を使って、人びとのくらしのへんかをまとめてみよう。

おうちのかたへ
今回の単元では国や都道府県、市（区）町村が行うさまざまな仕事に税金が使われていることを学びました。自分たちの住んでいる町を住みやすいものにするためにはお金がかかり、そのお金はわたしたち一人ひとりが支払っていることを、考えるきっかけにしていきましょう。

練習 77ページ

1 年表は古い順から新しい順になるようにならんでいます。㋐と㋓は明治時代、㋑は昭和時代、㋒は平成時代のできごとです。この年表は川越市のできごとと、人びとのくらしにわかれているので、㋐～㋓のないようは、それぞれどちらにあてはまるかをかくにんしながらえらびましょう。鉄道や関越自動車道の開通は、川越市の人口がふえるきっかけにもなりました。さいきんではわかい人の数がへり、お年よりの数がふえてきています。

2 (1)昔とくらべるとたくさんのものがかわりましたが、一部の古いものをこれからものこしていくことがたいせつです。

(2)②交通がべんりになることで、お年よりや体の不自由な人がすぐに病院に行くことができるようにもなります。

78ページ

ぴったり3 たしかめのテスト

4．市のようすとくらしのうつりかわり

1 うつりかわる市とくらし

／100　ごうかく80点

教科書 140～155ページ　答え 40ページ

1 右の地図を見て、次の問いに答えましょう。　1つ5点（35点）

(1) 右の地図を見て読み取れることとして、正しいものには○を、まちがっているものには×をつけましょう。　技能

① （ × ）荒川と入間川を横ぎっているのは川越線と西武新宿線である。

② （ × ）関越自動車道は川越市のほか、鶴ヶ島町や大宮市などを通っている。

③ （ ○ ）このころの川越市は６つの市と５つの町ととなりあっていた。

高速道路が通ったころ

(2) よく出る 地図中の□には、右のような、せい品をつくるためにかかせないせつびを整えた、工場が集まるところの名前が入ります。これを何といいますか。　（ 工業団地 ）

(3) てきたらスゴイ！ 地図中の◎は何をあらわしていますか。　（ 市役所 ）

(4) この地図は、今からおよそ50年前の市のようすをあらわしたものです。このころおもに使われていた道具を、次の㋐～㋓からえらびましょう。　（ ㋐ ）

㋐　㋑　㋒　㋓

記述 (5) 電気を使った道具が使われるようになると、家の仕事にどのようなへんかが生まれましたか。かんたんに書きましょう。

（（れい）　家の仕事にかかる時間がみじかくなった。）

78

79ページ

2 右のグラフは、これからの川越市の人口のうつりかわりをあらわしています。これについて、次の問いに答えましょう。　1つ5点、(2)は10点（25点）

(1) 右のグラフからわかることをまとめた次の文の①～③にあてはまる言葉を、それぞれ○でかこみましょう。

15～64才以上の人口が①{（へって）・ふえて}いることがわかる。また、65才以上のお年よりの人口は②{へって・（ふえて）}いる。これから先、お年よりの数がわかい人よりも③{少ない・（多い）}世の中になっていき、人口はへっていくと考えられる。

川越市の人口のうつりかわり（川越市役所しりょう）
※2030年からは予想

記述 (2) (1)のように考えられる理由をまとめた次の文の（　）にあてはまるないようを書きましょう。　思考・判断・表現

昔とくらべて、くらしがゆたかになり、

（（れい）　人びとが長生きするようになったから。）

3 次の問いに答えましょう。　1つ5点（40点）

(1) よく出る 国や都道府県、市町村に対して、そこに住んでいる人がおさめるお金を何といいますか。　（ ぜい金 ）

(2) 2015年に新しくつくられた、市と県の公共しせつや大きなホール、子育てセンターなどが集まったしせつを、次の㋐～㋒からえらびましょう。　（ ㋒ ）

㋐ くらづくりしりょう館　㋑ 川越市役所　㋒ ウェスタ川越

(3) 未来の川越市について話し合われたないようについて、次の文の①～⑥に入る言葉をそれぞれ書きましょう。

- （① スポーツ ）を楽しむことができる公園や、小さい子どもをあずかるしせつがあると、（② 子育て ）がしやすくてくらしやすくなると考えられる。
- （③ お年より ）や体の不自由な人など、だれもが住みやすい市になるよう、さらに（④ 交通 ）の便をよくしたい。
- （⑤ でんとう ）てきなたてものをたいせつにしつづける市にすることで、市外からさらにたくさんの（⑥ 観光客 ）に来てもらう。

この本の終わりにある「春のチャレンジテスト」をやってみよう！

この本の終わりにある「学力しんだんテスト」をやってみよう！

ふりかえり　1(5)がわからないときは、74ページの1にもどってかくにんしてみよう。

79

たしかめのテスト　78～79ページ

1 (1)①荒川と入間川の２つの川を横ぎっているのは、川越線だけです。②関越自動車道は、鶴ヶ島町は通っていますが、大宮市は通っていません。

(2)高速道路ができたことで、交通の便がよくなりました。そのため、工場でつくられたせい品を、高速道路を使って運ぶことができるようになりました。そして、高速道路の近くに、工業団地がつくられるようにもなりました。

(4)㋐はクーラーです。㋑と㋒は1950年～1960年代に使われた電とうと石油ストーブ、㋓は今のくらしで使われているドラム式せんたくきです。

3 (2)㋒ウェスタ川越には、川越市と埼玉県の公共しせつが集まっていて、くらしの手つづきなどがかんたんにできるようになっています。

記述問題のプラスワン

1 (5)電気を使った道具の発達たつのおかげで、家の仕事（家事）にかかる時間がみじかくなったことについて書きましょう。「仕事をするかんきょうがかいてきになった」などでも正かいです。

2 (2)医りょうの発達や食生活のへんかなど、くらしがゆたかになったことから、人が長生きできるようになりました。「じゅ命が長くなった」なども正かいです。

夏のチャレンジテスト
教科書 8～73ページ

月　日
名前

時間 40分

知識・技能	思考・判断・表現	ごうかく80点
/70	/30	/100

答え41ページ

5については、学習の状況に応じてA・Bどちらかをえらんでやりましょう。

知識・技能　70点

1 次の問いに答えましょう。　1つ2点(10点)

(1) 地図で、右のようなしるしのやじるしは、どの方位をさしますか。

（北）

(2) 次の㋐～㋓にあう方位を書きましょう。

㋐（北）　㋑（東）
㋒（南）　㋓（西）

2 次の地図記号があらわしているたてものや場所を答えましょう。　1つ5点(20点)

	地図記号	もとになったもの
①	V V V	たねからめを出してきた2まい葉
②	○ ○ ○	木の実
③	II II II	いねをかりとったあと
④	本の形の記号	開いた本

①（畑）　②（くだもの畑）
③（田）　④（図書館）

3 次の地図を見て、問いに答えましょう。　1つ4点(20点)

姫路駅ふきんの地図

(1) 次の文にあう言葉をえらび、下の㋐～㋓に書きましょう。

・★のしゅくしゃくで、㋐{ きょり ・ 方位 }がわかる。
・ひめじ駅から姫路城までのびる広い道路は㋑{ 南北 ・ 東西 }に道が通っている。
・高いたてものは㋒{ 家 ・ 店 }が多いところに集まっている。
・きょうぐち駅の北がわは、㋓{ 家 ・ 店 }が多い。

㋐（きょり）　㋑（南北）
㋒（店）　㋓（家）

(2) 絵のように、みんながゆたかにくらすためにつくられたたてものや場所を何といいますか。

公民館

図書館

（公共しせつ）

うらにも問題があります。

夏のチャレンジテスト　表

1 (1)やじるしは北をあらわします。地図を見るときには、まずこのやじるしを探し、方位をたしかめましょう。
(2)方位じしんを平らなところにおいたとき、色のついたはりは北をさします。

2 ①しょくぶつのふたばをあらわしています。③の田の地図記号とまちがえないようにしましょう。
②りんごなどを横から見たようすです。
③田のいねをかりとったあとのかたちをあらわしています。
④図書館の地図記号は2002年にできました。

3 (1)㋐★のしゅくしゃくを使うと、おおよそのきょりがわかります。
㋑方位は、方位記号でたしかめることができます。この地図でひめじ駅から姫路城までのびる広い道路は、上下に通っているので、南北であることがわかります。
㋒地図の右がわにある色分けの説明をみて、土地利用のようすをかくにんすると、高いたてものは店が多いところに集まっていることがわかります。
㋓色分けの説明から、きょうぐち駅の北がわは「家が多いところ」をしめす色が多いことがわかります。
(2)学校や公園も公共しせつのひとつです。公共しせつは、みんながりようできるもので、みんなから集められたお金でつくられています。

おうちのかたへ　4方位を最初に定着させると、3年生だけでなく高学年での社会科もスムーズに学習を進められます。毎日の生活でも、「家から見て学校は北にある」などと方位を意識することで身近になります。

4 次の地図と絵を見て、問いに答えましょう。

1つ3点、(1)(3)4点(20点)

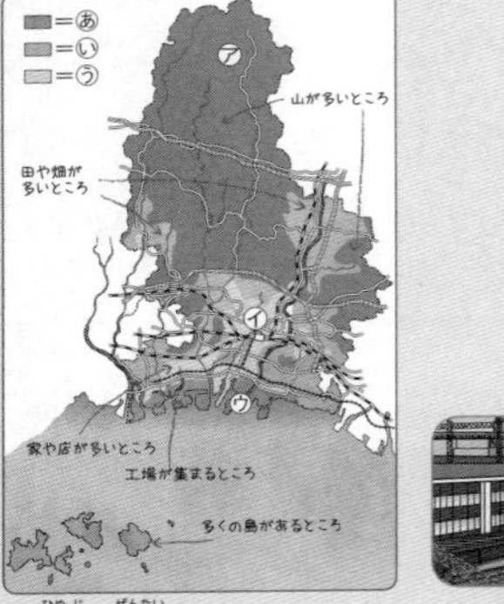

姫路市全体の地図

(1) 右上の絵は、地図の㋐〜㋒のどの場所ですか。記号を書きましょう。

㋑

(2) 次の㋐〜㋓にあう言葉を□からえらびましょう。

・川の下流ふきんは(㋐)てつくられた土地に工場が集まり、市の北がわは家や店が(㋑)。

・鉄道は(㋒)が多いところに集まっている。

・市のようすは、場所によって(㋓)。

ちがう　家や店　うめ立て　同じ　山　多い　少ない

㋐ うめ立て　㋑ 少ない

㋒ 家や店　㋓ ちがう

(3) 地図のあ〜うは、土地の高さをあらわしています。あ〜うのうち、土地がもっともひくいところをえらびましょう。

う

思考・判断・表現　30点

5のA 工場のくふうについて、次の問いに答えましょう。

1つ5点、(2)20点(30点)

(1) ①、②の絵を説明した文にあう言葉をえらびましょう。

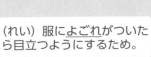

① ②

① すり身を、{ きかい ・ 人の手 }でやいたり、むしたりすることで、たくさんのかまぼこをいちどにつくることができる。

② まざりものがないか、{ きかい ・ 人の目 }できびしくけんさしている。

① きかい　② 人の目

(2) 工場ではたらく人が、絵のような服を着ているのはなぜですか。「よごれ」という言葉を使って、かんたんに書きましょう。

(れい) 服によごれがついたら目立つようにするため。

5のB 農家のくふうについて、次の問いに答えましょう。

1つ5点、(2)20点(完答)(30点)

(1) 次の文にあう言葉をえらびましょう。

① よいれんこんを作るために、{ ひりょう ・ 小石 }をまいて土をやわらかくしてから、せんようのトラクターで畑をすいている。

② 姫路市大津区では、もともと海だった場所から、水をぬいてつくった{ うめ立て地 ・ かんたく地 }でれんこんを作っている。

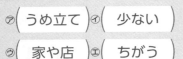

① ひりょう

② かんたく地

(2) しゅうかくしたれんこんは、㋐きかい、㋑手作業、のどちらできれいにあらいますか。正しい記号をえらび、その理由をかんたんに書きましょう。

記号 ㋑　理由 (れい) れんこんにきずがつかないようにするため。

夏のチャレンジテスト(裏)

夏のチャレンジテスト　うら

4 (1)電車と駅の絵から、線路の近くである㋑がせいかいです。㋐は山が多いところ、㋒は工場が集まるところです。

(2)㋐川の下流ふきんとは、川が海に流れこむ、川はばが広くなっているあたりのことです。

㋑北はこの地図では上になり、山が多いです。

㋓その場所のようすにあわせて土地を使っています。

(3)あは「山が多いところ」なので、土地が高いことがわかります。川は高いところからひくいところに流れるので、うの下流がもっとも土地がひくいことがわかります。

5のA (1)①きかいを使うことで、たくさんのかまぼこを同じ大きさで速くつくることができます。

(2)よごれがあった時に目立つよう、白い作業着を着ています。工場に入る前には、きかいで服についた小さなほこりを落とし、安全にかまぼこをつくるようにしています。「よごれが目立つようにするため」というないようが書かれていればよいです。

5のB (1)①ねん土のような土や小石の多い土ではよいれんこんができないため、ひりょうをまいて土をやわらかくしています。

(2)れんこんをいためないよう、しゅうかくからパックにするまで手作業でおこなっています。「れんこんにきずをつけないため」というないようが書かれていればよいです。

おうちのかたへ　地図の読み取りでは、方位と地図記号に加えて、凡例を見て土地の使われ方を考えたり、鉄道や交通の分布から人々の生活を考えたりすることも必要です。

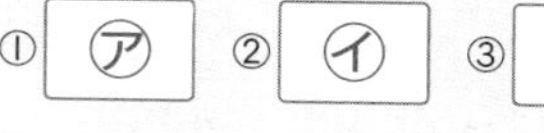

冬のチャレンジテスト

教科書 74～125ページ

名前　　　月　　日

時間 40分

知識・技能	思考・判断・表現	ごうかく80点
/70	/30	/100

答え43ページ

知識・技能　70点

1 スーパーマーケットを見学する時にかんさつするとよいことを、㋐～㋒から２つえらびましょう。

1つ1点(2点)

㋐ 品物のならべ方
㋑ 品物のねだん
㋒ お客さんの服そう

（順不同）　㋐　㋑

2 スーパーマーケットのくふうについて、次の①～⑥にあう言葉を□からえらびましょう。

1つ2点(12点)

同じ商品でも、（ ① ）をふやし、品ぞろえよくしています。また、使いおわった牛にゅうパックやペットボトルは回収し（ ② ）しています。

（ ③ ）のそうざいを売り場に出せるように、つくる時間をくふうしています。かみの毛がつかないよう、（ ④ ）にも気をつけています。

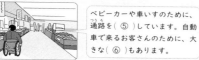

ベビーカーや車いすのために、通路を（ ⑤ ）しています。自動車で来るお客さんのために、大きな（ ⑥ ）もあります。

リサイクル　できたて　しゅるい
広く　服そう　ちゅう車場

①（しゅるい）②（リサイクル）
③（できたて）④（服そう）
⑤（広く）⑥（ちゅう車場）

3 次の問いに答えましょう。

1つ3点(27点)

(1) 次の文にあう言葉をえらびましょう。

① 品物の産地は、ちらしや｛ カート ・ ねふだ ｝に書いてあることが多い。

② 食りょう品を安全に食べられる期間のことを｛ 賞味期限 ・ 消費期限 ｝という。

①（ねふだ）②（消費期限）

(2) 産地マップについて、正しいものには○を、まちがっているものには×をつけましょう。

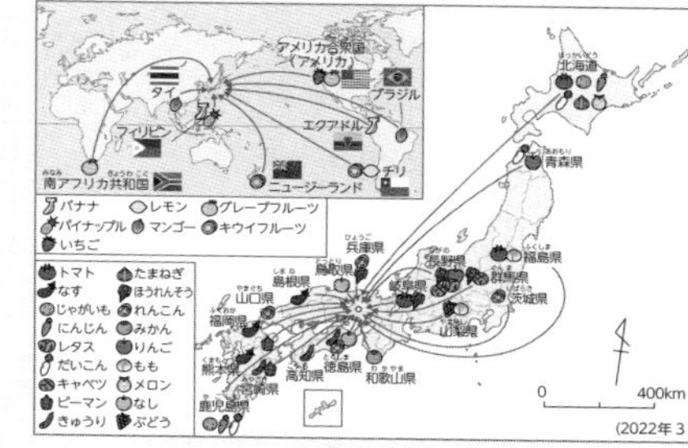

① きゅうりは、ひとつの産地から仕入れている。
② たまねぎは、北海道と熊本県から仕入れている。
③ エクアドルからバナナを仕入れている。
④ バナナは、日本国内からも仕入れている。

① × ② × ③ ○ ④ ×

(3) 外国のいろいろな地いきから仕入れている理由について、文にあう言葉を㋐、㋑からえらびましょう。

・日本では①｛ ㋐手に入れにくい・㋑手に入れやすい ｝品物や、日本よりねだんが②｛ ㋐高い・㋑安い ｝品物や、③｛ ㋐品質のよい・㋑品質がわからない ｝ものを外国から仕入れている。

① ㋐ ② ㋑ ③ ㋐

うらにも問題があります。

冬のチャレンジテスト　表

1 このほかに、品物の品質や、レジのようすなどもかんさつしましょう。

2 ①しゅるいをふやすことのほかに、買いたい商品が見つけやすいように、ならべ方もくふうしています。
②リサイクルとは、一度使ったものをもう一度使えるようにしたり、別のものにつくりかえたりすることです。集められた牛にゅうパックなどは、トイレットペーパーなどに再利用するため、工場に運ばれます。
③昼や夕方の食事の時間の前はべんとうやそうざいをたくさんつくるなどします。
⑤こんざつしていてもベビーカーや車いすなどが通りやすいよう、通路を広くしています。

3 (1)①品物の産地は、ねふだやパッケージ、だんボールなどに書かれていることが多いです。
②食りょう品の品質がかわらずおいしく食べられる期間のことを、賞味期限といいます。消費期限と賞味期限は、まちがえないように気をつけましょう。
(2)①１きゅうりは、宮崎県、高知県、徳島県の３県から仕入れています。
②たまねぎは、北海道から仕入れていますが、熊本県からは仕入れていません。
③④バナナは外国のフィリピンやエクアドルから仕入れています。
(3)日本で手に入りにくい品物や、日本で買うよりも安くて品質がよい品物は、外国からも仕入れています。

おうちのかたへ スーパーマーケットではリサイクルのほかにも、リデュース（レジぶくろのごみをへらす）、リユース（リターナブルびんの回収など）に取り組んでいる店もあります。4R（リサイクル、リデュース、リユース、リフューズ）は4年生で学習します。

4 次の図を見て、問いに答えましょう。

1つ3点、(3)8点(23点)

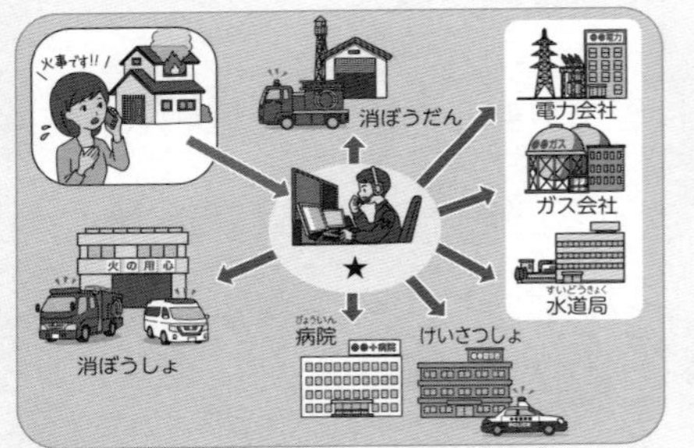

○ 火事がおきたときのれんらくのしくみ

(1) 火事の電話は、さいしょに図の★につながります。★の名前を答えましょう。

（通信指令室）

(2) 次の文にあう言葉をえらびましょう。

① 火事のれんらくの電話を受けた★は、すべての消ぼうしょや出ちょう所に｛ 出動 ・ 予告 ｝指令を出す。

② 消ぼうしょだけでなく、｛ ガス会社 ・ 図書館 ｝にも協力のれんらくをすることがある。

③ 救急車は、｛ 消ぼうしょ ・ 病院 ｝から出動する。

①（予告）　②（ガス会社）　③（消ぼうしょ）

(3) けいさつしょの人は、火事の現場にかけつけて、どのような仕事をしますか。「じゅうたい」という言葉を使って書きましょう。

（(れい) 車がじゅうたいしないよう、交通整理をする。）

(4) 火事のれんらくを受けたら、消火にひつようなたくさんの水が使えるようにはたらくのは、どこですか。図の中からさがして書きましょう。

（水道局）

5 けいさつしょの人の仕事の絵にあう説明を、㋐～㋒からえらびましょう。

1つ2点(6点)

①（㋒）　②（㋐）　③（㋑）

㋐ 地いきの人の家をたずねる
㋑ 地いきのパトロール
㋒ ぬすまれた自転車をさがす

思考・判断・表現　30点

6 事故や事件をふせぐための地いきの人々の協力について、次の問いに答えましょう。

1つ5点、(3)10点(30点)

(1) 地いきの人々の活動にあうものを㋐～㋒から2つえらびましょう。

㋐ 救急車で病院にけが人を運ぶ。
㋑ 登下校のとき、通学路に立って見守る。
㋒ 交通少年団がまちなかで交通安全をよびかける。

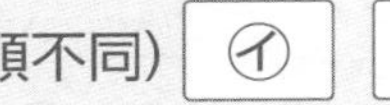

(順不同)（㋑）（㋒）

(2) 「カーブミラー」は、どのようなところにせっちするのがよいですか。㋐～㋒から2つえらびましょう。

㋐ 2本以上の道路が交わるところ
㋑ 交番が立っているところ
㋒ 道路の曲がり角

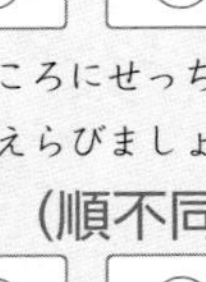

(順不同)（㋐）（㋒）

(3) 次の□にあう言葉を考えて書きましょう。

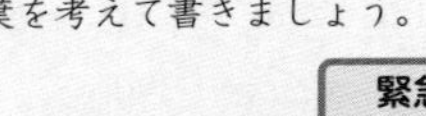

緊急
ひなん
の家
地いきでもまちを守る取り組みをしています。「緊急ひなんの家」のステッカーは□を子どもたちに知らせるためのものです。

○ 地いきでボランティアをしている人

（(れい) いざというときに、ひなんできる場所であること）

冬のチャレンジテスト　うら

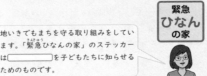

4 (1)119番の電話は、まず通信指令室につながります。
(2)①通信指令室は、まず予告指令を出し、火事をくわしくかくにんしてから出動指令を出します。
②ガス会社は、火事が広がらないように現場の近くのガスをとめたりします。
③救急車は消ぼうしょから出動し、病院にけがをした人を運びます。
(3)けいさつしょの人は、現場近くの道がじゅうたいしないよう、車と人の整理をします。「じゅうたい」という言葉と、「交通整理」や「車と人を整理する」というないようが書かれていればよいです。

5 このほかにも、交番につとめるけいさつしょの人は、道案内や交通安全のよびかけなどもしています。

6 (1)㋐れんらくを受けた消ぼうしょが救急車を出動させ、けが人を運びます。
(2)カーブミラーは、おもに市役所がせっちします。交通事故をふせぐために、交差点や道路の曲がり角などの見通しが悪いところにおかれます。
(3)地いきの店や家などには、助けをもとめられる目じるしとして「緊急ひなんの家」というステッカーが利用されています。「緊急ひなんの家」は「こども110番の家」ともよばれます。「いざという時にひなんできる」というないようが書けていればよいです。

おうちのかたへ 多くの機関や人々によってまちを守るためのしくみがあることを理解した上で、私たち自身で身を守る行動へ結びつけることが大切です。4年生では、風水害からくらしを守る取り組みについて学習します。

春のチャレンジテスト

教科書 128〜155ページ

名前　　　　月　　日

時間 40分 ｜ 知識・技能 /70 ｜ 思考・判断・表現 /30 ｜ ごうかく80点 /100

答え45ページ

知識・技能　70点

1 次の絵を見て、問いに答えましょう。　1つ3点(6点)

(1) 右の絵の道具の名前を、□からえらびましょう。

石油ランプ　石うす

（石油ランプ）

(2) (1)は、何をするための道具ですか。㋐、㋑からえらびましょう。

㋐ 明かりのやくめをする道具

㋑ 音楽をきくための道具

㋐

2 次の問いに答えましょう。　1つ3点、(2)6点(15点)

(1) 下の時こく表を見て、次の文にあう言葉をえらびましょう。

・今からおよそ420年前から160年前の㋐{ 明治 ・ 江戸 }時代のころの川越では、㋑{ ひこうき ・ ふね }を使って人やものを運んでいた。

・今からおよそ130年前から80年前にかけて鉄道ができたことで、人びとは川越から東京まで㋒{ 1日かけて ・ 1時間ほどで }行けるようになった。

川越西町駅(今の川越駅)	東京の池袋駅
午前5：14発	午前6：25着
7：01	8：14
8：35	10：00
10：47	午後0：14
午後1：05	2：30
3：17	4：42
5：31	6：46
7：08	8：33

時こく表(東京方面行き)

東上鉄道の時こく表(1918年)

㋐（江戸）
㋑（ふね）
㋒（1時間ほどで）

(2) (1)の㋐や、昭和や大正、平成、令和など、年につけられたよび名のことを何といいますか。

（元号）

3 次の地図を見て、問いに答えましょう。　1つ3点(24点)

(1) ①〜⑥の文を読み、正しいものには○を、まちがっているものには×をつけましょう。

鉄道が通る前

鉄道が通ったあと(1924年ごろ)

① 鉄道が通ったあとより、通る前のほうが家が多い。

② 新しく駅ができた。

③ 鉄道が通ったあとの地図には、市役所ができている。

④ 道路の数はかわっていない。

⑤ 鉄道が通る前からある神社の場所はかわっていない。

⑥ 鉄道が通る前の地図にもゆうびん局がある。

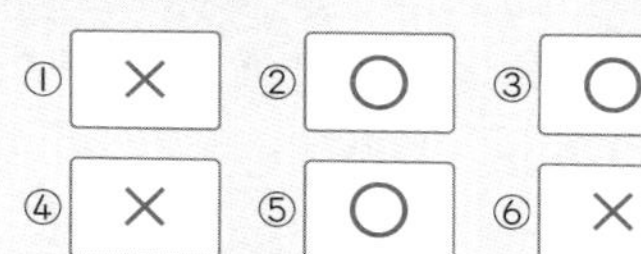

① ×　② ○　③ ○
④ ×　⑤ ○　⑥ ×

(2) 次の文にあう言葉をえらびましょう。

・鉄道が通ったことで交通の便がよくなり、住む人がふえたため、家が㋐{ へり ・ ふえ }、㋑{ 工場 ・ あれ地 }などもできた。

㋐（ふえ）　㋑（工場）

うらにも問題があります。

春のチャレンジテスト　表

1 (1)(2)石油ランプは明かりの道具で、そのまわりだけが明るくなりました。現代の電とうのように部屋全体を明るくすることはできませんでした。

2 (1)㋐明治時代は、江戸時代のあとです。

㋑昔は人やものを運ぶために、おもにふねが使われていました。

㋒それまでのふねにかわって鉄道を使うようになったことで、人やもののいどうがより速く、べんりになりました。

3 (1)①鉄道が通ったあとの地図を見ると、通る前にはなかった家が西がわにもできています。

②新しく3つの鉄道が通り、駅がつくられています。

③鉄道が通ったあとの地図には、市役所の地図記号があります。

④道路は数がふえたり、広くなったりしています。

⑤神社の地図記号がある場所をかくにんしてくらべましょう。

⑥鉄道が通る前の地図には、ゆうびん局はまだありませんでした。

(2)㋐鉄道が通ったあとの地図を見ると、「家が多いところ」が通る前よりも広くなっていることがわかります。交通の便がよくなることで、そこに住む人がふえています。

㋑鉄道が通る前の地図にはなかった工場が、いくつかできています。

おうちのかたへ 昭和時代には交通網の発達により、産業は大きく発達し変化をとげました。高度経済成長や人口については5年生でも学習します。3年生では、およそ100年間で、人口や鉄道の変化、自治体の合併があったことを学習します。

4 次の問いに答えましょう。　1つ4点、(3)5点(25点)

(1) 次の年表の①～③にあう説明を、下の㋐～㋒からえらびましょう。

	およそ130年前	およそ70年前	およそ50年前
道具			
家族のすごし方	①	②	③

㋐ 自動すいはんきやクーラーを使うようになり、家ごとに自動車をもつようになった。

㋑ ちゃぶ台を使って、みんなで食事をする家が多かった。白黒テレビや電気せんたくきを使っていた。

㋒ 子どもも井戸の水くみを手つだっていた。

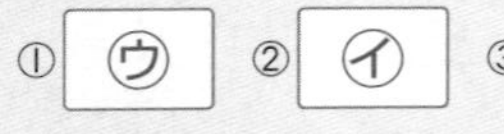
① ㋒　② ㋑　③ ㋐

(2) 次の文にあう言葉を㋐、㋑からえらびましょう。

・50年ほど前から道具が①{ ㋐ふべん ・ ㋑べんり }になることで、家の仕事にかかる時間が②{ ㋐みじかく ・ ㋑長く }なっている。

① ㋑　② ㋐

(3) およそ50年前に川越市に高速道路が通るようになると、下のような、工場を集めるためにせつびを整えた「工業(　)」とよばれるところができました。(　)にあう言葉を書きましょう。

(団地)

思考・判断・表現　30点

5 くらづくりを生かした川越市の町づくりについて、問いに答えましょう。　1つ5点、(4)10点(30点)

(1) 次の文にあう言葉をえらびましょう。

・くらづくりのたてものは、かべ土を何そうも重ねてぬることで、①{ ㋐火事 ・ ㋑大雨 }に強いつくりになっている。

・川越市をよりよくするための市の仕事は、市民からの②{ ㋐運動 ・ ㋑ぜい金 }でおこなわれる。

① ㋐　② ㋑

(2) 右のグラフは何をあらわしていますか。(　)にあう言葉を書きましょう。

・川越市の、(観光客)のうつりかわりをあらわすグラフ

観光客の数のうつりかわり（川越市役所しりょう）

(3) 2019年の(2)の数は、1990年とくらべて、どのようにへんかしていますか。

(れい) ふえている。

(4) 次の写真を見て、(　)にあう言葉を「でんとうてき」という言葉を使って書きましょう。

40年まえの一番がい

今の一番がい

川越市のくらづくりの町なみは、市や地いきの人の協力があって、1999（平成11）年には(　)をたいせつにしている地いきであると国にみとめられ、多くの人がおとずれるようになりました。

町なみのほぞんをするためのはたらきをしている人

(れい) でんとうてきなたてものや町なみ

春のチャレンジテスト(裏)

春のチャレンジテスト　うら

4 (1)①およそ130年前は、電気せい品がなく家の仕事も時間がかかっていたため、子どもも家の手つだいをするのが当たり前でした。
②およそ70年前ころかられいぞうこやそうじきなども使われるようになりました。
③道具がよりべんりになり、家の仕事をしながら別のことができるようになりました。
(2)道具のべんりさは、家の仕事にかかる時間がみじかくなることにつながっています。
(3)工業団地は、せい品などをトラックで運びやすいように、高速道路の近くにつくられることが多いです。

5 (1)①今からおよそ130年前の大火事をきっかけに、火事に強いくふうをしてつくったのがくらづくりです。
②公共しせつもぜい金でつくられています。
(2)グラフの表題から、「観光客の数のうつりかわり」のぼうグラフだとわかります。このグラフでは、たてじくが人数をあらわしています。
(3)1990年の観光客はおよそ350万人、2019年の観光客はおよそ800万人なので、およそ2倍にふえていることがわかります。
(4)川越町なみ委員会による、でんとうてきなくらづくりの町なみを守りつつ、商店がいをにぎやかにしようとする運動が、市や地いきの人の協力につながりました。

おうちのかたへ 臨海部に広がっていた工業地域が、高速道路の発達によって内陸部にも進出しました。工業の発展や特徴については5年生で学習します。

3年 社会のまとめ 学力しんだんテスト

名前　　月　　日

ごうかく70点　／100

答え47ページ

2については、学習の状況に応じてA・Bどちらかをえらんでやりましょう。

1 次の地図を見て、答えましょう。

1つ3点(12点)

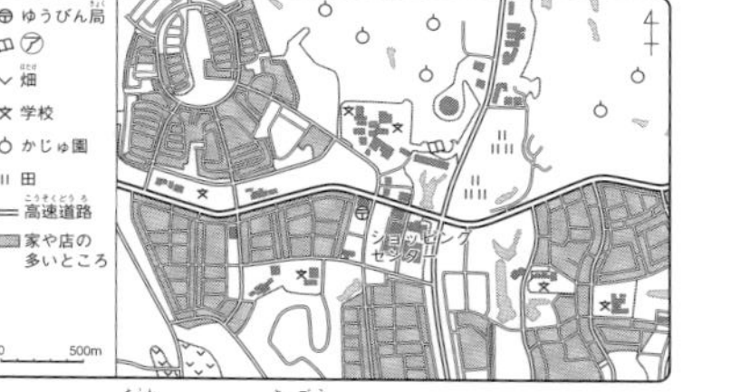

(1) アは何を表す地図記号ですか。（図書館）

(2) 次の①～③のうち、正しいものには○を、まちがっているものには×をつけましょう。

① 畑の北には学校がある。

② ゆうびん局の南にはかじゅ園がある。

③ 家や店は、田の北東に多く集まっている。

①（○）②（×）③（×）

2のA 農家の仕事について、答えましょう。

1つ5点(10点)

(1) 右の作物カレンダー（農事ごよみ）からわかることを、ア～ウからえらびましょう。

ア 取り入れが終わると、3か月休んでいる。

イ 1年を通して作業をしている。

ウ 7月にだけ、たねをまいている。

（イ）

(2) しゅうかくを手作業で行う理由を、「きず」という言葉を使ってかんたんに書きましょう。

（(れい) 作物にきずがつかないようにするため。）

2のB 食べ物をつくる工場のくふうについて、答えましょう。

1つ5点(10点)

(1) 工場ではどのように数多くのせい品をつくっていますか。ア・イからえらびましょう。

ア 1人できかいでつくっている。

イ たくさんの人の手ときかいでつくっている。

（イ）

(2) 右の絵のように、工場ではたらく人が、作業の前にエアシャワーで服のほこりを落とす理由を書きましょう。

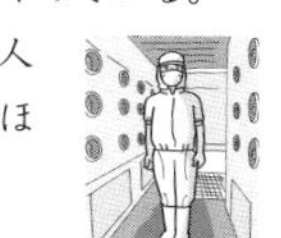

（(れい) せい品にほこりが入らないようにするため。）

3 ①～③のスーパーマーケットではたらく人の仕事を、ア～ウからえらびましょう。

1つ2点(6点)

ア 品物の売れぐあいから、注文の数を決める。

イ ひつような分だけ買えるように、切り分ける。

ウ まちがえないようにお金を受けわたす。

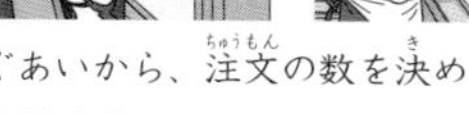

①（ウ）②（ア）③（イ）

4 事故が起きたときの図を見て、答えましょう。

(1)4点、(2)6点(10点)

(1) 110番の電話がつながる、Aを何といいますか。

（通信指令室）

(2) ①は、事故の現場でどのようなはたらきをしますか。かんたんに書きましょう。

（(れい) けが人を病院に運ぶ。）

うらにも問題があります。

学力しんだんテスト　表

1 (1)図書館の地図記号は、開いた本がもとになっています。

(2)②かじゅ園は、ゆうびん局から見て北や北東にあります。

③家や店の多いところは、田から見て西がわや南がわに広がっています。

2のA (1)アイたねまきや、畑の世話など、休むことなく一年中作業を行っています。

ウ時期をずらして、秋作で3回、春作で3回たねをまいています。

2のB (1)人ときかいの両方がはたらいて、いちどにたくさんのせい品をつくります。

(2)食べ物をつくる工場では、ばいきんやよごれが工場の中に入らないよう、服をせいけつにしてから作業しています。エアシャワーは、空気をふきつけて、小さなほこりを落とすきかいです。

3 ②はスーパーマーケットのじむしょではたらく人たちです。じむしょでは、コンピューターで売れぐあいを調べながら、ひつような品物を注文します。

③は売り場の外で、肉や魚を切り分ける人です。お客さんがひつようなりょうを買えるように、いろいろな大きさに切って売り場に出しています。

4 (1)110番の電話は、けいさつ本部の通信指令室につながります。地いきによっては、通信指令室は、110番センターや通信指令センターとよばれることもあります。

(2)①のイラストは救急車です。通信指令室かられんらくを受けた消防しょが救急車を出動させ、けが人を病院へ運びます。

おうちのかたへ これまでに学習してきた、まちで働く人たちの仕事や、くらしの安全を守る働きについて見直しておくとよいでしょう。4年生では、水道やごみの処理など、住みよいくらしを支える人々や、自然災害からくらしを守る人々の働きについて学んでいきます。

5 消防について、答えましょう。
1つ3点(6点)

(1) 火事が起きたときに消防しょの人たちと協力して消火活動にあたる、地いきの人たちの組織を何といいますか。
（ 消防団 ）

(2) 右の火災けいほうき（けむり感知器）の役わりを、㋐～㋒からえらびましょう。
㋐ いち早く火事を知らせる。
㋑ 消火にひつようなしょう水をためておく。
㋒ 小さな火事を消す。
〔㋐〕

6 次の問いに、答えましょう。
1つ2点(8点)

(1) 右の絵は何をするための道具ですか。
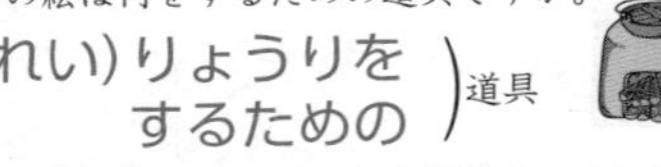
（(れい)りょうりをするための）道具

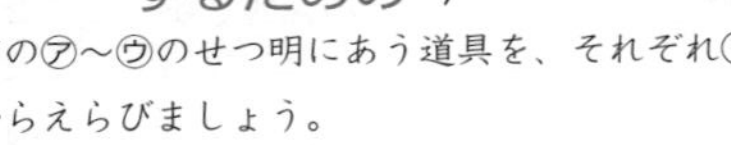

(2) 下の㋐～㋒のせつ明にあう道具を、それぞれ①～③からえらびましょう。

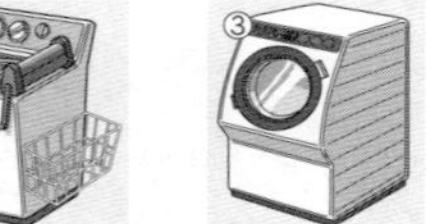

㋐ ローラーの間にせんたく物をはさんで、しぼる。〔②〕
㋑ せんたく物をせっけんや水といっしょに、板のみぞの上でこする。〔①〕
㋒ せんたくからかんそうまで、すべて自動で行う。〔③〕

7 兵庫県明石市の土地利用図を見て、答えましょう。
(1)1つ4点、(2)10点(18点)

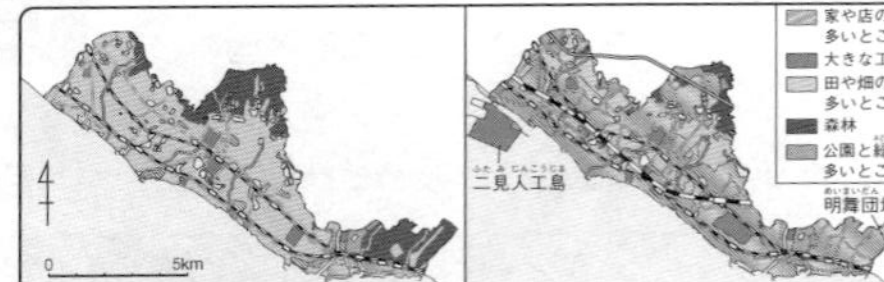

❶ およそ70年前　❷ 今

(1) 次の㋐～㋒のうち、正しい文を2つえらびましょう。
㋐ 森林があったところが、家や店になっている。
㋑ 市の西がわに島ができている。
㋒ 鉄道のようすは、およそ70年前からずっと変わっていない。
(順不同)〔㋐〕〔㋑〕

(2) 「家や店の多いところ」に注目して、およそ70年前と今をくらべたとき、市の人口はどうなっているると考えられますか。かんたんに書きましょう。
（(れい)(市の人口は)ふえている。）

活用力をみる

8 次の地図を見て、答えましょう。
1つ5点、(3)15点(30点)

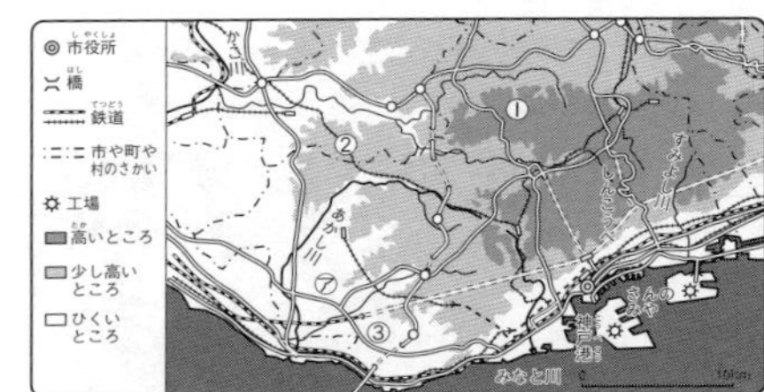

(1) 次の文の①にあう方をえらびましょう。また、②にあう言葉を書きましょう。
・工場のある場所は、うめ立ててつくられているため、海岸線が①{ ㋐まっすぐに・㋑でこぼこに }なっている。このため、船を港に(②)。
① 〔㋐〕 ② (とめやすい)

(2) 次の「わたし」がいるところを、地図中の①～③からえらびましょう。
「わたしは、土地のひくい、道路に近い場所にいます。」〔③〕

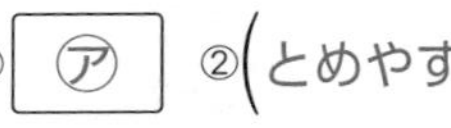

(3) 地図中の㋐にあるスーパーマーケットは、駅からはなれている場所ですが、たくさんの人が買い物に行きます。そのわけを「ちゅう車」という言葉を使って書きましょう。
（(れい) 広いちゅう車場があって、車で行くことができるから。）

学力しんだんテスト　うら

5 (1)消防団の団員は、ふだんはそれぞれがべつの仕事をしています。災害時に消防しょの人たちと協力し、消火や救助の活動をします。
(2)けむりやねつを感知して、音などで知らせることで、火事が広がるのをふせぎます。

6 (1)「かまやなべをあたためるための」道具なども正かいです。
(2)年代の古いじゅんに、①→②→③となります。人の手で行うことがへり、その分、ほかのことに時間を使えるようになっていきました。

7 (1)㋐およそ70年前の地図では、市の北がわや東がわに森林がありましたが、今の地図ではほとんどが家や店の多いところになり、団地もできています。
㋑およそ70年前の地図では、市の西がわの海に島はありませんでしたが、今の地図では二見人工島ができています。

8 (1)①②船を港にとめやすいよう、海岸線をまっすぐにしています。うめ立ててつくられた場所は、海岸線がまっすぐになっているのがとくちょうです。
(2)地図を見ると、①は土地の高いところ、②は少し高いところ、③はひくいところだとわかります。また、②は道路ではなく、鉄道の近くです。
(3)広いちゅう車場があると、駅からはなれていても、車で店に行って買い物をすることができます。理由を答える問題なので、かならず文の終わりは「～から」「～ため」などとなるようにしましょう。

おうちのかたへ 地図の読み取りは、高学年でも学習していきます。4年生では、地勢図や断面図、土地利用図などを使って、県の様子や特色などを読み取っていきます。